Horst Ende

Kirchen in Schwerin
und Umgebung

Vom Schweriner Dom
bis zur Dorfkirche in Zittow

Aufnahmen von Thomas Helms

Evangelische Verlagsanstalt
Berlin

ISBN 3-374-00 840-2

Vorwort

Kirchen gehören zum Bild der Stadt, auch Landschaften sind ohne sie nicht denkbar. Der Stellenwert der Kirchen hat sich, auch im wortwörtlichen Sinn, in der Geschichte gewandelt. Von anfänglich bescheidenen Bauten wurden sie während des Mittelalters zu Gebäuden von städtebaulicher Dominanz oder die Landschaft des flachen Landes prägenden Elementen. Heute haben diese Dominanten vielerlei Konkurrenten, sind in ihrer Größe oft eine Belastung für die Gemeinden. Wo Neubauten entstehen, geht man von den tatsächlichen Bedürfnissen aus und kommt so Lösungen nahe, die den Verhältnissen der Anfangszeit christlichen Bauens ähneln.

Mit den Kirchen der Städte und Dörfer verbinden sich die unterschiedlichsten Erinnerungen, Vorstellungen und Wünsche. Dem Einheimischen, der die Kirchen vom Äußeren her kennt, sich ihre Gestaltung und ihre Details durch häufiges Betrachten eingeprägt hat, der den Stundenschlag ihrer Uhr und das Läuten ihrer Glocken schon unbewußt zur Kenntnis nimmt, erscheinen sie natürlich anders als dem Fremden, der ihnen zufällig gegenübertritt oder sie als Tourist aufsucht, der sich an und in ihnen orientieren will oder für eine kurze Zeit einen Raum der Ruhe, der Besinnung und des Gebetes sucht. Anlässe, eine Kirche zu besuchen, gibt es viele. Das können Gottesdienste, Taufen, Hochzeiten oder Trauerfeiern sein, ebenso Besichtigungen, Vorträge, Konzerte; in unserer Zeit sind es immer häufiger auch Gemeindetreffen, Kinderfeste und andere, lange Zeit in Kirchen nicht erwünschte Veranstaltungen.

Unter jedem dieser Aspekte stellt sich die Kirche anders dar, sie wirkt anders beim gottesdienstlichen Geschehen als während einer touristischen Führung, sie ist anders erlebbar in der unangenehmen Kälte eines Wintertages als in der Kühle eines ansonsten heißen Sommertages, wir empfinden sie anders im Licht eines hellen oder trüben Tages, bei künstlicher Beleuchtung durch Kerzen oder Lampen, anders beim Klang der Orgel oder in der absoluten Stille, anders bei der vertrauten Atmosphäre einer Christvesper, den bedrückenden Tagen der Karwoche oder an einem Freudentag wie Ostern.

Die Aufzählung ließe sich fortsetzen mit Erfahrungen, die andere gemacht haben. Anliegen dieses Buches aber soll es sein, mit Texten und Bildern die Augen für den Reichtum, der sich in den Kirchen und ihrer Ausstattung offenbart, zu öffnen und zu eigenen Betrachtungen und Erlebnissen anzuregen. Schwerin und seine Umgebung bieten dazu viele Möglichkeiten.

Einführung

Von den Kirchen der Stadt Schwerin sind jene allgemein bekannt, die sich im Stadtbild durch Lage und Größe unübersehbar manifestieren – der Dom, die Schelfkirche und St. Paul.

Der Dom ist von vielen Punkten der Stadt aus sichtbar, vor allem durch seinen am Ende des 19. Jahrhunderts erbauten, über einhundert Meter hohen Turm mit seinem spitzen Helm. Als seine Umbauung noch überwiegend aus ein- und zweigeschossigen Häusern bestand, thronte das Gebäudemassiv wie eine Glucke über der kleinteiligen Umgebung, und die Straßenbauer des vergangenen Jahrhunderts legten die Fernstraßen so an, daß der Dom in ihrer Achse aufragte, sobald die Straße das Weichbild der Stadt erreichte. Noch heute ist das zu sehen, wenn man sich aus Richtung Wismar, Wittenburg oder Ludwigslust der Stadt nähert. Der hohe Turm ist darüber hinaus bis auf eine Entfernung von etwa fünfzehn Kilometern aus der Umgebung der Stadt wahrnehmbar, in jüngerer Zeit neben sich als Konkurrenten den wesentlich höheren Funkmast des Senders auf dem Großen Dreesch. Am eindrucksvollsten aber beherrscht der Dom das Stadtbild über den Pfaffenteich oder in seiner unmittelbaren Umgebung, etwa am Markt.

Die westlich des Pfaffenteiches stehende St.-Pauls-Kirche ist städtebaulich vor allem in ihrem näheren Umfeld wirksam; durch die Straßen in ihrer Umgebung, die im zweiten und dritten Viertel des 19. Jahrhunderts bebaut wurden, ist sie immer wieder erlebbar. Ein besonders attraktiver Blick auf die reiche Ostseite des Bauwerks ermöglicht die axial auf die Kirche ausgerichtete Moritz-Wiggers-Straße aus Richtung Pfaffenteich.

Auch der elegante barocke Turm der Schelfkirche behauptet sich im Stadtbild trotz seiner geringeren Höhe und zunehmender Konkurrenz, doch ist gegen das satte Rot seines Mauerwerks und das Grünspan-Dach seiner welschen Haube so leicht kein Gegengewicht zu finden. In den schlichten Straßen der Schelfstadt mit ihren Fachwerkhäusern stellt diese Kirche einen gestalterischen Höhepunkt dar, und als beherrschender Bau verleiht sie dem aus Schelfmarkt und Kirchenplatz gebildeten Zentrum dieser Stadt eine unverwechselbare Note.

Eine bewußt reduzierte städtebauliche Wirkung war dagegen einst der katholischen Kirche St. Anna in der Schloßstraße zugedacht worden, war sie doch als erstes katholisches Gotteshaus nach der Reformation in diesem nahezu hundertprozentig protestantischen Land gegen den Willen einflußreicher gesellschaftlicher Kräfte errichtet worden, so daß der Landesherr Zurückhaltung beim äußeren Aufwand empfahl. So band man den Bau in die Flucht der südlichen Häuserzeile der Schloßstraße ein und gab ihm sogar eine Hausnummer, sein Dachtürmchen ist lediglich in der Schloß- und der südlicher gelegenen Klosterstraße wahrzunehmen. Immerhin durfte die Gemeinde darin eine Glocke aufhängen, im Gegensatz etwa zur städtebaulich so bedeutsamen und mit einem hohen Turm ausgestatteten Dresdner Hofkirche, die erst lange nach ihrer Fertigstellung durch eine Verfügung Napoleons ein Geläut erhielt.

Die Schloßkirche ist städtebaulich gar nicht wirksam, sie ist eingebunden in den Komplex des vieltürmigen, in seiner gestalterischen Fülle fast verwirrenden Schlosses. Nur wer genau hinsieht, wird an der Nordwestecke des Baues einen mit Zwiebelkuppel und Kreuz bekrönten Turm erkennen, ein Hinweis auf die in diesem Gebäudeteil befindliche Kapelle. Ursprünglich war dieser Turm das einzige, von außen erkennbare Indiz für die Existenz der in der Tradition der protestantischen Schloßkapellen errichteten und vollständig in den Baukörper des Schlosses eingebundenen Kapelle; seit der Errichtung des neugotischen Chores um die Mitte des 19. Jahrhunderts, der als reich gegliederter Sandsteinbau vor die Nordostfront des Baues heraustritt, erhalten die Spaziergänger im Burggarten einen deutlicheren Hinweis auf das seit dem Mittelalter im Schloßbau nachweisbare Gotteshaus, das allerdings seinen Platz innerhalb des Komplexes mehrfach wechselte.

Die Kirchenräume der Gemeinden in den innerstädtischen Randgebieten sind schwer zu finden, da sie städtebaulich wenig oder gar nicht präsent sind; das gilt zum Beispiel für die Kirchenbaracke der Berno-Gemeinde am Südende der Wossidlostraße und ähnlich auch für den Vorort Neumühle, wo allerdings ein Glockenturm die sakrale Bestimmung des danebenstehenden Gebäudes andeutet. Auch die beiden Kirchen in Lankow findet eigentlich nur der »Eingeweihte«. Das gilt für die katholische Kirche St. Martin in der Lankower Straße, die auf dem Gelände des Bischöflichen Ordinariats liegt, und noch mehr für das Haus der evangelischen Versöhnungsgemeinde, das in der Hubertusstraße in der Nähe der Gaststätte »Lindengarten« steht.

Im ausgedehnten Neubaugebiet Großer Dreesch im Südosten des Stadtgebietes liegen die neuen Gemeindezentren der beiden Konfessionen im sogenannten dritten Bauabschnitt, dessen markantestes Bauwerk Fernsehturm und Sendemast sind. Beide Gemeindezentren, die man in ökumenischer Verbundenheit den Apostelbrüdern Petrus und Andreas geweiht hat, sind gut gestaltete und sich im städtebaulichen Umfeld durchaus behauptende Gebäudekomplexe. Im westlichen Bereich der Galileo-Galilei-Straße liegt am Rand eines Waldgebietes der große Komplex der Andreasgemeinde mit Kirche, Gemeinderäumen, Pfarrhaus und einem seitlich stehenden Schwesternhaus; ein dreistimmiges Geläut macht die Kirche auch akustisch im Wohngebiet präsent. Das Gegenstück, das Gemeindezentrum der Petrusgemeinde, liegt am östlichen Rand des Wohngebietes und besteht aus einem Hauptgebäude mit Kirchsaal und Gemeinderäumen und einem Doppelpfarrhaus. Mit seinem spitz aufragenden Dach muß sich der Baukomplex eines ihn optisch hart bedrängenden elfgeschossigen Wohnhauses in unmittelbarer Nachbarschaft erwehren.

Allsonntäglich Gottesdienst gefeiert wird auch im kirchlichen Alterspflegeheim »Augustenstift« und in den Stadtteilen Görries und Warnitz.

In der näheren und weiteren Umgebung Schwerins sind die Kirchen eingebettet in eine Landschaft, die zu den schönsten Mecklenburgs gehört. Besonders nachhaltig ist sie von der letzten Eiszeit geprägt worden, die die Moränenzüge aufgeworfen hat und deren Schmelzwässer anschließend Urstromtäler auswuschen und Rinnen und Senken mit Wasser füllten. Ausgedehnte Wälder umgeben die Stadt besonders im Süden und Südosten, kleinere Waldgebiete auch im Nordwesten.

Abgesehen von der Stadtkirche zu Crivitz, deren Turm das Stadtgebiet beherrscht und auch von mehreren Punkten der näheren Umgebung sichtbar ist, hat kaum eine Kirche eine direkte landschaftsprägende Stellung. Am ehesten läßt sich das noch von der Kirche der ehemaligen Antoniterpräzeptorei Tempzin behaupten, deren kleiner Dachturm die umgebende Landschaft mit dem Klostersee und das flache Hügelland nordwestlich von Brüel prägt. Selbst aus der Eisenbahn nimmt man den Kirchenbau mit dem Türmchen aus einigen Kilometern Entfernung über den See hinweg wahr, sobald man sich in der Nähe des Bahnhofs Blankenberg befindet.

Das bewegteste Relief der Schweriner Umgebung weisen jene Gebiete auf, die von der von Nordwest nach Südost verlaufenden sogenannten Pommerschen Hauptendmoräne tangiert werden, das sind Teile der Kreise Gadebusch, Schwerin, Wismar, Sternberg und Parchim; ihr entspricht südlich ein niedrigerer »Höhenzug«, der zu der eben erwähnten Moräne parallel verläuft und auch das Stadtgebiet von Schwerin berührt. Höhenunterschiede bis zu siebzig Metern sorgen für das bewegte Bodenrelief, das durch zahlreiche Seen unterbrochen wird, darunter als dem größten der 21 km lange Schweriner See. In diesem Bereich liegen mehrere, zum Teil sehr alte Kirchen, so in Dambeck, Groß Trebbow, Hohen Viecheln, Bibow und Kirch Stück. Die Landschaft östlich der Stadt und des Schweriner Sees unterscheidet sich von der eben beschriebenen nur wenig, neben einigen kleineren Seen wird sie vor allem geprägt durch den Oberlauf der Warnow, die ein fast idyllisch zu nennendes Flußtal bildet, an dem einst zahlreiche Wassermühlen arbeiteten. Schöne Waldgebiete tragen zum Reiz dieser Landschaft bei, so die Buchenwälder am Pinnower See; auch Einzelbäume wie die alten Feldeichen bei Raben Steinfeld sind Charakteristika dieses Landstrichs, in dessen Dörfern alte Kirchen aus dem 13. bis 15. Jahrhundert erhalten blieben, so in Retgendorf, Zittow, Demen, Pinnow, Prestin oder in Vorbeck, wo das Gotteshaus an einem Talrand der Warnowniederung weithin sichtbar steht.

Die schon erwähnte Kleinstadt Crivitz mit ihrer mittelalterlichen Backsteinhallenkirche umgibt ein Kranz von Dörfern mit überwiegend kleinen, aber fast durchweg mittelalterlichen Kirchen. Südlich und südöstlich der Stadt Schwerin ist die Landschaft flach. Den südöstlichen Bereich prägt die Stör, ein kleiner Fluß, der als natürlicher Abfluß des Schweriner Sees dieses Gewässer in die Elde und damit zur Elbe entwässert. Schon im 16. Jahrhundert schiffbar gemacht, ist seine heutige wirtschaftliche Bedeutung gering; dafür wissen die Wasserwanderer die Vorzüge dieser Verbindung vom mittelmecklenburgischen und brandenburgischen Seengebiet nach Schwerin um so höher zu schätzen. Das flache Gebiet, das die Stör durchfließt, ist die Lewitz, heute in ihren nicht bewaldeten Teilen ein intensiv genutztes Weideland mit reichem Viehbesatz. Die Dorfkirchen dieser Gegend erscheinen hinsichtlich Alter und Gestalt differenzierter als anderswo, denn neben mittelalterlichen und solchen aus der Zeit des Dreißigjährigen Krieges überwiegen die neugotischen Backsteinbauten aus dem 19. Jahrhundert.

In Richtung Südwesten geht das Land unmerklich in eine Sanderzone über, die zur Griesen Gegend überleitet, deren leichte Böden und die damit verbundene mäßige Ertragslage ihre Bewohner in der Vergangenheit wirtschaftlich benachteiligte. Ortsnamen wie Sülte und Sülstorf weisen auf das Vorkommen von Solequellen hin, ohne daß genauere Kunde über ihre Ausbeutung und Nutzung überliefert ist. Neben einem Bauerndorf wie Uelitz liegen Orte wie Kraak, Sülte und Sülstorf, die im Mittelalter Niederlassungen oder Besitz der Johanniter waren und nach deren Weggang im Zuge der Reformation in den Besitz des Landesherrn übergingen.

Westlich der Stadt liegt eine Zone mit intensivem Ackerbau, da hier größere Waldgebiete und Weideflächen fehlen; für gestalterische Abwechslung in der Landschaft sorgen aber kleine Flüßchen wie die Sude oder der Dümmersee, ebenso aber auch eine Erscheinung wie das Grambower Moor. In den ehemaligen Guts- oder Bauerndörfern erhielten sich zahlreiche ältere Kirchen, so in Warsow, Gammelin, Dreilützow, Perlin, Stralendorf, Pokrent und Groß Brütz. Nordwestlich ändert sich das Landschaftsbild im Vorfeld der eingangs bereits erwähnten Hauptmoräne wieder zu einem bewegten landschaftlichen Relief mit einzelnen Seen, dem romantischen Flußtal der Stepenitz und dem nicht weniger schönen Tal des durch den Rugensee und den Groß Trebbower See zum Schweriner Pfaffenteich fließenden Aubaches. Westlich der von Schwerin nach Grevesmühlen führenden Landstraße liegen alte Kirchen (Cramon, Groß u. Mühlen Eichsen, Vietlübbe).

Die mittelalterlichen Kirchenbauten

Als Bauwerke verkörpern die Stadt- und Dorfkirchen des Schweriner Raumes eine gestalterische und räumliche Vielfalt, die ein Spiegelbild der verschiedenen Entstehungszeiten mit ihren unterschiedlichen geistlichen, künstlerischen und allgemein gesellschaftlichen Verhältnissen ist.

Die beiden einzigen mittelalterlichen Stadtkirchen des Bereiches, der als Bischofskirche zugleich Pfarrkirchenaufgaben wahrnehmende Dom in Schwerin und die Pfarrkirche der Kleinstadt Crivitz, müssen sich schon von ihren verschiedenartigen Aufgaben her unterscheiden, sowohl hinsichtlich ihrer Größenverhältnisse als auch in bezug auf ihren Grundriß und das Raumgefüge.

Auch daß die Kirchen der Ordensgemeinschaften, der Antoniter und Johanniter in Tempzin bzw. in Sülstorf und Groß Eichsen, bei der Internationalität ihrer Bauherren und der Verflechtung in allen Teilbereichen ihres Lebens und Denkens mit den Ordenszentralen und den anderen Niederlassungen eigene Lösungen darstellen, kann nicht verwundern.

Die mittelalterlichen Dorfkirchen des Schweriner Umlandes variieren im wesentlichen zwei Formen der räumlichen Ausprägung: eine bedeutend größere Gruppe sind jene Bauten, bei denen sich Schiff und Chor weder außen noch innen deutlich voneinander absetzen, wobei bei der Ausbildung des östlichen Abschlusses gerade oder polygonale Endigungen gewählt werden; eine kleinere Gruppe trennt Chor und Schiff, wendet aber bei den Chorschlüssen ebenfalls beide eben aufgezeigten Lösungen an. Die Türme spielen in beiden Fällen eine untergeordnete Rolle, vielfach werden sie in mittelalterlicher Zeit nicht mehr errichtet.

Bauten wie die zentralisierende Kirche in Vietlübbe oder die dreischiffigen Hallen in Hohen Viecheln und Klinken sind Ausnahmen. Ohne sichtbaren Einfluß auf die Wahl des Gebäudetyps blieb auch das verwendete Baumaterial, die Backsteinkirchen sind eindeutig in der Überzahl; Kirchenbauten, deren Mauerwerk aus Back- und Feldstein gemischt wurde, sind ebenso selten wie die reinen Feldsteinbauten. Die Mühen bei der Bearbeitung des als einzigem Haustein zur Verfügung stehenden Granits und die daraus resultierende Beschränkung der gestalterischen Lösungen mag Bauleute und bildende Künstler bewogen haben, den leichter beschaffbaren und formbaren Backstein zu bevorzugen. Auch war man im 13. und 14. Jahrhundert in der Lage, alle aus diesem Material resultierenden technischen Probleme zu meistern.

Die bescheidenen Dorfkirchen entsprechen mit ihren Raumlösungen der geistigen Grundhaltung der bäuerlichen Bevölkerung und ihrer im Mittelalter noch in Grenzen bleibenden sozialen Differenzierung. Ähnlich sind die Hallenkirchen von Crivitz und Tempzin noch auf ein Miteinander im städtischen bzw. klösterlichen Bereich der bürgerlichen oder geistlichen Auftraggeber konzipiert. Der Schweriner Dom hatte als Kirche des Bischofs und eines Domkapitels und als vielbesuchte Wallfahrtsstätte ganz anders geartete Funktionen, die sich in seiner komplizierten räumlichen Ausgestaltung niederschlugen. Zudem standen der Bischof und die in Schwerin ansässigen Kleriker in engem Kontakt mit der damaligen Weltkirche und gewannen auch so Einblick in die Praxis des Bauens außerhalb Mecklenburgs. So wählten sie um 1270 für den dritten, wohl durch die Wallfahrten zur Reliquie des heiligen Blutes besonders dringlich gewordenen Neubau die damals modernste Grundriß- und Aufrißgestaltung und orientierten sich an dem über Lübeck in den Ostseeraum gelangten Vorbild der nordfranzösisch-flandrischen Kathedralen, deren kennzeichnendes Element die reichen Chorlösungen mit Umgang und Kapellenkranz waren. Lübeck und das im Bistum Schwerin gelegene Stralsund mit seiner Hauptkirche St. Nikolai hatten sich bereits vor Schwerin ebenfalls für diesen Bautyp entschieden, denen weitere Bauten in den Küstenstädten und z. T. auch im Binnenland folgen sollten wie gegen Ende des 13. Jahrhunderts das ebenfalls im Schweriner Sprengel gelegene Kloster in Doberan. Als Besonderheit erhielt der basilikale Bau des Schweriner Domes das basilikal angelegte dreischiffige Querhaus, dessen hohe Giebelwände den mittelalterlichen Bau stärker prägen als die reichen Gliederungen der Ostteile. Der vielgestaltige Chorbereich war es aber vor allem, der mit seinen zahlreichen funktionellen Möglichkeiten die Verbreitung des Kathedraltyps förderte; in Schwerin nutzte man die mittlere Kapelle zur Aufstellung der Reliquie des heiligen Blutes, zugleich ließen sich hier bis zum Erlöschen ihres Hauses die Schweriner Grafen als Territorialfürsten beisetzen.

Von der künstlerischen Ausgestaltung dagegen mag der Schweriner Dom in mancher Hinsicht enttäuschen, er wurde allzu deutlich auf Monumentalität angelegt und sollte vor allem die bischöfliche Macht repräsentieren. Die vom Zweitbau aus dem frühen 13. Jahrhundert stammende sogenannte Paradiespforte, die sich im südlichen Unterbau des Turmes erhalten hat, läßt mit ihren reichen Detailformen, insbesondere den Kapitellen und den Archivolten, ahnen, welche gestalterischen Möglichkeiten dem Backstein innewohnen. Beim Neubau des 13. Jahrhunderts blieben sie auf wenige Details beschränkt, etwa den Kleeblattbogenfries unter der Traufe, der unverändert bis zur Vollendung des Langhauses im frühen 15. Jahrhundert beibehalten wurde, oder die Profilierung der Fenster- und Portalgewände, einige stuckierte Kapitelle an den Fenstern des Chorpolygons und des Chorsüdportals sowie die hohen Blenden der Giebel des Querhausmittelschiffs. Geschickt wurden aber auch einzelne Bauglieder wie die Stiegentürme am Querhaus oder die frei über die Seitenschiffsdächer gespannten Strebebögen der Hochschiffgewölbe am Langhaus in die Gestaltung des Außenbaues einbezogen. Innen ist die Situation nicht wesentlich anders. Der differenzierten räumlichen Gliederung – die Umgangskapellen, die Seitenkapellen am östlichen Querhausseitenschiff und der basilikale Querschnitt wirken der Strenge der Architektur entgegen – sind als eigentlicher Schmuck im wesentlichen Baugliederungen beigegeben, etwa die Pfeiler mit ihren an den Innenseiten bis zu den Gewölbeansätzen durchlaufenden Diensten, die schlichten spitzbogigen Scheidbogenarkaden, die als Wandgliederungen fortgeführten Rippenstäbe der Obergadenfenster und die Gewölbe; letztere sind überwiegend einfache Kreuzrippengewölbe, lediglich im Chorumgang mußten sie der Raumkonstruktion folgend abgewandelt werden, und im Mittelschiff des Querhauses zog man reichere spätgotische Sterngewölbe ein.

Crivitz und Tempzin liefern im Hinblick auf die Gestaltung der Außenfronten keinen nennenswerten Beitrag; im Inneren mag in Tempzin die Ausbildung der Gewölbekonsolen im Chorbereich als stuckierte Büsten erwähnt werden, in Crivitz das spätgotische Sterngewölbe des Chores.

Die Dorfkirchen des Schweriner Raumes sind in ihrer Überzahl ohne besonderen Schmuck geblieben. Am einzigen Bau aus der ersten Hälfte des 13. Jahrhunderts, der Kirche in Vietlübbe, beeindruckt noch die Sorgfalt, mit der hier der Backstein verarbeitet und an den Giebelschrägen zu Zahnschnitt-, an den Traufen zu Kreuzbogenfriesen gestaltet wurde; auch die in flachen Vorlagen liegenden Portale mit ihren in die Rücksprünge des Gewändes eingelegten Rundstäben atmen den Geist der Frühzeit. Der aus sauber geschichteten, behauenen Feldsteinquadern errichtete Chor der Kirche in Zittow kann vielleicht als Beispiel für einen jüngeren und zudem aus Granit errichteten Bau dem ein halbes Jahrhundert älteren Vietlübber Gotteshaus zur Seite gestellt werden. War man anfangs, so in Vietlübbe, noch bedacht, dem Backstein durch mechanische Bearbeitung (Scharrierungen) zusätzliche Reize abzugewinnen, so wurde später allgemein die Glasur angewendet; auch dafür gibt es Beispiele an Dorfkirchen, etwa in Dambeck, Kirch Stück und besonders in Hohen Viecheln, wo grünglasierte Ziegel als Bänder und Kapitellandeutungen an den Backsteinpfeilern anzutreffen sind.

Bei den Portalen der gotischen Periode sind die Gewände mehr oder weniger profiliert, neben einfachen Rücksprüngen finden sich häufiger Fasen, Kehlen, Rund- oder Birnstabprofile; daß die Kämpferzone, die anfangs wie in Kirch Stück (Priesterpforte) durch ein Wulstband betont wird, später voll ausgebildete Kapitelle aufweist, läßt sich an einer Dorfkirche der Schweriner Umgebung nicht demonstrieren.

Während – abgesehen von Vietlübbe, wo noch rundbogig geschlossene und schräg in die Mauer eingetiefte einteilige Fenster auftreten – sonst ein- oder mehrluchtige Spitzbogenfenster mit schlichter Binnengliederung die Regel sind, gliedern sich die Giebel mehrerer Dorfkirchen, vielfach auch die der Sakristeien, mit spitzbogigen Blenden; es sind überwiegend einteilige flache und wohl meist ausgeputzt gewesene Binnenflächen wie z. B. in Kirch Stück, Mühlen Eichsen, Perlin, Alt Meteln oder Demen. Für die Außenansicht mitunter auch nicht ohne Bedeutung sind kleinere Detailformen wie Sockel- und Kaffgesimse oder die Trauffriese, die in zahlreichen Varianten als Zahnschnitt-, Kreuzbogen-, Spitz- und Kleeblattbogen-, Konsol- und Treppenfries auftreten.

Im Inneren beschränkt man sich bei den Dorfkirchen auf einfache Gliederungen, mitunter sind die Wände durch spitz- oder segmentbogige Wandnischen aufgelockert; in einigen Kirchen trennt ein spitzbogiger Triumphbogen, in dem oder über dem die Triumphkreuzgruppe ihren Platz hatte, Chor und Gemeinderaum. Für die überwiegende Zahl der mittelalterlichen Kirchen war eine Einwölbung vorgesehen, häufig unterblieb sie, ob aus Kostengründen oder technischem Unvermögen, muß dahingestellt bleiben; in solchen Fällen hatte man aber die Räume durch Schildbögen und oft auch durch Aussparungen in den Zwickeln auf Wölbung vorbereitet. Wo die Einwölbung zur Ausführung kam, mauerte man Kreuzrippengewölbe, zum Beispiel in Kirch Stück (Chor) oder Klinken; rippenlose kuppelige Gewölbe aus der frühen Zeit finden sich häufig nur in kleineren Räumen, etwa den Sakristeien (Zittow).

Die Kirchenbauten des 16. bis 20. Jahrhunderts

Da mit der Einführung der Reformation auf dem Landtag von Sternberg 1549 die Voraussetzungen für Kirchenneubauten in den Städten und Dörfern angesichts der überkommenen großen Zahl mittelalterlicher Gotteshäuser zunächst nicht gegeben waren, sind in den Jahrzehnten zwischen 1549 und dem frühen 17. Jahrhundert außer den Kapellen für die Schlösser in Schwerin und Güstrow wohl keine Kirchen in Mecklenburg neu gebaut worden, sieht man von Ersatzbauten für Brandschäden (Lübz) ab. Für Schwerin ist außer der Schloßkirche kein Bau überliefert. Sie erlangte jedoch als einzige Vertreterin der protestantischen, als eigener Bautyp ausgewiesenen Schloßkapellen in Mecklenburg überregionale Bedeutung.

Die Notwendigkeit zum Bau dieser Kapelle hatte sich mit dem Ausbau des Schlosses zu einer wohnlichen Residenz für Herzog Johann Albrecht I. ergeben. Seit Mitte des 16. Jahrhunderts hatte er die Burg Schwerin in Besitz und modernisierte die Anlage. Für die Konzipierung der Kapelle nutzte er seine Verbindungen zum sächsischen Hof und ließ nach dem Vorbild der dort bereits bestehenden Beispiele (Torgau, Dresden) in Schwerin einen ähnlichen Bau errichten. Ob der für den Bau verantwortliche Johann Baptista Parr selbst auch in Sachsen war, ist nicht überliefert, aber wohl anzunehmen, zumal sich manche Details der sächsischen Vorbilder in Schwerin wiederholen. 1560 wurde begonnen, drei Jahre später war der Bau vollendet, die Ausstattung zog sich aber noch bis 1568 hin. Wie in Sachsen war die Kapelle, ein Raum von etwa 20 × 12 Metern, vollständig in den nordöstlichen Flügel des Schlosses eingebunden und deutete sich nach außen lediglich durch den übereck gestellten Turm an; das architektonisch gerahmte Portal befand sich auf der Hofseite etwa in der Mitte der südlichen Längsseite, seinen heutigen Standort erhielt es im 19. Jahrhundert im Zusammenhang mit der Restaurierung und Erweiterung des Raumes. Den Kapellenraum umgaben an drei Seiten Emporen und überspannten mit Terrakotta belegte Sterngewölbe spätgotischer Herkunft. Die Emporen sind zwischen die an beide Längsseiten vor die Wände gelegten Pfeiler gespannt und nach vorn stichbogig ausgebildet, an der Westseite ist die ursprüngliche Situation verändert, hier bekam die Fürstenloge ihren Platz, während die gegenüberliegende östliche Schmalseite unregelmäßig durchfenstert und über dem Altar zur Aufstellung der Orgel genutzt wurde. Altar und die am mittleren Emporenpfeiler der Nordseite befestigte Kanzel lagen dicht beieinander, was den im evangelischen Gottesdienst enthaltenen Schwerpunkten – Altardienst und Predigt – entsprach. Es mag für den Bauherrn eine besondere Genugtuung gewesen sein, daß er für die Schaffung der wichtigsten Ausstattungsstücke, Altaraufbau und Kanzel, die gleichen Künstler gewinnen konnte, die schon die Kunstwerke für die noch von Luther selbst geweihte Torgauer Kapelle gearbeitet hatten.

Die Fachwerkkapelle in Consrade, ein dreiseitig geschlossener schlichter Bau, entstand wahrscheinlich nicht mehr im 16. Jahrhundert. Genauere Untersuchungen der Verzimmerung könnten hier die dringend erwünschten Aufschlüsse bringen. Was eine ins 16. Jahrhundert gehende Datierung rechtfertigen könnte, ist lediglich jene spitzdreieckig geschlossene Öffnung in einem Balken an der Innenseite des Südportals, die mitunter als Umrahmung für ein Weihwasserbecken oder gar eine Sakramentsnische gehalten wird.

Der im dritten Jahrzehnt des 17. Jahrhunderts voll auf Mecklenburg übergreifende Dreißigjährige Krieg brachte für die Dauer dieser zwischen wechselnden Partnern stattfindenden Auseinandersetzung und für die folgenden, von den verheerenden Auswirkungen gekennzeichneten Jahre den fast totalen Stillstand in der Bautätigkeit. Bis gegen Ende des 17. Jahrhunderts hatte man Mühe, die Schäden an den Kirchen zu beheben. Zusammen mit Reparaturen, so z. B. in Zittow, sind häufig auch Ausstattungsstücke neu in die Kirchen gelangt. Selbst noch im 18. Jahrhundert scheint man mancherorts an den Kriegsfolgen getragen zu haben; der angeblich erst 1721 entstandene Fachwerkbau in Peckatel ist dafür ein Beleg.

Während sonst für das 18. Jahrhundert im Schweriner Umland größere Neubauten nicht nachweisbar sind, entstanden in der Stadt zwei Kirchenbauten von großer Bedeutung; ist die zu Beginn des Jahrhunderts erbaute Schelfkirche für den protestantischen Kirchenbau allgemein als ein programmatischer Bau anzusehen und daneben zugleich der bedeutendste barocke Kirchenbau Mecklenburgs überhaupt, so entstand ab 1791 mit der heutigen Propsteikirche St. Anna der erste nachreformatorische Kirchenbau in Mecklenburg für die Katholiken des Landes.

Die Notwendigkeit zum Bau der Schelfkirche ergab sich aus der Gründung der zunächst von der Stadt Schwerin unabhängigen Neustadt auf der Schelfe im Jahre 1705 durch ein herzogliches Dekret. Die Kirche des im 13. Jahrhunderts bereits erwähnten Dorfes war 1703 bei einem Orkan so schwer in Mitleidenschaft gezogen worden, daß sie als Gotteshaus für die neue Stadt untragbar war. Herzog Friedrich Wilhelm beauftragte daraufhin den bereits mit der Projektierung der Stadtanlage und weiterer Einzelbauten beschäftigten Ingenieur-Kapitän Jacob Reutz mit der Schaffung entsprechender Entwürfe. Reutz muß die zeitgenössischen Schriften zur Theorie der evangelischen Kirchenbaukunst gut gekannt haben, denn der von ihm für den Bau gewählte Grundriß des griechischen Kreuzes kam den damaligen Vorstellungen eines evangelischen Gotteshauses sehr entgegen, weil sich in ihm Predigt und Abendmahl an zentralen Orten vollziehen ließen. Stilistisch knüpfte Reutz an ältere Traditionen an, indem er die fast zwei Jahrhunderte vergessene Gestaltung mittels unverputzten Backsteins neu aufleben ließ; dem barocken Drang nach Plastizität und Kontrastwirkung kam er durch die Einbindung von hellem Sandstein für die architektonischen Details entgegen. Der dem Westarm vorgelegte viergeschossige Turm mit seiner welschen Haube brachte zugleich den gewünschten Höhepunkt für das städtebauliche Erscheinungsbild. Da Reutz noch während des Baues 1710 starb, wurden die Arbeiten von dem in mecklenburgische Dienste getretenen Architekturtheoretiker Leonhard Christoph Sturm bis 1713 weitergeführt und vollendet. Sturm änderte das Konzept der inneren Gestaltung ab und wählte im Sinne der von ihm theoretisch verfochtenen Anschauungen über die protestantische Kirchenbaukunst eine zweigeschossige Kolonnade als Abschluß des östlichen Kreuzarmes, in dessen Polygon er den Altar stellte, während der lettnerartige Kolonnadeneinbau als Sängerempore genutzt werden sollte. Da die gewünschte Transparenz dieser Konstruktion nicht erlebbar wurde, stellte man schon am Ende des 18. Jahrhunderts den Altar vor die Kolonnade und entfernte sie 1858 bei einer Restaurierung vollständig.

Die zweite Barockkirche Schwerins, die katholische St.-Anna-Kirche in der Schloßstraße, hat diese kunstgeschichtliche Bedeutung nicht, sie ist aber als frühester nachreformatorischer katholischer Kirchenbau von größtem historischen und kulturgeschichtlichen Interesse. Da ihr Bau gegen manche Widerstände mit Billigung des Herzogs durchgesetzt wurde, blieb ihr aber eine nachhaltige städtebauliche Wirkung verwehrt, denn man fügte das Bauwerk in die südliche Bebauung der Schloßstraße ein. Der Hofbaumeister J. J. Busch, Schöpfer der 1765/70 in Ludwigslust errichteten barocken Schloßkirche, entwarf für Schwerin einen bescheidenen längsrechteckigen Saalbau mit pilastergegliederter Straßenfront, hohem Mansarddach und einem kleinen Dachtürmchen mit offener Laterne. Der Innenraum mit seiner Tonnendecke erhielt eine zeitgenössische Ausstattung, von der die wesentlichsten Stücke bis heute erhalten blieben.

Für das Zeitalter des Klassizismus, etwa gleichzusetzen mit der ersten Hälfte des 19. Jahrhunderts, gibt es im Schweriner Raum zwei kirchliche Neubauten von Bedeutung. Von 1827 bis 1830 entstand in Zickhusen auf Kosten des Landesherrn ein Neubau, etwa zehn Jahre später in Görslow eine neue Kirche aus verputztem Backstein als Ersatz für einen abgebrochenen Vorgängerbau. Der Schöpfer der Zickhusener Kirche war der Landbaumeister

August Bartning, ein Zeitgenosse G. A. Demmlers und wie dieser ein Schüler der Berliner Bauakademie. Seine Kirche ist ein Rechteckbau mit abgerundeter Ostpartie und vorgesetztem Turm. Im Sinne klassizistischer Einfachheit wurde auf eine reichere architektonische Durchbildung des Äußeren verzichtet, die rundbogigen Fenster liegen ohne besondere Akzentuierung in den Wänden, lediglich am Turm setzen die Schalluken und das niedrige Zeltdach gestalterisch einen Schwerpunkt. Auch in Görslow, wo die Kirche durch ihre Lage am erhöhten östlichen Ende des Dorfes schon über die anderen Baulichkeiten herausgehoben ist, bleibt die äußere Gestaltung des Gotteshauses einfach. Die im Osten angefügte polygonale Apsis betont den Altarraum als Zentrum des Gebäudes, der Turm verleiht ihm die wirkungsvolle Mitsprache im landschaftlichen Zusammenhang. Die innere Ausgestaltung hält sich in beiden Kirchen in Grenzen, in Zickhusen prägt den Raum eine gemalte Kassettendecke, in Görslow schließt ihn eine einfache Flachdecke ab.

Bereits vor der Mitte des 19. Jahrhunderts werden neben Görslow mehrere Neubauten im neugotischen Stil begonnen, die damit neben einer nun einsetzenden erheblichen Restaurierungstätigkeit die Periode des historistischen Kirchenbaues einleiten, dem in und um Schwerin mehr als ein Dutzend neuer Kirchen zu verdanken sind. Sämtliche Gebäude werden in neugotischen Formen als Backsteinbauten errichtet, um an die romantisch verklärte mittelalterliche Tradition anzuknüpfen, später wohl auch, weil kirchliche Behörden die Neugotik als verbindlichen Stil vorschrieben. Die frühen Bauten dieser Periode, Mirow (1842/45), Cramon, Turm (1844), Plate (1848/49) und Wittenförden (1853/55), sind im Sinne der Schinkel-Nachfolge konzipierte Bauten mit klarer Gliederung und einem Dekor in vertretbarem Umfang. Theodor Krüger, der als Kirchenrestaurator zur gleichen Zeit an Bedeutung gewinnt und als Schüler Carl v. Hases in Hannover bald in Mecklenburg und speziell in Schwerin ähnliche Aufgaben übernimmt, verkörpert den Übergang zu einer das mittelalterliche Vorbild deutlicher kopierenden Praxis, wobei weniger Wert auf die Vorbildwirkung der Grundhaltung als vielmehr auf die getreue Wiederholung des Details gelegt wird. Die maschinelle Produktion aller Arten von Formsteinen und Werkteilen erleichtert den Architekten die Planung aufwendiger Fassadengestaltungen und baulicher Glieder wie etwa der Fenstermaßwerke, Fialenbekrönungen oder der Kapitelle.

Bei den Dorfkirchen überwiegen von der räumlichen Gestaltung her die rechteckigen Saalräume mit einer ausgeschiedenen, meist polygonalen Apsis, eingezogene Chöre sind liturgisch unbrauchbar, und auch eine reichere Lösung mit querhausartigen Nebenarmen, wie sie Parum (1869/70) darstellt, bleibt die Ausnahme. Neben Krüger übernimmt mehrfach auch der Schweriner Georg Daniel Aufträge für Neubauten, in einem Fall wird der in Doberan lebende renommierte, nicht unumstrittene Gotthilf Ludwig Möckel für ein Neubauprojekt gewonnen; nach seinen Entwürfen entsteht die neue Kirche in Pampow (1896/98).

Schwerpunkt neugotischer Bautätigkeit aber ist die Residenzstadt Schwerin. Im Rahmen des einschneidenden Schloßumbaues wird bis 1855 auch eine Umgestaltung der Schloßkapelle vorgenommen; in Verkennung ihres bewußt als Sinnbild protestantischen Gottesdienstverständnisses errichteten Rechteckraumes hebt man dessen gewollte Richtungslosigkeit durch den Anbau eines neugotischen Chores an die geöffnete Ostseite auf. Die Entwürfe für den Chor, der wie ein kostbares großes Tabernakel in der schlichten Umgebung der Renaissancebauten wirkt, stammen vom Kölner Dombaumeister Ernst Friedrich Zwirner. Im Inneren mildert man den entstandenen Kontrast zwischen neuem Chor und alter Kapelle durch eine den Raum des 16. Jahrhunderts weiterhin zudeckende Neuausmalung.

Für die nach 1840 vor den Grenzen der historischen Innenstadt schnell emporgewachsene Paulsstadt wird 1863/69 nach Entwürfen von Theodor Krüger ein großer Backsteinbau in neugotischen Formen errichtet, der als bedeutendster neugotischer Kirchenbau Mecklenburgs anzusehen ist. Die dreischiffige Hallenkirche mit Querschiff und polygonal geschlossenem Chor und vorgesetztem Westturm erlangt eine große städtebauliche Wirkung und ist zusammen mit ihrer Ausstattung ein zeittypisches Gesamtkunstwerk von beträchtlicher künstlerischer Qualität.

Städtebaulich ist die Bedeutung des 1889/92 errichteten Domturmes zweifellos noch höher, denn der als Ersatz für den aus dem frühen 13. Jahrhundert stammenden frühgotischen, zum Kirchenbau des 13./15. Jahrhunderts proportional überhaupt nicht passenden Turm errichtete Neubau prägt seither das Stadtbild ganz entscheidend mit. Obwohl man bereits in der ersten Jahrhunderthälfte eifrig für einen neuen Domturm gesammelt hatte, kam der Bau letztlich erst nach der großzügigen Spende eines Gutsbesitzers aus der weiteren Umgebung der Stadt zustande. In den Details erweist sich der nach Entwürfen von Georg Daniel, dem Schöpfer des Theatergebäudes am Alten Garten und jüngeren Regierungsgebäudes in der Schloßstraße, errichtete Bau ebenso wie die Kirchenbauten seiner Zeitgenossen weniger an der norddeutschen Backsteinarchitektur orientiert, als vom Erbauer zu erwarten gewesen wäre. Das verwundert, denn Daniel war Mitglied der Großherzoglichen Kommission zur Erhaltung der Denkmäler und als solches zur sachgerechten Erneuerung bzw. Ergänzung geradezu moralisch verpflichtet. Trotzdem hat sein Domturm dem ehrwürdigsten und architektonisch bedeutendsten Kirchenbau der Stadt nicht geschadet, sondern ihm im Gegenteil auch optisch den gebührenden Platz eingeräumt.

In der ersten Hälfte des 20. Jahrhunderts sind Kirchenneubauten in Schwerin und seiner Umgebung nicht entstanden, nach dem zweiten Weltkrieg wurden dann in den Stadtrandgebieten und auch für die auf dem Lande wohnenden katholischen Umsiedler kleinere und im Aufwand bescheidene Neubauten errichtet. Hier sind die Häuser der Berno-Gemeinde in der Weststadt und in Neumühle zu erwähnen, von den katholischen Neubauten Alt Meteln und Kraak.

Während sich die evangelische Versöhnungsgemeinde in Schwerin-Lankow durch den Ausbau des Erdgeschosses eines Wohnhauses in der Hubertusstraße einen heutigen Verhältnissen angepaßten Kirchenraum schuf, erhielt die katholische St.-Martin-Gemeinde auf dem Gelände des Bischöflichen Ordinariats 1978 einen Kirchenneubau. Der Flachbau besitzt im Inneren eine gediegene künstlerische Ausstattung und leitet mit seinen Formen zu den beiden jüngsten Kirchenbauten im Neubaugebiet Großer Dreesch über. Hier wurde im Herbst 1985 das Gemeindezentrum der katholischen St.-Andreas-Gemeinde geweiht, dessen Mitte der wie alle Bauten in Klinkern errichtete, großzügig verglaste und mit einem Spitzdach geschlossene Kirchenbau ist, dem an der Ostseite ein Glockenturm vorgelagert ist.

Ausstattung

Wand- und Gewölbemalerei

Weit mehr, als es unsere anhand von Resten der ursprünglichen Ausstattung, alten Abbildungen oder schriftlichen Überlieferungen geprägte Vorstellung vermag, wurden die Innenräume unserer Kirchen in den zurückliegenden Jahrhunderten von einem Farbzusammenklang bestimmt, der aus zahlreichen Faktoren resultierte, unter denen die Wand- und Gewölbemalereien einen wichtigen Platz einnahmen. Erst gegen Ende des 18. Jahrhunderts, als der Rationalismus sich auch gegen diese Seite der kirchlichen Kunst wandte, ging die seit dem Mittelalter ungebrochene Periode der farbigen Ausgestaltung des Kirchenraumes zu Ende, um aber bereits im 19. Jahrhundert unter dem Gesichtspunkt der Aufhellung historischer und künstlerischer Zusammenhänge mit zahlreichen Freilegungen und Rekonstruktionen wiederaufzuleben. Allerdings kam es den Restauratoren des 19. Jahrhunderts vor allem darauf an, die Ikonographie älterer Wand- und Gewölbemalerei aufzuhellen oder das vermutete Aussehen eines mittelalterlichen Kirchenraumes zurückzugewinnen. Sie ergänzten fast bedenkenlos fehlende und unklare Befunde nach Analogieschlüssen oder frei; so konnten sie zwar die historischen und theologischen Inhalte nacherlebbar machen, zerstörten oder verfälschten dafür aber fast immer stilistische Zusammenhänge. Solche Erkenntnisse ermöglichten erst die seit Beginn unseres Jahrhunderts nach wissenschaftlichen Methoden erfolgten Freilegungen, die sich zugunsten der historischen Wahrheit auch mit fragmentarischen Zuständen begnügen und besonders die künstlerische Handschrift des Malers schonen. So sind in den zurückliegenden Jahrzehnten neue Feststellungen über die Verbindungen der Wand- und Gewölbemalerei in Mecklenburg zu den Kunstlandschaften des nördlichen und westlichen Europa möglich geworden.

Im Schweriner Raum darf man wohl in allen größeren Kirchen, vor allem denen der Städte, der Klöster und auch in den bedeutenden Dorfkirchen, mit dem Vorhandensein von mittelalterlicher Wand- und Gewölbemalerei rechnen. Erhalten sind Beispiele in Schwerin (Dom) und Crivitz, in Klinken, Sülstorf und Zittow. Fast immer handelt es sich dabei nicht um Malereien einer Zeit, sondern ältere Programme wurden ergänzt oder vollständig erneuert, und selbst nach der Reformation wurden Ausmalungen vorgenommen, wie entsprechende Funde in Mühlen Eichsen und Zittow sowie in der Stadtkirche von Crivitz belegen.

Die wohl bedeutendste mittelalterliche Ausmalung im Schweriner Raum besaß der Dom. Leider entspricht der erhaltene Bestand weder vom Umfang her noch von der künstlerischen Qualität diesem Anspruch. Noch im 19. Jahrhundert sind wichtige Malereien zugrunde gegangen, so als man 1844 in der ehemaligen Heilig-Blut-Kapelle die Grablege für den Großherzog Paul Friedrich ausgestaltete und dabei die erst 1839 von C. F. G. Lisch entdeckten und im Auftrage Paul Friedrichs restaurierten Darstellungen der Schweriner Grafen beseitigte. Die aus der Mitte des 14. Jahrhunderts stammenden Wandbilder waren wohl ähnlich wie in der Klosterkirche in Doberan die Bilder der Herzöge der gräflichen Grablege zugeordnet und bedeckten die Wände der Kapelle bzw. die Außenseiten der Pfeiler des inneren Chorpolygons. Die vor der Entfernung angefertigten Pausen erlauben immerhin, den Duktus der Malerei und ikonographische Details festzustellen.

In der Mariae-Himmelfahrts-Kapelle im nördlichen Querhaus blieben dagegen am Gewölbe und an der Nordwand Malereien aus dem mittleren und der zweiten Hälfte des 14. Jahrhunderts erhalten, die zu den interessantesten Zeugnissen dieser Kunstgattung in Mecklenburg gehören. Das Gewölbe enthält, in vegetabilische Malerei eingebettet, Medaillons mit Evangelistensymbolen, alttestamentliche Könige und Propheten sowie Darstellungen von Personen bzw. Ereignissen, die auf die Macht und Herrlichkeit Christi bezogen werden können (Jona mit dem Fisch, Simson mit dem Löwen) oder seine Erlösungsbereitschaft ankündigen (Pelikan mit Jungen). An der Nordwand wurde 1869 gleichzeitig mit den Gewölbemalereien ein Rankenbaum aufgedeckt, dessen Äste in drei Reihen Medaillons enthalten, in denen typologisch aufeinanderbezogene Szenen aus dem Alten und Neuen Testament dargestellt werden. Der Betrachter sieht heute nur die mit Rötel auf den vorgeritzten Putz aufgetragenen Vorzeichnungen, die darüber hinaus durch Verluste an Substanz infolge von Mauerdurchbrüchen u. ä. nicht vollständig sind. Die Kunstgeschichte hat diese Malereien in Verbindung mit wenig älteren Werken der bildenden Kunst in Nordfrankreich, England und der Kölner Kunst gebracht und auf mögliche Einwirkungen aus diesen Landschaften über Lübeck und den Hanseraum hingewiesen. Daß dabei auch unterschiedliche künstlerische Handschriften entstanden, zeigt ein kurzer Vergleich der Gewölbe- mit der Wandmalerei. Der Eleganz und Noblesse der Figurendarstellung am Gewölbe steht an der Wand ein schwerfälligerer und mitunter ungelenk wirkender Stil gegenüber. Wohl nach der Jahrhundertmitte ist die 1867 stark restaurierte und deshalb stilistisch schwer einzuordnende Johannesschüssel an der östlichen Schildwand des Vierungsgewölbes entstanden. Ans Ende des 14. Jahrhunderts wird die Ausmalung an den Wänden des Chorpolygons in Klinken datiert. Hier sind in drei Bildzonen Einzelfiguren bzw. Szenen dargestellt, oben zu seiten der Fenster Apostel in gemalten Wandnischen, darunter an der Südseite Szenen aus der Passion Christi (Gefangennahme, Verhör vor Pilatus), unten die Kreuzigung, die Marter des heiligen Erasmus, Nikolaus, Georg und in eine Spitzbogennische komponiert eine Majestas Domini mit den vier Evangelistensymbolen. An der Westwand fanden sich Szenen aus dem Marienleben wie der bethlehemitische Kindermord und die Flucht nach Ägypten. Während die Apostelfiguren durch ihre übergroßen Köpfe recht gedrungen wirken, ist die bis ins Detail hinein sorgfältig ausgeführte szenische Malerei von sehr guter künstlerischer Qualität.

Der Klinkener Situation vergleichbar ist die Ausmalung im Chor der Stadtkirche von Crivitz, entstanden zu Beginn des 15. Jahrhunderts. Auch dort stehen an den Wänden des Polygons zwischen den Fenstern unter blattkrabbenbesetzten Wimpergen die Figuren der zwölf Apostel, denen sich an den Chorlängswänden in Architekturgehäuse gesetzte szenische Darstellungen anschließen, darunter mehrere neutestamentliche Motive, eine Schutzmantelmadonna und eine nicht genau zu deutende Gruppe von zwei männlichen Personen mit der im Hintergrund sichtbaren Figur Gottvaters (?).

Bereits ins 15. Jahrhundert gehören jene Freskomalereien, die 1979 nach dem Brand der Kirche in Sülstorf an den Wänden des Schiffes sichtbar wurden. Die von zahlreichen mittelalterlichen Zyklen her bekannten Themen wie die Passion Christi, hier präsent noch in einer Darstellung der Kreuztragung, oder das Weltgericht fügen sich in das Bild der mecklenburgischen Wandmalerei des Spätmittelalters ein. Eine Figur des hl. Antonius kann in dieser dem Johanniterorden verbundenen Kirche ebenfalls nicht überraschen.

In Zittow sind erst jüngst bei Freilegungsproben mehrere mittelalterliche Malschichten unter jüngeren aus der Renaissance- und Barockzeit aufgefunden worden. Neben Weihekreuzen ließ sich bisher aber nur eine zwischen die Öffnungen des Ostfensters gemalte Madonnenfigur eindeutig identifizieren, dazu kommen Reste von Architekturmalerei, die wohl z. T. aus der Bauzeit des Chores (zweite Hälfte 13. Jh.) stammen, während die Marienfigur spätmittelalterlichen Ursprungs sein dürfte. Wahrscheinlich gehört auch die über den barocken Gewölben des Schiffes im Dachraum erhaltene Quadermalerei der Schiffsseitenwände in die Entstehungszeit dieses Bauteiles der Zittower Kirche (14. Jh.).

Die bis in die Spätphase der Gotik blühende Wandmalerei, zu der auch eine große Christophorusdarstellung an der Südwand des Querhauses im Schweriner Dom gehört, wurde zwar durch die Reformation unterbrochen, lebte aber bereits gegen Ende des 16. Jahrhunderts wieder auf, nun allerdings mit der Aufgabe, die theologischen Vorstellungen der lutherischen Lehre zu verdeutli-

chen. Dabei blieb auch der bereits der mittelalterlichen Wand- und Gewölbemalerei innewohnende Aspekt, mit ihrer Hilfe dem des Lesens und Schreibens weithin unkundigen Kirchenvolk bildliche Vorstellungen der biblischen Berichte und kirchlichen Lehre zu verdeutlichen, weiterhin erhalten. So werden um 1600 an die Chorwände in Crivitz in architektonischen Rahmungen Bibelzitate gemalt, und auch Zittow weist wohl jüngere Textstellen an seinen Kirchenwänden auf. Gegen Ende des 17. Jahrhunderts ist der weite Raum der gewölbelosen Kirche in Mühlen Eichsen mit überlebensgroßen Apostelfiguren bemalt worden, die in ein entsprechendes ornamentales Beiwerk eingebunden wurden (noch nicht freigelegt).

Im 19. Jahrhundert sind dann, unter dem Eindruck der denkmalpflegerischen Freilegungen, auch dort ornamentale Neuausmalungen erfolgt, wo direkte Vorbilder nicht oder nicht mehr nachweisbar waren, wie beispielsweise an den Gewölben und den Obergadenwänden des Schweriner Domes. Ihre Formen orientierten sich an analogen Beispielen und machten den Dom zusammen mit der neugotischen Ausstattung zu einem interessanten Denkmal des 19. Jahrhunderts. Ihre Beseitigung bis auf die zu dokumentarischen Zwecken erhaltene Ausmalung in den mittleren Chorumgangskapellen fand deshalb nicht die ungeteilte Zustimmung der an der Entscheidung Beteiligten. Dagegen war die Restaurierung der mit der Kirche St. Paul 1869 entstandenen vegetabilischen Gewölbemalerei im Schiff und der ornamentalen Ausmalung der Wände des Chorpolygons eine allgemein anerkannte denkmalpflegerische Leistung.

In der Rückschau wegen des Fehlens entsprechender Unterlagen nur sehr schwer beurteilen läßt sich die Beseitigung der barokken Fresken an der Altarwand der katholischen St.-Anna-Kirche. In eine gemalte illusionistische Architektur hatte man hier drei große Gemälde mit der Gethsemane-Szene im Mittelteil und seitlichen Darstellungen der Kreuzaufrichtung bzw. der Auferstehung Christi eingefügt. Die von Schlie im Inventarwerk abgebildeten, in der Beschreibung als künstlerisch wenig bedeutend apostrophierten Fresken wurden 1908 einer romanisierenden Gesamtausmalung der Kirche geopfert, die allerdings dem spätbarocken Raumcharakter deutlich Gewalt antat und deshalb nach wenigen Jahrzehnten zugunsten einer schlichteren Ausgestaltung wieder beseitigt wurde.

Altaraufsätze

Der Altar, sowohl im mittelalterlichen als auch im nachreformatorischen Gottesdienst ein wesentlicher Bezugspunkt der Liturgie, erfuhr über alle Zeiten hinweg eine seiner Bedeutung entsprechende Gestaltung. Der aus Backsteinen aufgemauerte Block, ein Ersatz für den ursprünglichen Tisch, war auch in Norddeutschland die über einen langen Zeitraum gebräuchliche Lösung. Auf ihm wurden während der Messe Reliquiare und Heiligenbilder aufgestellt, und hinter ihm amtierte mit dem Gesicht zur Gemeinde der Priester. Erst zu Beginn des 14. Jahrhunderts wurde es üblich, diese verehrungswürdigen Bilder oder Reliquien ortsfest auf dem Altarblock zu plazieren und sie in Aufsätzen unterzubringen; im mecklenburgischen Raum steht am Anfang dieser Entwicklung der Hochaltar der Klosterkirche in Bad Doberan (um 1310). Wahrscheinlich hat sich die Aufstellung von Retabeln über einen langen Zeitraum hingezogen, denn erst für die zweite Hälfte des 14. Jahrhunderts sind in größerem Umfang Altaraufsätze nachgewiesen, Dorfkirchen mögen gar erst im Verlaufe des 15. Jahrhunderts geschnitzte oder gemalte Aufsätze erhalten haben.

Verständlicherweise waren die Altaraufsätze ein besonderes Spiegelbild der theologischen, künstlerischen und auch gesellschaftlichen Vorstellungen und Verhältnisse ihrer Entstehungszeit. Sie waren deshalb häufigen Umgestaltungen, Versetzungen und nach der Reformation auch der Vernichtung preisgegeben. Auch andere Ursachen wie Zerstörungen durch Kirchenbrände oder Schädlingsbefall sind eine der Ursachen für die überraschend geringe Zahl von Altaraufsätzen aus mittelalterlicher Zeit in Schwerin und in den Kirchen seiner Umgebung. Bei den zahlreichen Kirchenerneuerungen in der Mitte und zweiten Hälfte des 19. Jahrhunderts sind abermals viele mittelalterliche Kunstwerke verlorengegangen, denn nur die künstlerisch oder historisch wertvollsten übereignete man dem damaligen großherzoglichen Museum in Schwerin, ein vermutlich weitaus größerer Teil wurde beseitigt. Das gleiche gilt auch für Madonnen und Kruzifixe, die bereits im Zeitalter der Besiedlung in den frühen Kirchen vorhanden waren und neben den Altaraufsätzen ihren Platz als verehrungswürdige Kultbilder in den Kirchen behielten.

Die älteste erhaltene Holzplastik Mecklenburgs ist eine Sitzmadonna aus Banzkow bei Schwerin, die im Zusammenhang mit dem Neubau der Kirche 1872/75 mit vier weiteren Plastiken in das Schweriner Museum gelangte. Die um 1230 entstandene Figur aus Pappelholz verkörpert den Typus der spätromanischen Madonnen durch strenge Monumentalität und die herrscherliche Gestik des einst auf dem Schoß der Mutter sitzenden, heute verlorenen Kindes, so wie es Beispiele aus der gleichen Zeit verdeutlichen. Auch aus dem 14. Jahrhundert ist die Zahl der überkommenen Kunstwerke dieses Genres aus dem Schweriner Raum klein. Vom Anfang des Jahrhunderts bewahrt das Museum in Schwerin den Corpus eines Kruzifixes aus der Stadtkirche in Crivitz, ein ausdrucksstarkes Werk, das möglicherweise im lübischen Kulturkreis beheimatet ist. Aus der zweiten Hälfte des 14. Jahrhunderts stammen ein ebenfalls geschnitztes Kruzifix in Ruthenbeck bei Crivitz und zwei Apostelfiguren, die nach der Reformation in den neuen Aufsatz der Kirche von Prestin zusammen mit einer jüngeren Figur des auferstandenen Christus eingefügt wurden.

Eine relativ große Zahl von Kunstwerken aller Art hat das 15. Jahrhundert hervorgebracht, darunter auch mehrere Altaraufsätze und Einzelfiguren im Schweriner Raum.

Das bedeutendste Stück überhaupt ist zweifellos der 1905 aus Tempzin in das Schweriner Museum gekommene Aufsatz, den 1411 der Wismarer Bürger Johann Schelp für den Hochaltar der Klosterkirche stiftete. Dieser Aufsatz ist ein gemaltes Triptychon auf einer ebenfalls durch Flügel verschließbaren Predella und ist mit seinem Bildprogramm der Passion Christi gewidmet. Das in leuchtenden Farben erstrahlende Werk mit seiner expressiv gestalteten Aussage ist vermutlich in Wismar in der Werkstatt des Henning Leptzow entstanden, aber ohne den Einfluß niederdeutscher Meister wie Bertrams von Minden oder Franckes in Hamburg nicht denkbar.

Zeitlich nahe stehen dem Tempziner Altar zwei aus dem Dom in Schwerin stammende Madonnenfiguren aus der Zeit um 1430; eine ist wie die Banzkower Plastik eine Sitzmadonna, die andere eine Standfigur. Die Sitzmadonna, 1866 aus dem Dom ins Museum gelangt, besteht aus Nußbaumholz und wird von der kunstwissenschaftlichen Forschung in den Umkreis des Henning Leptzow eingeordnet. Die auf einem Thron mit zwei Wangen sitzende Maria behält zwar die traditionelle frontale Haltung bei, ihr Kind aber ist in halber Drehung angeordnet und wird vom linken Arm der Mutter an ihren Körper gedrückt, eine Pose, die das starre Schema des spätromanischen Bildwerkes aus Banzkow weit hinter sich läßt. In reicher Faltengebung wallt das weite Gewand der Gottesmutter über ihre Knie und über die Sitzfläche der Bank hinweg auf den Boden, dabei zwischen den Beinen die für den Weichen Stil charakteristische Schüsselfalte bildend. Sicher ist diese Figur hinsichtlich ihrer Körperproportionen und der räumlichen Erfassung noch weit vom realistischen Madonnentyp des ausgehenden Mittelalters entfernt, sie markiert aber einen Markstein auf dem Weg in diese Richtung. Die der gleichen Entstehungszeit zuzuordnende Standmadonna ist mit Sicherheit keiner eng umgrenzten Kunstlandschaft zuzuschreiben, wahrscheinlich aber ebenfalls ein Werk aus Norddeutschland. Zwei weitere Figuren der Zeit um 1430 sind eine Madonna aus Banzkow und eine Anna Selbdritt aus der gleichen Kirche, beide heute ebenfalls im Staatlichen Museum in Schwerin. Noch am ursprünglichen Platz steht dagegen der um 1430 entstandene Schnitzaltar in Kirch Stück. Sein Schrein enthält sechs szenische Reliefs in zwei Reihen übereinander, in der Mitte unter der Kreuzigung eine Darstellung St. Georgs im Kampf mit dem Drachen. Künstlerisch allerdings wirkt der Aufsatz mittelmäßig; das verwundert nicht, mußte doch bei der Fülle der Aufträge und der zur Verfügung stehenden Kapazität die Qualität zumindest bei den regionalen Werkstätten leiden, was auch kleine Aufsätze vom Ende des Jahrhunderts in Pinnow, Vorbeck, Plate und Klinken belegen. Ihre Themen sind vornehmlich die Kreuzigung oder marianische Motive und ergänzen eine Auswahl aus dem großen Kreis der gegen Ende des Mittelalters verehrten Heiligen.

Ans Ende des 15. Jahrhunderts gehört auch der sogenannte Kreuzaltar des Domes, der einzig erhaltene von den einst 42 Retabeln der Kathedrale. Als Stiftung des Bischofs Conrad Loste fand er 1495 seinen Platz vor dem Lettner. In seinen Schrein fügte man oben die bereits ein halbes Jahrhundert zuvor geschaffene steinerne Tafel mit einer figurenreichen, von mehreren Nebenszenen begleiteten Kreuzigung ein, die künstlerisch zwei ähnlichen Reliefs im Dom zu Ratzeburg und in der Marienkirche zu Anklam verwandt ist und aus einer lübischen Werkstatt kommen dürfte. Seitlich stehen Maria und der Evangelist Johannes als die Patrone von Bistum und Dom, die Flügel enthalten zahlreiche Heiligenfiguren. Leider sind die für die Gesamterscheinung des Werkes und seine stilistische Zuordnung bedeutsamen Malereien der Flügel nicht erhalten. Zwei reichere Lösungen im ländlichen Bereich aus der Zeit um 1500 von beachtlicher künstlerischer Qualität verkörpern die Aufsätze in den Kirchen von Kraak und Sülstorf, wobei letzterer durch Umsetzung aus Zweedorf bei Boizenburg erst 1980 nach Sülstorf gelangte. Bei beiden Aufsätzen sind die Mittelschreine mit drei großen Figuren besetzt, in Kraak sind es neben der Gottesmutter die als Patrone des Johanniterordens verehrten beiden Johannes', in Sülstorf wird die Madonna von Georg und Johannes dem Täufer flankiert. In den Kastenflügeln stehen in beiden Aufsätzen die Figuren von Heiligen, die Predella füllen in Kraak wie bei den älteren Aufsätzen Halbfigurenbüsten von weiblichen Heiligen, in Sülstorf ist sie mit den gemalten Darstellungen des Schmerzensmannes und der vier lateinischen Kirchenväter bedeckt.

Die ungebrochene mittelalterliche Tradition, wie sie bis unmittelbar zur Einführung der Reformation in Mecklenburg in der künstlerischen Produktion zu konstatieren ist, verkörpern auch solche Werke wie der um 1520 wohl in einer Wismarer Werkstatt entstandene Aufsatz in Retgendorf mit einer zentralen, figurenreichen Kreuzigung und dem auf zwei Reliefs mit der Verkündigung und der Anbetung der Könige reduzierten Bildschmuck oder der nach dem zweiten Weltkrieg erneuerte Aufsatz in Zapel, der ebenfalls die Kreuzigung als zentrales Thema aufweist, hier flankiert von Anna Selbdritt und dem heiligen Martin. Der 1955 aus Teterow nach Crivitz umgesetzte Aufsatz enthält als Mittelstück eine Madonna im Strahlenkranz, Sinnbild der von der Apokalypse herausgestellten Himmelskönigin und zugleich charakteristisch für die Spätphase des Mittelalters mit ihrer Erwartung des Weltendes.

Im Museumsbesitz befinden sich aus Schwerin und seiner Umgebung zahlreiche weitere Figuren aus Altaraufsätzen wie auch Einzelfiguren. Erwähnenswert ist die Sitzfigur des heiligen Antonius aus dem Dom in Schwerin vom Anfang des 16. Jahrhunderts, ein spätes Beispiel des bereits ein halbes Jahrhundert zuvor mit der großen, noch in Tempzin befindlichen Figur ausgebildeten Typus. Ebenfalls ein Einzelbeispiel ist das aus der zweiten Hälfte des 15. Jahrhunderts stammende Vesperbild aus Pampow (heute im Museum Schwerin), das nach Aussage der älteren Visitationsprotokolle noch um 1700 in einer Nische der inneren Nordwand der Kirche stand. Es belegt die Existenz solcher Andachtsbilder auch im Schweriner Raum.

Mit der Einführung der Reformation in Mecklenburg 1549 und den damit verbundenen Umwälzungen auf religiös-kulturellem Gebiet verloren im Lande alle mit der Schaffung kirchlicher Kunst verbundenen Werkstätten ihre Existenzgrundlage. Erst gegen Ende des 16. Jahrhunderts entwickelte sich allmählich erneut das Bedürfnis nach religiös geprägter bildender Kunst, das sich nur unter Mitwirkung ausländischer Künstler, die zumeist aus den protestantischen Niederlanden kamen, verwirklichen ließ.

Eine Ausnahme macht die Ausstattung der Schweriner Schloßkirche, die bereits wenige Jahre nach Übernahme der lutherischen Lehre notwendig wurde, weil der Landesherr hier einen kompletten Neubau errichten ließ. Er bestellte mangels einheimischer Künstler alle zur Ausgestaltung der Kapelle notwendigen Teile in Sachsen, Altar und Kanzel bei den Meistern Schröter, die wenige Jahre zuvor den von Luther geweihten Bau der Torgauer Schloßkapelle ausgestattet hatten. Georg Schröter zeichnete für den Altar verantwortlich. Der Aufsatz, nun ganz aus Stein hergestellt, steht auf einem Sockel, der mit Reliefs der vier Evangelisten verkleidet ist. Darüber erhebt sich das Hauptgeschoß, das mit seiner Dreiteilung in Mittelfeld und flügelartige Ansätze noch entfernt an die spätgotische Form des Triptychons erinnert. Als zentrales Motiv dieses protestantischen Aufbaues ist die Kreuzigung gewählt, seitlich begleitet von Darstellungen mit der Aufrichtung der ehernen Schlange und der Auferstehung. In den Vertiefungen zwischen den gekuppelten Säulen, die das Mittelrelief einrahmen und das verkröpfte Gebälk tragen, stehen die kleinen allegorischen Figuren von Glaube und Gerechtigkeit. Als Bekrönung erscheint in einem ädikulaartigen Aufsatz die Büste Gottvaters. Unter dem Mittelteil befinden sich drei längere lateinische Bibelzitate. Mit seinem Bildprogramm ist dieser Aufsatz ein exemplarisches Beispiel für das evangelische Verständnis der biblischen Aussagen, stilistisch leitet dieser Aufsatz in der Großplastik den Einzug der Renaissance in die mecklenburgische Kunst ein. Diesem 1562 vollendeten, seit seinem Abbruch in der Mitte des 19. Jahrhunderts im Museum stehenden Altar steht zeitlich der um 1600 entstandene Aufsatz in der Prestiner Kirche am nächsten, obwohl Vergleiche ihrer künstlerischen Qualität unangebracht sind. Der in provinziellen Renaissanceformen gehaltene architektonische Aufbau, dessen Bildschmuck zu wesentlichen Teilen aus älteren mittelalterlichen Plastiken besteht, stellt aber ebenfalls Christus als den Sieger über den Tod in den Mittelpunkt des ikonographischen Programms. Wie eng begrenzt die Motivauswahl der Altaraufsätze jener Jahrzehnte war, belegt auch der um 1600 entstandene Aufsatz in der Kirche von Hohen Viecheln, der um 1860 an die Südwand der Kirche versetzt wurde: in dem mit Ohrmuschel- und Knorpelwerkdekor reich versehenen Aufsatz ist als zentrale Darstellung wiederum die Kreuzigung enthalten, dazu Darstellungen von Abendmahl und Auferstehung und als seitliche Reliefs Mose und die Justitia, während als Bekrönung wie schon beim Schweriner Schloßkirchenaltar eine Büste Gottvaters Verwendung findet.

Nachdem der Dreißigjährige Krieg abermals zu einer längeren Unterbrechung in der Entwicklung der bildenden Kunst geführt hatte, setzte sich nach der Mitte des 17. Jahrhunderts auch im Schweriner Bereich der Barock mit seiner räumlicheren und plastischeren Gestaltung durch. Das wird beispielsweise am 1691 geschaffenen Altar in Groß Trebbow sichtbar, dessen architektonisch konzipierter Aufbau insgesamt plastischer ist als die Vorgänger vom Anfang des Jahrhunderts, wenn er auch mit den Schwerpunkten des Bildprogramms am Traditionellen festhält; Abendmahl, Kreuzigung und Auferstehung sind wie gewohnt vorhanden, erweitert um das Thema Gethsemane und eine Figur des triumphierenden Christus, die den Aufbau bekrönt. Auch der in seiner architektonischen Grundhaltung sehr kräftig ausgebildete hohe Aufsatz in Groß Eichsen von 1698 wiederholt dieses Bildschema, hier bereichert durch Bilder der Gesetzgebung und der Bergpredigt in den Seitenfeldern sowie einzelne Freifiguren, die zugleich den klaren Umriß des Aufbaues im Sinne des Barocks zu fließenden Linien auflösen.

Die Schöpfer der Aufsätze sind selten namentlich überliefert, wahrscheinlich sind es größere Werkstätten in Schwerin bzw. Wismar, in denen Bildschnitzer, Tischler und Maler die Aufträge aus der Residenz und der weiteren Umgebung ausführen. Für Altar und Kanzel in Groß Trebbow ist Johann Friedrich Wilde als Künstler überliefert; seine leistungsfähige Werkstatt hat etwa drei Jahrzehnte lang zahlreiche Altaraufbauten und Kanzeln im westmecklenburgischen Raum hervorgebracht; allem Anschein nach begann Wilde um 1690 in Schwerin, verlegte aber später seine Werkstatt nach Wismar.

Künstlerisch bedeutende Altaraufbauten aus dem 18. Jahrhundert sind in Schwerin und dessen Umgebung nicht zu finden. Was sich erhalten hat, so die Aufsätze in Peckatel oder Goldenstädt, sind schlichte architektonische Lösungen mit bescheidenem Bildprogramm.

Dagegen ist der Kanzelaltar, jene eigenartige und vom Protestantismus zu hoher künstlerischer Reife geführte Kombination aus Altar und Kanzel, im Schweriner Raum mit mehreren guten Beispielen vertreten; das schönste ist zweifellos auch das zugleich früheste, der Aufbau in Mühlen Eichsen. Architektonisch konzipiert wie die sonstigen barocken Aufsätze der Zeit, erhebt sich das mit Gemälden und Figuren reich dekorierte Werk vor der Ostwand des Kirchenraumes. An zentraler Stelle sitzt der von Engeln gehaltene Kanzelkorb. Leider verhindert eine Farbgebung aus dem 19. Jahrhundert und die zur Zeit noch triste Ausgestaltung des Umfeldes, daß dieses Werk in seiner barocken Fülle erlebbar wird. Mit fortschreitender Entwicklung wird das Bildprogramm der Kanzelaltäre reduziert. Zeigt der Bibower Kanzelaltar von 1745 noch zwei große Freifiguren (Mose und Aaron) innerhalb des Aufbaues, so ist in Bülow das Figurenprogramm beim Aufbau von 1752 weiter geschrumpft und besteht hier aus einem Putto am Kanzelkorb und christlichen Symbolen wie den Gesetzestafeln, Brot und Kelch als Zeichen des Abendmahls. Auch in Dambeck

und Kladow wurden schlichte Lösungen für den Kanzelaltar gewählt. Zwar hält sich der Kanzelaltar noch bis ins 19. Jahrhundert hinein, aber die gestalterischen Lösungen bleiben bescheiden, zumal sich in diesem Jahrhundert eine theologisch begründete Gegenströmung herausbildet, die den Kanzelaltar ablehnt. Ihre Argumente dienen bis in die Gegenwart hinein als Begründung, wenn die Beseitigung von Kanzelaltären gefordert und durchgeführt wird.

Mit der Rückbesinnung auf die Geschichte und der Wertschätzung historischer Überlieferung, die seit dem frühen 19. Jahrhundert in der Architektur feststellbar ist, gewannen auch in der Gestaltung der Altaraufsätze historische Vorbilder für Neuschöpfungen einen gesteigerten Stellenwert. Bei Restaurierungsmaßnahmen in mittelalterlichen Kirchen werden überwiegend neugotische Altarrückwände neu eingebaut. Es handelt sich dabei zumeist um handwerklich solide Arbeiten, an denen geübte Schnitzer den ganzen Formenapparat mittelalterlicher Kunst in Gestalt von Maßwerken, Wimpergen, Blendarkaden usw. wieder aufleben lassen. Die entsprechenden Altarbilder liefern die in den größeren Städten ansässigen Maler, meist Vertreter des Spätnazarenertums wie Carl Schumacher, Gaston Lenthe, Theodor Fischer-Poisson, Friedrich Lange oder Bertha Albin. 1844 entsteht im Hohen Chor des Schweriner Domes der neue Hauptaltar, für den Hofbaurat Hermann Willebrand den gestalterischen Entwurf lieferte und den Gaston Lenthe mit einem Kreuzigungsgemälde ausstattete. In den Details reicher, dabei aber der Architektur des neuen Chores angepaßt, ist der Altaraufbau in der Schloßkirche, 1855 vollendet und wahrscheinlich wie der Bau nach den Entwürfen des Kölner Neugotikers Ernst Friedrich Zwirner geschaffen. Einen ähnlich bedeutsamen Altar erhält auch die neugotische St.-Pauls-Kirche 1869 von der Hand Karl Gottfried Pfannschmidts. So wie der Bau ist auch der Altar eine gelungene Nachahmung mittelalterlicher Vorbilder, das äußerlich die Gestalt des Triptychons aufgreifende Werk hat allerdings unbewegliche Flügel. In der Schelfkirche empfand man den Kontrast zwischen der barokken Architektur und einem möglichen neugotischen Altaraufbau mit Recht als unerträglich und entschloß sich daher 1858 im Zusammenhang mit der Restaurierung der Kirche für einen neuklassizistischen Aufbau; seine wichtigste Komponente ist die Rahmenarchitektur, in sie fügte man ein monumentales Bild der Himmelfahrt Christi von Gaston Lenthe ein.

Im weiten Umfeld von Schwerin wurden vor allem in der zweiten Hälfte des 19. Jahrhunderts zahlreiche neugotische Altaraufsätze aufgestellt, so in Alt Meteln, Barnin, Buchholz, Groß Brütz, Hohen Viecheln, Pokrent, Uelitz und Wessin, auch die Stadtkirche in Crivitz erhielt einen derartigen, 1955 jedoch beseitigten Aufbau. Die Thematik der Altargemälde bewegt sich in engen Grenzen – neutestamentliche christologische Motive wie die Kreuzigung, die Himmelfahrt und die Grablegung Christi oder die Emmausszene werden am häufigsten gewählt. Nach 1900 fanden nur wenige grundlegende Veränderungen bei der Gestaltung der Altäre statt. 1901 schuf die Berliner Künstlerin Maria Bloch für Zittow ein neues Altarbild mit einer Kreuzigung, das 1930 einer Neugestaltung Platz machen mußte und heute im Turmraum hängt. 1925 malte der Schweriner Rudolf Gahlbeck das Himmelfahrtsbild im Altar von Pokrent, das Assoziationen zum Isenheimer Altar des Matthias Grünewald weckt.

Manche Gemeinden haben sich in jüngster Zeit auf schlichte Altartische mit Altarkreuz, Kerzen und einfachen Behängen beschränkt, andere wie Consrade und die Schweriner Domgemeinde gaben Zeitgenossen wie dem Dresdner Bildhauer Friedrich Press Gelegenheit, seine symbolhaften und dabei einfach strukturierten Gestaltungen zu realisieren und die Betrachter nicht nur zum Anschauen, sondern zum Nachdenken zu motivieren.

Kanzeln

Aus der mittelalterlichen Zeit ist im Schweriner Bereich nur ein Beispiel für eine Kanzel erhalten geblieben. Sie befindet sich in der Klosterkirche von Tempzin und entstand im 15. Jahrhundert. Der Korb ist polygonal ausgebildet und in den oberen Teilen der Brüstungsfelder mit Faltwerk gefüllt; ob die darunterliegenden Flächen ursprünglich mit gemalten und plastischen Darstellungen gefüllt waren, ist nicht mehr zu ermitteln. Elegant wirkt der kelchförmige, geschäftete Fuß.

Aus dem 16. Jahrhundert, das mit der Neubewertung der Predigt im evangelischen Gottesdienst auch eine erneute Hinwendung zur Kanzel als jenem Ort, von dem herab das Wort Gottes in jedem Gottesdienst verkündet und ausgelegt wurde, gebracht hatte, sind außerhalb Schwerins keine Beispiele erhalten geblieben, in der Stadt selbst nur die Kanzel der Schloßkirche. Sie ist allerdings ein exemplarisches Werk, verkörpert sie doch im Bildprogramm deutlicher als andere Arbeiten die neuen protestantischen Ideale, und außerdem ist sie ein Kunstwerk von überregionaler Bedeutung. Wie schon der Altar kam sie aus jenen sächsischen Werkstätten, in denen Herzog Johann Albrecht die Ausstattung für seine neue Kapelle im Schweriner Schloß in Auftrag gegeben hatte. Wohl auf den ausdrücklichen Wunsch des Auftraggebers hin wiederholte der Bildhauer Simon Schröter das Torgauer Vorbild, und auch die Anbringung an einem der mittleren Emporenpfeiler folgt dem sächsischen Beispiel. Die drei bildlichen Darstellungen des runden Korbes – Christus und die Ehebrecherin, der zwölfjährige Jesus im Tempel und die Austreibung der Wechsler aus dem Tempel – sind in ihrer Grundhaltung noch so ausgesprochen kämpferisch, daß ihre Einordnung in die Frühphase der reformatorischen Kunst keine Schwierigkeiten bereitet.

Auch der Dom hatte 1570 eine Kanzel erhalten, die jedoch bei der Restaurierung von 1815 beseitigt wurde. Erhalten hat sich leider vom Korb nichts, nur von der Rückwand ist eine Wappentafel vorhanden, die auf jene neun Stifter aus den Reihen des Domkapitels hinweist, die den Architekten und Bildhauer Johann Bapti-

sta Parr beauftragt hatten, diese Kanzel anzufertigen. J. B. Parr hatte wenige Jahre zuvor den Bau der Kapelle im Schweriner Schloß geleitet, und seinem ebenfalls künstlerisch hochbegabten Bruder Christoph ist die etwa zur gleichen Zeit entstandene steinerne Kanzel im Dom zu Güstrow zu verdanken. Von der 1592 geschaffenen Kanzel in Pinnow sind nur die Wappenfüllungen vom Korb erhalten.

Die vermutlich älteste erhaltene Kanzel im Schweriner Umland steht in der Stadtkirche zu Crivitz, laut Inschrift ist sie 1621 entstanden; stilistisch gehört sie in die Spätrenaissancezeit. Wie für diese Periode üblich, ist sie mit einem reichen Bildprogramm und üppigem Ornament ausgestattet und besteht außer dem Korb aus einem Portal mit Aufgang und dem in größeren Räumen aus akustischen Gründen meist vorhandenen Schalldeckel. Als Träger des Korbes fungiert Mose, die Verkörperung des Alten, durch Christus überwundenen Bundes; die Heilswahrheiten des Neuen Testamentes füllten wohl ursprünglich die heute leeren Felder des Korbes, die ebenfalls an evangelischen Kanzeln häufig anzutreffenden Evangelisten sind hier am Aufgang plaziert, daneben weitere biblische Personen aus der Gemeinschaft der Apostel und der Salvator mundi. Christus erscheint ein weiteres Mal als Auferstandener auf der Spitze des Schalldeckels, begleitet von allegorischen Figuren, u. a. den Tugenden.

Ebenfalls eine Arbeit des 17. Jahrhunderts ist die heute schmucklose Kanzel in Consrade mit der für die Renaissancezeit typischen Gliederung der Korbbrüstung.

Die um die Mitte des 17. Jahrhunderts entstandene Kanzel in Klinken ist vor allem wegen der Figur des Kanzelträgers interessant. Wahrscheinlich stammt die mittelalterliche, etwas unterlebensgroße Figur aus einer Kreuztragungsgruppe und verkörpert Simon von Kyrene, der Christus auf dem Weg nach Golgatha beim Tragen des Kreuzes zu Hilfe kam. Durch einen Schlüssel machte man die Figur zu einem Petrus, eingedenk des Wortes Christi, daß dieser »Fels der Kirche« auch ein gutes Fundament für einen Predigtstuhl sein muß. Die Überlieferung, daß die Klinkener Kanzel aus der abgebrochenen alten Schweriner Nikolaikirche kommt, ist durch schriftliche Überlieferungen nicht zu belegen. Mehrere Kanzeln sind aus der zweiten Hälfte des 17. Jahrhunderts überkommen, unter anderem die mit Bildern der Evangelisten und des Salvators geschmückte Kanzel in Kraak. Vor den Kanten des Korbes stehen die in der Barockzeit bis in die fernste Kirche verbreiteten gewundenen Säulen. Während die Kanzel in Groß Trebbow ohne bildliche Darstellungen blieb, enthält die wenig ältere Kanzel in Groß Eichsen aus dem Jahre 1680 mehrere an Kanzeln sonst wenig vorkommende Themen, so die Aufrichtung der ehernen Schlange, Mose mit den Gesetzestafeln und den Salvator, an der Rückwand erscheint Jesaja, dem ein Seraphim glühende Kohlen in den Mund legt, ein Hinweis auf die Reinigung und geistige Läuterung des Propheten (Jes. 6,5−7). Wohl häufiger waren die Kanzeln Stiftungen der adligen, auf Repräsentation bedachten Patrone; daß mitunter ihre Wappen, so in Zittow 1669, auf den

Brüstungen des Korbes angebracht wurden, kann deshalb kaum verwundern. Im 18. Jahrhundert ändert sich am Grundtypus der Kanzel nichts, lediglich die Ornamentik paßt sich dem Stil der Zeit an. Für die Spätzeit dieses Jahrhunderts mit dem sogenannten Zopfstil ist die Kanzel der katholischen St.-Anna-Kirche in Schwerin ein gutes Beispiel. Im 19. Jahrhundert wiederholt sich bei der Kanzel das weiter oben für die Altaraufbauten Gesagte, auch die Kanzelgestaltung greift historische Formen, meist die der Gotik, auf und variiert sie in aufwendigen, kunstvoll verzierten Tischler- und Schnitzarbeiten.

Taufen

Die Taufe, mit der sich die Gemeinde durch die Aufnahme neuer Mitglieder ständig erneuert, hat durch alle Zeiten hindurch für die Kirche eine zentrale Bedeutung behalten und der Platz, wo dieses Sakrament seinen sichtbaren Ausdruck durch das Benetzen des Täuflings mit Wasser findet, immer eine besondere Gestaltung erfahren.

Abgesehen von der Frühzeit der Besiedlung, in der nach den Überlieferungen der Chronisten Massentaufen im Freien stattgefunden haben sollen – einer dieser Orte ist jenes flache Gewässer am Nordende des Schweriner Sees, das mit seinem Namen »Döpe« an dieses Ereignis erinnert –, war der Platz des Taufaktes die Kirche und dort ein Taufbecken, in das man während des Mittelalters den Täufling voll eintauchte. Seit dem späten 15. Jahrhundert wurde er aber nur noch mit Wasser benetzt.

Die Taufbecken des 13. und 14. Jahrhunderts bestehen aus Stein, einige aus importiertem Kalkstein, eine größere Anzahl aus Granit. Die Becken haben in der Regel eine halbkugelige Gestalt und sind außen mit einfachen Graten oder Blendarkaden verziert, figürliche Motive sind selten. Taufsteine, in einer aus dem lateinischen Wort für Brunnen (fons) abgeleiteten eingedeutschten Bezeichnung in Norddeutschland auch Fünte genannt, dieser Art sind u. a. in Crivitz, Vietlübbe, Pokrent, Retgendorf, Groß Brütz, Groß Eichsen, Cramon und Hohen Viecheln erhalten, einige mit den schwer deutbaren Maskenköpfen am Fuß. Ob es vereinfachte Symbole der vier Paradiesströme oder der Elemente sind, läßt sich nicht belegen. In nachmittelalterlicher Zeit, als die für die Ganztaufe gedachten Fünten nutzlos wurden, sind einige auf Friedhöfen und in Pfarrgärten als Blumenschalen verwendet worden, noch heute steht die Kalksteintaufe in Groß Brütz in solcher Funktion westlich der Kirche auf dem Friedhof. Andere sind vollständig aus dem ursprünglichen kirchlichen Bereich gelöst worden und dienen als Schmuck von Garten- und Parkanlagen. Dieses Schicksal teilt auch die wohl interessanteste Steinfünte des Schweriner Bereichs, eine im 18. Jahrhundert aus der Döpe geborgene und über mehrere Stationen am Ende des 19. Jahrhunderts in den Park des ehemaligen großherzoglichen Schlosses von Wiligrad gelangte Granittaufe. Die gedrückt halbkugelige Kuppa, der Schaft mit An-

deutungen von halbkreisförmigen Blendarkaden und eine Anzahl von seltsam archaisch wirkenden Maskenköpfen am Fuß lassen an eine Entstehung in der Frühphase der Besiedlung Mecklenburgs denken; ob das unter und zwischen den Köpfen angedeutete Band möglicherweise Wasser oder Wellen symbolisiert und damit die These von den Paradiesströmen stützen würde, mag dahingestellt bleiben. Eine andere, allerdings stark ergänzte Granittaufe steht als Blumenschale im Park des ehemaligen Schlosses von Grambow westlich von Schwerin, ihre Herkunft liegt ebenso im dunklen wie die vom Alter her ebenfalls kaum bestimmbare Granittaufe im Garten des Grundstücks Am Schweriner See 13 in Schwerin.

Von den Taufbecken aus Metall, die in Mecklenburg seit dem Ende des 13. Jahrhunderts nachgewiesen sind, besitzt im Stadt- und Kreisgebiet Schwerin nur der Dom ein Beispiel aus der Zeit um 1400. Diese Kessel wurden wahrscheinlich von Glockengießern hergestellt und verkörpern mit ihrem figürlichen und ornamentalen Dekor stets auch ein bestimmtes ikonographisches Programm. Der Schweriner Kessel ist achtseitig und wird von acht Männern in Zeittracht getragen. Seine Wandung ist so aufgegliedert, daß in jedem Feld jeweils zwei Heiligenfiguren unter Maßwerkbaldachinen stehen; am oberen Rand verläuft eine Minuskelinschrift mit einem Bibelzitat. Der verlorengegangene Deckel wird ebenfalls einen passenden Dekor besessen haben, der jetzige Deckel ist ein Werk aus jüngerer Zeit.

Als es gegen Ende des Mittelalters Sitte wurde, die Täuflinge nur noch mit Wasser zu besprengen, kamen die Fünten außer Gebrauch oder wurden durch eingehängte Schalen »modernisiert«. Trotzdem löste man sich von der traditionellen Form des optisch wirkungsvollen Taufbehälters nicht sofort, wie die hölzernen Tauffässer oder -behälter in mehreren Kirchen belegen; auch im Schweriner Raum sind in Klinken und Groß Brütz zwei Beispiele aus dem 17. Jahrhundert erhalten. Die Unterteile dieser Taufen waren nicht mehr zur Aufnahme von Wasser bestimmt, sondern lediglich überdimensionale Träger für die Schalen; ein hoher turmartiger Aufbau unterstrich im Kirchenraum den Anspruch dieses liturgischen Gerätes.

Von den Taufständern als den wesentlich bescheideneren Trägern für Becken und Schalen sind aus dem 16. und 17. Jahrhundert keine Beispiele erhalten. Erst aus dem frühen 18. Jahrhundert ist mit dem Exemplar der Schweriner Schelfkirche aus dem Jahre 1713 der barocke Typus belegt.

Für den Barock und seine Grundhaltung, auch das liturgische Geschehen durch gesteigerten äußeren Aufwand aufzuwerten, steht u. a. auch eine Figur wie der Taufengel. Nur ein Beispiel dafür ist im weiteren Umkreis der Stadt Schwerin in Warsow noch vorhanden, leider in fragmentarischem Zustand. Schon mit dem ausgehenden 18. Jahrhundert fiel diese Sonderform der Taufe den auf die Beseitigung aller Äußerlichkeiten bedachten kirchlichen Bewegungen wieder zum Opfer. Heute sind Taufengel bewunderte, jedoch seltene Ausstattungsstücke in unseren Kirchen. Für den Typus des spätbarocken Taufständers bewahrt die katholische Kirche in Schwerin ein schönes Beispiel. Hier trägt ein geschmiedetes Gestell eine granitene Schale mit Deckel. Ähnlichkeiten mit Taufständern in Ludwigslust und Grabow lassen vermuten, daß auch das Schweriner Stück in der Werkstatt des Grabower Schmiedes August Niens angefertigt wurde, die Schale allerdings ist ein Produkt der Schweriner Schleifmühle, in der seit 1756 vorwiegend heimische Gesteine verarbeitet wurden. 1795 zur Weihe der Kirche war der Taufständer fertig. Am Taufständer hat man auch während des gesamten 19. Jahrhunderts festgehalten. Dabei bestimmt aber nicht mehr der individuell angefertigte Stein oder Ständer das Bild, sondern das in der Manufaktur oder Fabrik in größeren Stückzahlen hergestellte Produkt aus Kunststein oder Zement, aus Zink- oder Eisenguß; stilistisch überwiegen dabei Beispiele mit neugotischem Dekor. Von den Reformbestrebungen zur zeitgemäßen Gestaltung von kirchlichem Kunstgut am Anfang des 20. Jahrhunderts sind auch die Taufständer betroffen worden, man ging von den nach Katalog zu bestellenden Stücken ab und gab immer häufiger handwerksmäßig gefertigten oder von Künstlern geschaffenen Stücken den Vorzug, Holz und heimisches Gestein kommen wieder zu Ehren, mitunter übernimmt auch ein aus Klinkern aufgemauerter Pfeiler die Funktion des Trägers für die Taufschale.

Künstlerisch wertvolle Taufschalen aus dem 16. bis 18. Jahrhundert sind im Schweriner Raum kaum erhalten, lediglich ein sehr großes Einsatzbecken für die mittelalterliche Fünte in Vietlübbe mit getriebenem Wappen und Inschrift von 1697 ist erwähnenswert. Ein Unikat ist auch die terrinenförmige Henkelschale aus Silber von 1766 in der Schweriner Schelfkirche. Fast alle Gemeinden besitzen heute Taufschalen aus dem 19. oder 20. Jahrhundert, meist aus Messing, Silber oder Neusilber und in leistungsfähigen Goldschmiedemanufakturen in den Großstädten angefertigt. Ihren Fond ziert in den meisten Fällen ein Kreuz, während auf dem Rand ein Bibelzitat eingraviert ist.

Orgeln

Leider ist eine Geschichte des Orgelbaues in Mecklenburg bis heute nicht geschrieben, so daß die Kenntnisse über diesen wichtigen Zweig kirchlicher Kunst recht sporadisch erwachsen und es relativ schwer ist, aus einzelnen Darstellungen ein Gesamtbild zu gewinnen. Dabei ist noch das Phänomen zu verzeichnen, daß für das 16. bis 18. Jahrhundert die Literatur wesentlich ergiebiger ist als für das 19. und 20. Jahrhundert, obwohl Instrumente aus der erstgenannten Periode kaum noch existieren. Der weitaus überwiegende Teil der Orgeln in den Stadt- und Dorfkirchen, auch des Schweriner Bereiches, entstammt dem 19. Jahrhundert. Aber ähnlich wie bei der Architektur und bildenden Kunst wurden die Werke des vergangenen Jahrhunderts, zumindest die des zweiten und dritten Drittels, wegen ihres häufig historisierenden Charakters unterbewertet und als unschöpferisch abgetan, eine Meinung,

die auch für viele Orgeln von schwerwiegender Bedeutung war, weil man glaubte, sie vernachlässigen, umzugestalten oder gar vernichten zu können. Erst die letzten Jahrzehnte haben zu einem Umdenken geführt und oft in letzter Minute kostbare Zeugnisse des Orgelbaues aus dem 19. Jahrhundert gerettet.

Über die Orgeln des Mittelalters sind wir nur durch Archivalien unterrichtet, und auch für das 16. und 17. Jahrhundert fehlen materielle Zeugnisse fast vollständig. Für den Schweriner Dom, an dem die Kirchenmusik zu allen Zeiten einen gebührenden Platz einnahm, ist der Bau einer großen Orgel als Stiftung des Herzogs Johann Albrecht I. im Jahre 1560 durch den Antwerpener Meister Antonius Mors überliefert, auch wird 1553 von einer kleinen Orgel auf der Empore über der Mariae-Himmelfahrts-Kapelle berichtet. Die barocke Orgel der Schloßkapelle ist durch ein Gemälde aus der Mitte des 19. Jahrhunderts zumindest vom Prospekt her bekannt.

Die ältesten erhaltenen materiellen Belege für den Orgelbau im Schweriner Raum sind drei Prospekte aus dem späten 17. Jahrhundert, von denen der in Groß Eichsen in das Jahr 1671 datiert ist, ihm sehr ähnlich und wahrscheinlich zeitlich nahestehend ist der Prospekt im benachbarten Mühlen Eichsen. Beide bestehen aus Hauptwerk und Rückpositiv und weisen die für den Barock typische Dreiteilung in der Prospektgestaltung auf, die den Werkaufbau optisch verdeutlicht. Leider sind die Werke beider Orgeln nicht ursprünglich, sondern mehrfach verändert, so daß Rückschlüsse auf die Disposition und die Verfertiger nicht mehr möglich sind. Das gilt auch für ein wohl etwa gleichaltriges Stück, das 1795 vom Dom an die katholische Kirchengemeinde Schwerins verkauft wurde und in der gerade vollendeten St.-Anna-Kirche nach einer barocken Ergänzung des Prospektes Aufstellung fand. Anhand der Spätrenaissanceornamentik ist aber der ältere Prospektteil immer noch gut erkennbar. Leider sind Nachrichten über diese ehemalige Domorgel nicht bekannt geworden.

So sind die wahrscheinlich ältesten Orgeln heute die Instrumente in Zittow und Klinken, denn beide sind noch im zweiten Viertel des 19. Jahrhunderts entstanden.

In Zittow war der Neubau einer Orgel nach einem Brand der Kirche im Jahre 1810 notwendig geworden, den Auftrag erhielt der Orgelbauer Friedrich Friese (I), der das Instrument im Jahre 1829 unter Verwendung von Teilen des alten Orgelwerkes vollendete. Die so entstandene Kombination eines spätbarocken mit Teilen eines zeitgenössischen Werkes drückt sich auch im Prospekt aus, der in seiner Stilistik noch ganz barock empfunden ist, aber zahlreiche biedermeierliche Details aufweist. Eine Restaurierung 1982 hat die Besonderheiten des Instrumentes berücksichtigt und dem Werk seine ursprüngliche Klangfülle zurückgegeben.

In Klinken steht das Meisterstück des seit 1841 in Hagenow ansässigen Orgelbauers Johann Heinrich Runge. Das einmanualige Werk erwarb die Kirchengemeinde 1845. Sein Prospekt vereinigt klassizistische und neugotische Elemente. Von Runge stammt auch die 1857 vollendete Orgel in der Kirche von Mirow.

Um die Mitte des 19. Jahrhunderts häuften sich die Orgelneubauten im Zusammenhang mit zahlreichen Kirchenrestaurierungen und neuen Gebäuden. Damit begann die Blütezeit der über mehrere Generationen in der Schweriner Schelfstadt ansässigen Firma Friese, aber auch die schon genannte Werkstatt von Runge in Hagenow und die von L. Winzer in Wismar hatten daran ihren Anteil. Friese in Schwerin erhielt den Auftrag für den Neubau der Orgel in der Schloßkirche (1855 vollendet), für die Schelfkirche (1857) und die neuerbaute St.-Pauls-Kirche (1869), daneben stattete er auch zahlreiche Dorfkirchen der Schweriner Umgebung mit neuen Instrumenten aus, z. B. 1884 Banzkow. Während Frieses Orgeln in St. Paul und der Schelfkirche, allerdings nicht mehr unverändert, erhalten sind, wurde die Orgel der Schloßkirche später verkauft, der schöne Prospekt mit den musizierenden Engeln befindet sich jetzt in Groß Trebbow.

Während die Hagenower Orgelwerkstatt mit dem Tod J. H. Runges geschlossen wurde, bestand die Schweriner Orgelbauanstalt bis 1945, seit dem Tod Friedrich Frieses (III) 1896 von Marcus Runge geleitet, da der vorgesehene Nachfolger Heinrich Friese seine eigentliche Berufung nicht im Orgelbau, sondern in der Erforschung der Insekten Europas erkannte; mit seinen Arbeiten über die Bienen wurde er weithin bekannt. Von Marcus Runge erhielt sich aus der Zeit um 1910 ein kleines Instrument in Consrade. Nur für die größte Orgel Schwerins, die des Domes, griff man auf einen auswärtigen Orgelbauer zurück. Die Wahl war auf den namhaften Weißenfelser Meister Friedrich Ladegast gefallen, dessen Arbeiten stark von dem zu seiner Zeit dominierenden französischen Orgelbau beeinflußt waren. Er baute bis 1871 ein großes viermanualiges Werk mit 84 Registern und etwa 6000 Pfeifen, das zu den bedeutendsten Orgeln des späten 19. Jahrhunderts in der DDR gehört. Das hinter dem monumentalen Prospekt von Theodor Krüger befindliche Werk erfuhr von 1982 bis 1988 eine umfangreiche, das Original schonende Wiederherstellung. Neben diesem großen Werk besitzt der Dom in der Thomaskapelle noch eine kleinere Orgel, die das Werk einer erst in der jüngeren Zeit in Mecklenburg ansässig gewordenen Orgelbaufirma ist (Nußbücker, Plau). Ihren Prospekt entwarf zusammen mit den übrigen Ausstattungsstücken des Altarbereichs Friedrich Press in Dresden.

Glasmalerei

Glasmalereien gehören heute zum kostbarsten Besitz der Kirchen, entsprechend aufwendig sind alle Bemühungen um ihre Erhaltung und Konservierung. In Schwerin und seinem Umland sind Glasgemälde aus einem Zeitraum von fast siebenhundert Jahren erhalten. Unter dem Bestand ist der Anteil an mittelalterlichen Scheiben allerdings gering, das Schwergewicht setzen die Verglasungen in Schwerin, die mit den Restaurierungs- bzw. Neubaumaßnahmen um die Mitte bzw. das Ende des 19. Jahrhunderts in Zusammenhang stehen.

Mittelalterliche Scheiben sind nur an zwei Stellen erhalten, in Kirch Stück nördlich Schwerins und im Dom.

Die beiden nördlichen Chorfenster der Kirch Stücker Kirche enthalten Scheiben aus der Zeit um 1300 und um 1400; die ältere ist die Darstellung eines Ritterheiligen, möglicherweise Georgs, des Patrons der Kirche. Die Datierung stützt sich auf die Form der rahmenden Architektur und die Bekleidung des Heiligen mit Kettenhemd, darüberliegendem Lederrock sowie seine Bewehrung mit Lanze und Schild. Die Figur selbst ist noch unräumlich dargestellt und nur durch die Schwarzlotmalerei plastisch gestaltet; ihre Flächigkeit wird durch die frontale Stellung unter der Dreipaßarkade unterstrichen. Im Zwickel über dem Heiligen sowie in den Scheiben des Nachbarfensters sind Glasgemälde von um 1400, im Hauptfeld eine Kreuzigungsgruppe, in den Zwickeln jeweils zwei Heiligenfiguren (Katharina, Elisabeth, Philippus, hl. Bischof) enthalten. Im Gegensatz zu der älteren Scheibe sind die Körperhaltung und Faltengebung der Gewänder natürlicher und damit lebendiger geworden, zugleich sind die Strukturen der Linien der Bleiruten stärker in die Gestaltung einbezogen worden. Die Rahmenarchitektur weist Bezüge zu ähnlichen Scheiben in Wismar auf, die an eine Entstehung auch der Kirch Stücker Scheiben in der nahen Küstenstadt denken lassen.

Die mittelalterlichen Scheibenfragmente aus dem Schweriner Dom sind die Reste eines oder mehrerer Zyklen, die die zahlreichen Fenster des Umgangs, des Obergadens und der Seitenschiffe gefüllt haben mögen; unterschiedliche Umrisse lassen darauf schließen. Wahrscheinlich sind die ersten Farbfenster bereits eingebracht worden, als die Chorpartien in der ersten Hälfte des 14. Jahrhunderts vollendet waren. Vier der mittelalterlichen Scheiben zeigen figürliche Motive. Die schönste enthält das Halbfigurenbild eines jugendlichen Mannes mit Buch und Schreibgriffel; ob es sich um eine Darstellung des Evangelisten Johannes oder um eine andere Person handelt, wird sich schwer klären lassen, da weitere Scheiben aus diesem Zyklus fehlen. Die hohe künstlerische Qualität dieser Darstellung deutet sich in der geschickten Wiedergabe der Körperbewegung mit dem leicht gewendeten Kopf, der harmonischen Zusammenstellung der farbigen Gläser und Führung der Bleistege an, die Plastizität hebt darüber hinaus die Binnenzeichnung mit dem aus der großen räumlichen Entfernung normalerweise nicht erlebbaren Schwarzlot. Welche unvergleichliche Wirkung eine vollständige Verglasung dieser Zeit hatte, läßt eine solche Scheibe mit ihren leuchtenden Farben immer noch erahnen.

Ein Rechteckfeld enthält die Halbfigur eines anderen Mannes, dessen Schlüssel ihn als den Apostelfürsten Petrus ausweist. Vielleicht ist diese in eine Rahmenarchitektur eingebettete Darstellung nur der obere Teil einer Ganzfigur. Der ausdrucksvolle bärtige Kopf mit dem krausen kurzen Haar, den weit geöffneten Augen und der mittels Schwarzlot wiedergegebenen Binnenzeichnung gehört ebenfalls zu einem Zyklus des späten 14. Jahrhunderts.

Aus dem Obergaden mit seinen abgeschrägten Bogenöffnungen stammt ein drittes Fragment, das eine in reiches Eichenlaubwerk eingebettete männliche Büste und an der rechten Seite auch Reste einer aus Flechtbändern bestehenden Borte enthält. Bei dem Männerkopf mit der für die Juden des Mittelalters typischen spitzen Mütze könnte es sich um die Darstellung eines Propheten oder eines Angehörigen der Heiligen Sippe handeln, wie sie auch anderenorts in Wandmalereien und Schnitzwerken dargestellt werden, wenn mit dem Stammbaum Jesse die Geschlechterfolge demonstriert wird, aus der Christus hervorgegangen ist.

Die einzige szenische Darstellung unter den mittelalterlichen Scheiben des Domes stammt aus einem Passionszyklus und enthält die Gethsemaneszene. Die Darstellung folgt mit der Wiedergabe des betenden Christus, dem ein Engel den Kelch reicht, und den drei schlafenden Jüngern dem allgemein üblichen Schema dieses Motivs, allerdings ist die Malerei auf die wesentlichen Momente beschränkt und verzichtet auf landschaftliches Beiwerk.

Die figürlichen Scheiben werden durch mehrere fragmentarische Ornamentscheiben, darunter zwei achtstrahlige sternförmige Rosetten, einige Zwickelscheiben mit Rosetten und Blattwerk sowie einer Rahmenarchitektur ergänzt.

Mit dem Mittelalter ging auch die bis dahin reich gepflegte Kunst der farbigen Glasmalerei zu Ende. Lediglich auf der Basis kleiner handwerklicher Produktion wurden im späten 16. und 17./18. Jahrhundert kleine eckige oder ovale Scheiben mit der Feder bemalt. Die weißen, mitunter auch gelblichen Scheiben zeigen neben Inschriften Wappen und Genreszenen, wobei letztere sowohl dem religiösen als auch dem profanen Bereich entnommen sind. Solche Kabinettscheiben sind im Schweriner Umland u. a. in Groß Trebbow, Buchholz, Stralendorf und Barnin erhalten. Während diese Glasmalerei mit den mittelalterlichen Vorgängern nichts gemeinsam hat, sind mehrere Scheiben des ausgehenden 16. und frühen 17. Jahrhunderts im Schweriner Dom davon weniger weit entfernt, denn es sind Scheiben, deren Gestaltung mit farbigem Glas erfolgte. Auch durch ihre Größe und künstlerische Qualität unterscheiden sie sich deutlich von den übrigen zeitgenössischen Kabinettscheiben. Diese farbigen Verglasungen im Renaissancestil sind im Zusammenhang mit Grabmälern entstanden und befanden sich wohl ursprünglich auch in deren Nachbarschaft, zumal sie die Funktion eines Epitaphs erfüllen sollten. In der nordwestlichen Chorumgangskapelle, in der sich das Freigrabmal des 1592 verstorbenen Herzogs Christoph befindet, sind diese Scheiben jetzt zusammengestellt. Eine der Scheiben enthält die Titulatur des Verstorbenen, eine andere ist der in der Nähe bestatteten Ingeborg von Parkentin gewidmet; dazu kommen farbenprächtig gestaltete Ornamentscheiben mit Rollwerk und Fruchtbündeln, charakteristischen Dekorelementen der Zeit um 1600. Unter den Scheiben ist auch eine interessante Kombination von drei im Halbkreis zueinandergeordneten Cherubköpfen. Trotz der sehr fragmentarischen Erhaltung dieser Zyklen sind diese Scheiben von erheblichem kulturhistorischem Wert, da sie ein Beleg für den Versuch sind, die Kunst der Glasmalerei in der Spätrenaissancezeit wiederaufzunehmen. Ein den Schweriner Scheiben zumindest entfernt vergleichbares Beispiel sind die Verglasungen über dem Grabmal der Herzogin Sophie in der Stadtkirche von Lübz.

Im 19. Jahrhundert erlebte mit dem verstärkten Rückgriff auf mittelalterliche Architekturformen auch die Glasmalerei eine Neubelebung, an der u. a. auch so namhafte Künstlerpersönlichkeiten wie Karl Friedrich Schinkel in Berlin beteiligt waren. Daß dabei in der Frühzeit das mittelalterliche Vorbild durchaus nicht sklavisch nachgeahmt wurde, belegen die Scheiben der Heilig-Blut-Kapelle im Schweriner Dom, die im Zusammenhang mit ihrer Ausgestaltung zur Grablege für den 1842 verstorbenen Großherzog Paul Friedrich entstanden sind. Die Kartons für die drei Fenster hatte 1843/44 der Maler Peter von Cornelius in Berlin angefertigt, ihre Umsetzung übernahm die Werkstatt des Schweriner Glasmalers E. Gillmeister. In neue eiserne Fenster setzte man in die Mitte eine Dreiergruppe aus Christus, Maria und Johannes, in die Seitenfenster jeweils Figurenpaare (Mose/Petrus und Jesaja/Paulus). Da die Darstellung des Mittelfensters nach dem zweiten Weltkrieg leider verlorenging, vermitteln heute nur noch die Seitenfenster eine Vorstellung von dieser spätklassizistischen, stark farbigen und dabei den linearen Stil von Cornelius' immer noch zum Ausdruck bringenden Glasmalerei, die als Kaltmalerei ausgeführt wurde und so auch technisch erheblich vom mittelalterlichen Vorbild abwich. Das nur wenige Jahre später entstandene sogenannte Weihnachtsfenster, ursprünglich für das Fenster über dem Westportal des alten Turmes angefertigt und Ende des 19. Jahrhunderts an das Westende des südlichen Seitenschiffes versetzt, nähert sich dagegen schon spürbar der neugotischen Glasmalerei, wie sie sich in der zweiten Jahrhunderthälfte in zahlreichen Beispielen geäußert hat. Für das ebenfalls in der Gillmeisterschen Werkstatt ausgeführte Fenster schuf der Schweriner Hofmaler Gaston Lenthe, im Dom zu dieser Zeit bereits durch sein Gemälde für den Hauptaltar präsent, den Entwurf.

Gillmeister fielen auch nahezu alle Aufträge für die anderen Kirchen der Stadt zu. Das betraf 1858 die Schelfkirche, wo er auch die Entwürfe für die verschiedenen Teppichmuster lieferte. Leider verkannte man mit dieser Verglasung das barocke Prinzip des zwar reich ausgestatteten, aber hell erleuchteten Innenraumes; sie taucht statt dessen das Innere dieser Kirche in ein farbiges Licht, das die Innenarchitektur in ihrem Rhythmus und ihrer plastischen Wirkung nicht unterstreicht, sondern ihr entgegensteht.

Lenthe und Gillmeister hatten 1855 zusammen die neugotische Verglasung für den Chor der Schloßkirche ausgeführt, ihre Arbeiten wurden gegen Ende des 19. Jahrhunderts durch eine Neuverglasung ersetzt.

Für die 1869 vollendete St.-Pauls-Kirche hat die Gillmeistersche Werkstatt ebenfalls die Glasfenster ausgeführt, die Entwürfe stammten von dem Düsseldorfer Maler Stever. Vor allem die Verglasung der Chorfenster mit der formal und auch farblich an mittelalterlichen Vorbildern orientierten Gestaltung ist für die Wirkung des Innenraumes von nicht zu unterschätzender Bedeutung. Ihnen können die gegen Ende des 19. Jahrhunderts entstandenen neugotischen Fenster beiderseits der Heilig-Blut-Kapelle im Schweriner Dom trotz ihres gestalterischen Aufwandes und interessanten thematischen Programms (Verklärung Christi, Erhöhung des Elia) nicht gleichgesetzt werden.

1908 sind im Rahmen einer Umgestaltung der St.-Anna-Kirche auch dort farbige Scheiben eingefügt worden. Es sind große Medaillons mit Halbfiguren von Heiligen. Sie sind in ihrer zurückhaltenden Gestaltung und Farbintensität heute wohl mehr als bei der aufwendigen Neugestaltung des Raumes zu Beginn des Jahrhunderts eine Bereicherung für diesen Saalraum; den Scheiben von 1908 stilistisch angepaßt sind die durch die Erweiterung der Kirche notwendig gewordenen ergänzenden Darstellungen.

Farbige Neuverglasungen in den Dorfkirchen der Schweriner Umgebung hielten sich im 19. Jahrhundert an die von den Räumen und wohl auch von den finanziellen Möglichkeiten gesetzten Grenzen. So hatte 1858 die Gemeinde in Kirch Stück als Pendant zu den mittelalterlichen Scheiben in der Chornordwand zwei Apostelfenster mit Petrus und Paulus in der Südwand erhalten. Die Kirche in Groß Brütz besitzt ähnliche Fenster, kleinere Darstellungen finden sich in Langen Brütz. Meist reichte es allerdings in den ländlichen Kirchen nur zu Rautenverglasungen mit farbigen Randstreifen und eingelegten Kreuzen.

Gestühle, Emporen und Patronatslogen

Auch der Bestand an historisch wertvollem Gestühl ebenso wie der von Emporen und Patronatslogen hält sich in den Kirchen Schwerins und seiner Umgebung in Grenzen. Obwohl besonders in den nachreformatorischen Jahrhunderten reichlich vorhanden, waren diese Ausstattungsstücke besonders dem Verschleiß unterworfen, wurden zugunsten modernerer und bequemerer Lösungen ersetzt oder als überflüssig beseitigt. Nicht wenige Beispiele sind im 19. Jahrhundert bei Kirchenrestaurierungen entfernt worden, weil ihre künstlerische Gestaltung angeblich unbefriedigend war oder weil man meinte, zum idealen Bild einer mittelalterlichen Kirche passe ein Gestühl aus der Renaissance- oder Barockzeit nicht. Mit dieser Begründung verlor der Schweriner Dom bei den Restaurierungen 1815 und 1866/68 fast seine sämtlichen Ausstattungsstücke aus dem 16. bis 18. Jahrhundert.

Beispiele mittelalterlichen Chorgestühls sind nur in der Kirche zu Groß Eichsen erhalten, nämlich zwei jeweils achtsitzige Reihen aus dem frühen 16. Jahrhundert. Ihre Baldachine weisen durchbrochenes gotisches geschnitztes Maßwerk auf, ihre Seitenwangen zeigen auch figürliche Darstellungen. In ihrer künstlerischen Qualität und mit ihrem einfachen Bildprogramm können diese Stühle nicht mit den älteren Stücken in Doberan oder Wis-

mar konkurrieren; sie markieren wie auch andere Stücke der Johanniterkirchen unseres Bereiches die ausklingende mittelalterliche Zeit mit ihren bereits ins Provinzielle abgleitenden Kunstwerken.

Mit der Einführung der Reformation verschwanden in den Pfarrkirchen auch jene Dreisitze, in denen während der Pausen der Messe der Geistliche und seine Begleitung Platz nehmen konnten. Dafür werden Pastoren- und Vorstehergestühle üblich, und dort, wo keine eigenen Sakristeien vorhanden waren, wurden sie häufig mit einem Sakristeiverschlag kombiniert. Die Regel sind bei der Gestaltung geschlossene Brüstungen mit schlichter Felderteilung und gitterwerkartige, durchbrochene Oberteile. Meist sind diese Gestühle und Verschläge wohl von Kunsthandwerkern der Region angefertigt worden.

Bei den im 16. Jahrhundert ebenfalls Sitte werdenden Gemeindegestühlen möchte man sogar häufiger an eine Entstehung in örtlichen Werkstätten denken, in denen geschickte Tischler und Stellmacher die für die bescheidenen Bedürfnisse der Gemeinde notwendigen Bänke selbst herstellten und die Wangen nach dem Vorbild anderer Kirchen arbeiteten. Ein schönes Beispiel sind die in der zweiten Hälfte des 16. Jahrhunderts entstandenen Gestühlswangen in Tramm bei Crivitz, in ihren Endigungen unterschieden nach Männer- und Frauensitzen und verziert mit derb bäuerlichem Ornament und einfachen biblischen Motiven. Ob freilich jene Wange von 1584 mit dem Bild des heiligen Laurentius um diese Zeit in einer evangelischen Kirche einen tieferen Sinn besitzt oder ob dem Schnitzer ein passendes Motiv dieser Art als Vorlage zur Verfügung stand oder gar der Träger eines solchen Namens oder Vornamens als Besteller in Frage kommt, wird sich schwerlich ergründen lassen. Vom Typus her bleiben die Gemeindegestühle über die Jahrhunderte hinweg die gleichen, es überwiegen aus praktischen Gründen die Kastengestühle, seltener sind offene Bänke. In Zittow ließ man im frühen 19. Jahrhundert die Bankwangen in stilisierten, stark vereinfachten Urnenvasen enden, im Nachbarort Cambs griff man Jahrzehnte später diese Form beim dortigen Gestühl wieder auf.

Mit dem Gestühl für die Gemeinde kamen auch jene separaten Sitze auf, in die sich vor allem auf dem flachen Land die Angehörigen der Gutsherrschaften zurückzogen. Besonders nach dem Dreißigjährigen Krieg führte die fortschreitende soziale Differenzierung zur direkten räumlichen Trennung von Patronats- und Gemeindegestühl. Saß man im 16. und frühen 17. Jahrhundert häufig in zumeist in Altarnähe aufgestellten ebenerdigen Gestühlen mit geschlossener Brüstung, so wurden die Patronatssitze jetzt auf Pfeiler oder Säulen gestellt; sie waren nicht selten auch über besondere Treppen von außen her ohne Betreten des eigentlichen Kirchenraumes zugänglich. Verglaste Oberteile verstärkten diese Absonderung und ließen sogar zu, diese Logen zu beheizen, wie ein barocker Ofen in Groß Brütz noch heute erkennen läßt. Die dem Kirchenraum zugewandten Vorder- und Seitenwände schmückte man mit solchen Darstellungen, die dem Repräsentationsbedürfnis ihrer Inhaber entsprachen, vor allem Wappen und Initialen von Namen; selbstverständlich kommen auch biblische Motive oder einfache ornamentale Muster vor. Ein schönes Beispiel aus dem dritten Viertel des 17. Jahrhunderts hat sich in Zittow erhalten, von einem jüngeren in Stralendorf sind zumindest die künstlerisch wertvollen Teile der Brüstung noch vorhanden.

Naturgemäß schlichter fielen die Emporen dann aus, wenn sie eingerichtet werden mußten, um beispielsweise die Bewohner eingepfarrter Orte aufzunehmen, die mitunter in den Bänken des Schiffes bei den Gottesdiensten keinen Platz fanden. Noch heute erinnern in vielen Dorfkirchen die beschrifteten Bankwangen an jene Zeit, in der man den fest zugewiesenen Platz einzunehmen hatte und so u. a. auch dem Pastor die Kontrolle der Anwesenheit erleichterte. Selten geworden sind in unseren Kirchen die Beichtstühle, obwohl sie im 17. und 18. Jahrhundert zur gewöhnlichen Ausstattung gehörten, denn bis zur Einführung des allgemeinen Beichtgebetes im frühen 19. Jahrhundert war es üblich, dem Pastor im abgeschlossenen Beichtstuhl vor dem Empfang des Altarsakraments zu beichten und die Absolution zu empfangen. In der katholischen Kirche, wo die Beichte einen anderen Stellenwert hat, sind häufig ältere Beichtstühle zu finden; die St.-Anna-Kirche in Schwerin besitzt noch jene Beichtstühle, die zur Erstausstattung der Kirche gehören.

Das 19. Jahrhundert hat im Zusammenhang mit Restaurierungsmaßnahmen in einigen Fällen auch Gestühle erneuert, so im Schweriner Dom in neugotischen Formen das Gestühl im Hohen Chor und den der Kanzel gegenüberstehenden Fürstenstuhl. Mit ihren reichen Formen sind diese Einbauten an mittelalterlichen Vorbildern, etwa den Doberaner Chorgestühlen, orientiert und waren, wie weiter oben schon beschrieben, ein Mittel, um die idealisierte Gestalt der einheitlich ausgestatteten mittelalterlichen Kathedrale zu erreichen.

In diesem Kapitel unberücksichtigt bleiben konnten jene Emporen- und Logeneinbauten, die bereits bei der Bauplanung als Teil des Raumprogramms konzipiert wurden wie die Emporen der Schweriner Schloßkirche, der Nikolai- und St.-Pauls-Kirche.

Bewegliches Kunstgut

Neben den ortsfesten Ausstattungsstücken wie Altaraufsätzen, Kanzeln, Orgeln und Gestühlen verfügen die Kirchen auch über einen unterschiedlich großen, oft materiell und kunsthandwerklich wertvollen Fundus an beweglichem Inventar, von denen die wichtigsten die sogenannten vasa sacra sind, weil sie bei den Sakramenten gebraucht werden. In der evangelischen Kirche sind das vor allem die zum Abendmahl benutzten Geräte wie Kelche und Patenen, zu denen noch die zur Aufbewahrung der Oblaten dienenden Dosen kommen. Auch Sieblöffel zur Reinigung des Abendmahlsweines von Korkstückchen sind gelegentlich noch in Gebrauch. Für das zweite Sakrament der protestantischen Kir-

chen, die Taufe, sind Schalen zum Auffangen des Wassers und Kannen zum Transport des Taufwassers in Nutzung.

In der katholischen Kirche mit ihren reicher ausgestalteten Gottesdiensten und der größeren Zahl der Sakramente sind naturgemäß auch eine größere Zahl von entsprechenden Geräten notwendig. Auf sie wird aber im Rahmen dieser Darstellung nur am Rande verwiesen.

Ebenfalls zur beweglichen Ausstattung gehören neben den gesondert dargestellten Glocken die fast immer vorhandenen Leuchter für den Altar, zu denen sich häufig noch solche zur Erhellung des Kirchenraumes gesellen, Klingelbeutel und Kollektenschalen, Textilien, Bücher, Archivalien, mitunter auch Bilder u. ä.

In Schwerin und seiner Umgebung ist der Bestand an Kunstgut aus dem Mittelalter klein, Beispiele gibt es nur aus den Sachgruppen der Kelche und Patenen, Glocken und Textilien.

Etwa ein Viertel der Kirchgemeinden besitzen noch Kelche aus dem 15. und 16. Jahrhundert, also aus vorreformatorischer Zeit. Hier sind die Verluste in den zurückliegenden Jahrhunderten besonders auffällig. Sicher sind jedoch bereits während und unmittelbar nach der Reformationszeit viele Kelche ausgesondert worden, weil mit der Reduzierung der Gottesdienste und der Geistlichen auch die Zahl der benötigten Gefäße zwangsläufig sank. Aus Nachbarorten wie z. B. Wismar ist überliefert, wie der Rat der Stadt nach der Einführung der Reformation die kirchlichen Kunstgüter, vor allem jene aus Edelmetall, inventarisieren ließ und anschließend die meisten zu seinen Gunsten vereinnahmte; ähnlich mag es auch mit den vermutlich beträchtlichen Beständen am Schweriner Dom gewesen sein, von denen sich nicht ein einziges mittelalterliches Stück an der Kirche selbst im Gebrauch erhalten hat. Lediglich die Schloßkirche und die Stadtkirche in Crivitz besitzen noch zwei mittelalterliche Kelche. Große Einbußen erlitten die Edelmetallgeräte auch während der Kriege, in denen sie oftmals unter Zwang und Gewalt entwendet wurden, so im Dreißigjährigen Krieg und auch während der französischen Besetzung zu Beginn des 19. Jahrhunderts.

Die erhaltenen Kelche, fast immer silbervergoldete Geräte, sind im 15. und frühen 16. Jahrhundert von der traditionellen Gestalt; sie besitzen einen sechs- oder achtpassigen Fuß, den Gravuren oder ein aufgenietetes Signaculum in Gestalt eines Kruzifixes zieren. Den Schaft unterbricht der Knauf, der meist gefaltet und an seinen Vorderseiten mit rautenförmigen Feldern versehen ist, in denen sich in der Regel die Buchstaben des Namens Christi finden. Die Kuppa der mittelalterlichen Kelche ist von trichterförmigem, mitunter parabolischem Querschnitt. Solche Kelche haben sich u. a. in Dambeck, Hohen Viecheln, Retgendorf und Warsow erhalten.

Die aus dem Mittelalter überkommene Kelchform verliert sich im 16. und 17. Jahrhundert allmählich und wandelt sich zum Gefäß mit runder Fußplatte, gedrücktem Knauf und zusehends flacher werdender Kuppa, die in der Barockzeit halbkugelig oder becherförmig wird. Häufiger werden jetzt auch vasa sacra nicht mehr nur aus Edelmetall, sondern auch aus bescheidenerem Material wie Zinn hergestellt. Besonders häufig fand dieses Material für die Krankenabendmahlsbestecke Verwendung.

Eine Ausnahme unter den sakralen Edelmetallgeräten des Schweriner Raumes sind die mit der Weihe der katholischen St.-Anna-Kirche in Schwerin am Ende des 18. Jahrhunderts dort angeschafften verschiedenen Gefäße und Geräte. Dazu gehören u. a. zwei prachtvolle Kelche aus Augsburger Werkstätten mit reichem Dekor aus Cherubköpfen, Akanthus und Bandelwerk. Auch zwei 1794 geschaffene Strahlenmonstranzen belegen den hohen Entwicklungsstand der süddeutschen Goldschmiedewerkstätten.

Die Geräte der evangelischen Kirchen kamen wohl fast ausnahmslos aus Werkstätten des regionalen Bereichs, vor allem aus Schwerin selbst. Wismar, Lübeck und Hamburg und in einigen Fällen auch Güstrow steuerten wenige weitere Stücke bei. Erst im 19. Jahrhundert erlangten die billiger produzierenden Manufakturen der großen Städte, vor allem Berlins, größere Bedeutung und konnten die Mehrzahl der benötigten Geräte liefern, die nun allerdings nicht mehr im individuellen Geschmack des Bestellers angefertigt, sondern per Katalog bestellt werden konnten.

Das gilt – mehr als für Kelche und Patenen – für Taufschalen und Kannen. Bei den Schalen war der Formenvielfalt durch die funktionsbedingte Gestaltung sowieso eine enge Grenze gesetzt, und die wenigen Kannen, die sich aus dem späten 18. und dem 19. Jahrhundert erhalten haben, sind für ihre Bestimmung im sakralen Bereich nicht einer besonderen Form verpflichtet, sondern stehen in engem gestalterischem Zusammenhang mit entsprechenden Stücken aus der profanen Umgebung.

Einzelstücke bleiben eine Zinnflasche von sechsseitiger Gestalt mit Schraubverschluß in Hohen Viecheln aus dem Jahre 1679 oder ein ebenfalls im 17. Jahrhundert in Nürnberg geschaffener Becher in Retgendorf.

In größerer Zahl vorhanden sind die zur zwischenzeitlichen Aufbewahrung der Oblaten für das Abendmahl dienenden Dosen. Ihr Bestand verteilt sich zeitlich gesehen gleichmäßig auf die letzten Jahrzehnte des 17. und über das gesamte 18. Jahrhundert, frühere und spätere Stücke blieben die Ausnahme. Meist sind die runden oder ovalen Dosen aus Silber, seltener aus Zinn, einige weisen gravierte zeitgenössische Ornamente und auch Wappen oder Initialen von Stiftern auf. Ein äußerst reich dekoriertes Exemplar besitzt die Schweriner Schloßkirche; bei ihm sind Außen- und Innenseite des Deckels und die äußere Wandung mit Passionsmotiven verziert. Während die Oberseite des Deckels und die Wandung die zwischen Cherubköpfe gesetzten arma Christi zieren, findet sich an der Unterseite des Deckels eine Kreuzigungsszene. Entstanden ist dieses Kunstwerk mit seinen Treibarbeiten in der ersten Hälfte des 17. Jahrhunderts, leider ließ sich bisher seine Herkunft trotz eines Meisterzeichens nicht klären.

Von den nichtliturgischen Geräten sind die Leuchter wohl die häufigsten, zumindest ein Paar Altarleuchter besitzt jedes Gotteshaus. Da für diese Ausstattungsstücke weder besondere Material-

noch Gestaltungsvorschriften bindend waren, sind sie in vielfältiger Form angefertigt worden. Das beginnt beim Material, wo Bronze, Messing, Zinn, Silber, aber auch Eisen und Holz anzutreffen sind.

Vorreformatorische Stücke haben sich in den Schweriner Kirchen und in der Umgebung nicht erhalten, waren aber sicher vorhanden, wie Beispiele aus anderen Gegenden belegen. In nachmittelalterlicher Zeit werden die Bronze- oder Messingleuchter nur noch selten gegossen, sondern meist aus Blech getrieben, vom 17. bis 19. Jahrhundert überwiegen dann eindeutig gegossene Leuchter aus dem billigeren Zinn.

Im Aufbau sind die meisten Leuchter einer allgemeinen Form verpflichtet, für die eine runde Fußplatte, ein schlichter oder mehrfach gewirtelter Schaft und runde Tropfteller mit Kerzendornen charakteristisch ist. Varianten kommen vor allem bei der Ausbildung der Fußplatten vor, die auch vierseitig oder polygonal sein können und mitunter durch untergesetzte Kugeln, Klauenfüße oder – wie in Zittow – durch Löwenfigürchen bereichert werden. Zeitlich paßt zu den Zittower Leuchtern auch ein aus dem späten 17. Jahrhundert stammender Leuchter mit reicher Treibarbeit in Pinnow, etwas jünger sind die großen Barockleuchter in den Schweriner Kirchen (Schelf-, Schloß- und St.-Anna-Kirche). Ohne vergleichbare Beispiele blieben bisher die bombentopfartigen Zinnleuchter in der Kapelle zu Cambs, die nach ihren Ornamenten Schöpfungen des frühen 19. Jahrhunderts sein müssen. Beispiele für Eisenleuchter kommen ebenfalls besonders häufig im Anfang des 19. Jahrhunderts vor, als dieses Material auf mehreren Gebieten des Kunsthandwerks eine Renaissance erlebte; die Kirche in Zickhusen wurde mit solchen Leuchtern ausgestattet, ebenso Zittow.

Die Mehrzahl derartiger Stücke ist sicher in mecklenburgischen Gelb- und Zinngießereien entstanden. Inwieweit eine solche Feststellung auch für die allgemein als flämische Kronen bezeichneten Hängeleuchter gilt, sei dahingestellt, denn bislang ließen sich Werkstätten für sie nur in Einzelfällen nachweisen, so daß auch an entsprechende Importe gedacht werden muß. Zwei prachtvolle Beispiele dieser Gattung besitzt der Dom zu Schwerin, beide haben jeweils 18 Arme und sind 1616 bzw. 1641 als Stiftungen in die Kirche gelangt. Ein wesentlich kleineres Exemplar aus dem 18. Jahrhundert erhielt sich in Zittow, andere Beispiele sind täuschend echte Nachbildungen aus dem 19. und 20. Jahrhundert. Daß darunter auch vorzügliche handwerkliche Arbeiten sind, die sich den räumlichen Gegebenheiten ausgezeichnet anpassen, belegen die Kronleuchter der Schloßkirche, die zusammen mit deren teilweiser Neuausstattung 1855 entstanden sind. In der St.-Pauls-Kirche wurden die 1869 in dem neugotischen Bau aufgehängten und das Raumbild mitprägenden Leuchter leider entfernt; in jüngster Zeit ist man um ihre Reparatur und Wiederanbringung bemüht.

Glocken

Stärker als alle anderen Ausstattungsstücke waren die Glocken den Wechselfällen des Schicksals ausgesetzt. Weitaus seltener als Verluste durch natürliche Ursachen wie Kirchturmbrände, Zerspringen usw. waren die Schäden, die Menschen durch Kriege und ihre Begleit- und Folgeerscheinungen verursachten. So haben mutwillige Zerstörungen, Plünderungen und Beschlagnahmungen den Bestand an Glocken stark dezimiert; das gilt besonders für den Dreißigjährigen und den Siebenjährigen Krieg und für die beiden Weltkriege unseres Jahrhunderts. Zwar gab es im Dreißigjährigen Krieg noch keine festgeschriebenen Abgabeverpflichtungen, doch wurden zahlreiche Glocken das Opfer beutegieriger Besatzer oder auch von Marodeuren, die sich des Metallwertes der Glocken versicherten, um neues Kriegsgerät zu finanzieren. In den Jahren 1917 und 1941 dagegen wurden die Glocken in staatlichem Auftrag erfaßt und beschlagnahmt, um sie der Kriegswirtschaft als Metallreserve zuzuführen. Zu Tausenden wurden sie auf den Türmen zerschlagen oder zur Einschmelzung abtransportiert. War es im ersten Weltkrieg noch möglich gewesen, besonders wertvolle Einzelstücke oder Geläute vor der Ablieferung zu bewahren, so wurde im zweiten Weltkrieg die Abgabeverpflichtung viel rigoroser gehandhabt und meist nur eine Läuteglocke belassen, die aber gegebenenfalls auch zur Verfügung gestellt werden sollte. Hermann Görings Feststellung, daß ein Dutzend Glocken für Deutschland ausreichend seien, um diese Kunstgattung fernerhin zu repräsentieren, schien das Ende für die meisten Glocken zu bedeuten. Kirchenhistoriker und Denkmalpfleger bemühten sich trotzdem, die Abgabeverordnung so auszulegen, daß die klanglich und gestalterisch wertvollsten Glocken erhalten blieben und daß möglichst für alle Perioden und alle Meister Belegstücke gerettet wurden. Viele Gemeinden verloren innerhalb eines Vierteljahrhunderts ihre Glocken zweimal, denn in der Regel wurden die nach dem ersten Weltkrieg neu beschafften Glocken als die jüngsten zuerst abgeliefert. Lediglich jene Geläute, die aus Eisen- oder Stahlgußglocken bestanden, blieben wegen ihres für Kriegszwecke untauglichen Materials vom Abgabezwang verschont.
Die kriegsbedingten Selektionen haben den historischen Glockenbestand so verändert, daß er kein repräsentatives Bild seiner historischen Entwicklung mehr bietet. Überschaut man den Bestand an Glocken des 14. bis 19. Jahrhunderts, so fallen mehrere alte Glocken auf, die nicht nur wegen ihres Alters erhalten blieben, sondern auch wegen ihrer geringen Größe, denn die nach 1941 verbleibende Läuteglocke mußte die kleinste des Bestandes sein. So wurden in größerem Umfang Glocken des 17. bis 19. Jahrhunderts abgegeben; sie machen heute nur noch einen Bruchteil der vorhandenen historischen Glocken aus.

Die ältesten Glocken, die in der Stadt Schwerin und ihrer Umgebung noch erhalten sind, entstammen dem 14. Jahrhundert. Wahrscheinlich noch in der ersten Hälfte des 14. Jahrhunderts wurde die Glocke in Kirch Stück gegossen. Sie mißt 1,13 m im Durchmesser und ist mit einer Ritzzeichnung und einer Majuskelinschrift versehen. Die Inschrift in den gotischen Großbuchstaben unterstreicht die Aufgabe der Glocke als Segensspenderin und Friedensbringerin. Ihren Mantel ziert das Bild des heiligen Georg, des Schutzpatrons der Kirche. Sein Schutz und Segen war jenen verheißen, die den Klang der Glocke vernahmen.

Die älteste datierte Glocke befindet sich im Turm des Schweriner Domes, ihre Majuskelinschrift nennt 1363 als Gußjahr. Wahrscheinlich ebenso alt ist die Glocke in Uelitz, die zwar mit den Anfangszeilen des Ave Maria und einigen Heiligenbildchen verziert ist, aber keine genauere Datierung zuläßt. Auch die auf mehreren Glocken vorhandenen Gießerzeichen sind keine wesentliche Hilfe, denn in den meisten Fällen ließen sie sich bis heute nicht auflösen, so daß die Namen der Gießer unbekannt blieben.

Eine größere Zahl von Glocken entstammt, wie oben bereits angedeutet, dem 15. und beginnenden 16. Jahrhundert. Ihre Inschriften sind aus gotischen Kleinbuchstaben, sogenannten Minuskeln, gesetzt. Besonders häufig findet sich der Glockenspruch »O rex glorie xpe veni cum pace« (O König der Herrlichkeit, Christus, komme mit Frieden), auch Bittrufe an populäre Heilige wie Anna und Katharina sind anzutreffen. Die Glocke in Mühlen Eichsen von 1472 nennt sich »Osanna« und unterstreicht damit ihre Aufgabe, dem Lobpreis Gottes zu dienen. Zahlreiche Beispiele sind für figürliche Darstellungen überliefert, so schmückt die 1470 gegossene zweite Glocke des Schweriner Doms das Bild der beiden Bistums- und Kirchenpatrone, Maria und Johannes, die wenige Jahre ältere Glocke der Schweriner Schloßkirche zieren Bilder der Madonna und der heiligen Barbara. Hier ist auch der Name des Gießers bekannt, der sich Rickert de Monckehagen nannte und besonders im Küstengebiet mit künstlerisch und klanglich hervorragenden Glocken vertreten ist, so im Dom in Greifswald und in der Rostocker Marienkirche.

Ein anderer namentlich bekannter Meister ist Heinrich von Kampen, der von 1507 bis 1517 als Gießer in Gadebusch nachgewiesen ist. Er steht unter den Namen auf der wahrscheinlich im Reformationsjahr 1517 gegossenen Glocke der Schweriner Schelfkirche, die, aus dem Vorgängerbau übernommen, heute die älteste Glocke der Kirche ist. Auf ihrem Mantel erscheinen in Halbfigurenbildern der Kirchenpatron Nikolaus und die heilige Katharina, unter beiden auch das mecklenburgische Landeswappen. Andere Gießer jener Zeit, wie Meister M. Othbrech, der 1543 die Glocke in Consrade goß, oder Hans Brandt, dem eine 1567 gegossene Glocke in Hohen Viecheln zu verdanken ist, sind über ihre Namen hinaus nicht faßbar.

Das 17. Jahrhundert war in Mecklenburg fast vollständig und in allen künstlerischen Bereichen stark durch den Dreißigjährigen Krieg geprägt. Unmittelbar vor Ausbruch des Krieges wurde 1614 eine Glocke in Sukow gegossen, deren Schöpfer sich hinter den bis heute nicht gedeuteten Initialen H.W. verbirgt. Nach Ende des Krieges gab es kaum Aufträge für Neugüsse, denn das Land war weitgehend entvölkert, die Geistlichen vertrieben oder gestorben und die Kirchen beschädigt oder zerstört. So ist die 1650 entstandene Glocke in Groß Trebbow durch ihre Inschrift geradezu ein einmaliges zeitgeschichtliches Dokument. Auf dem Mantel ist zu lesen: »IM SECHTEHN HVNDERSN ACTEHEDEN IAHR · GROS KRIGE VNRVH IN BOMEN WAR · BRACH DORCH INS GANZE ROMISKE REICH · VERHEERT VERWVST REICH ARM ZVGELICH · WEHRET BIS VERFLOSEN VIERZIGK NEVN · SO LA(N)G MYSTEN WIHR IM ELEND SEIN · DA GOT DER HERE AVS LAVTER GNAD · DEN LANGGEWVNSKTEN FRIEDEN GAB« Neben dem Gußjahr wird auch Hein van Dam als Gießer genannt. Zwei weitere Glocken aus dem Jahr 1681 in Groß Eichsen bzw. Goldenstädt sind Arbeiten der Schweriner Gießerfamilien Mehlert bzw. Siebenbaum. Schwerin verlor aber im frühen 18. Jahrhundert seine Bedeutung für den Glockenguß, denn leistungsfähige Gießereien entstanden nun in Friedland und auch in Rostock. Michael Begun in Friedland belieferte zwar hauptsächlich den mittleren und östlichen Bereich Mecklenburgs, einzelne Glocken gelangten aber auch in weiter westliche Landesteile, so nach Hohen Viecheln eine aus dem Jahre 1723. Aus Rostock kam 1750 eine Glocke aus der Werkstatt Otto Gerhard Meyer nach Bülow, in der zweiten Hälfte des 18. Jahrhunderts solche von Johann Valentin Schultz nach Stralendorf und Pampow. Für die Glocken der Renaissance- und Barockzeit sind lange, oft schwülstige Inschriften typisch, die auch die Namen der Stifter, Patrone und der Vorsteher der Kirchengemeinden sowie die der Pastoren aufführen; auf bildliche Darstellungen wird dagegen fast immer verzichtet, lediglich zeittypische Ornamente werden in stilisierter Form an der Schulter und am Schlagring als Friese angebracht.

Im 19. Jahrhundert ging man leider in zahlreichen Fällen dazu über, Glocken aus klanglichen Gründen zu ersetzen. Dort, wo man sie als Faksimileguß erneuerte, wurde zumindest die alte Gestalt erhalten, doch blieb das die Ausnahme. Neben Rostock, wo bei E. Haack und Sohn Eisenglocken hergestellt wurden, arbeiteten Glockengießereien in Wismar und Waren. Die Hofglockengießer Eduard Albrecht und P. M. Hausbrandt in Wismar teilten sich die vielen Aufträge mit der Gießerei von Carl Illies in Waren. Von letzterem stammten die drei Glocken der Schweriner Schloßkirche, die nach dem Umbau des Gotteshauses im vorderen linken Schloßturm aufgehängt wurden, leider aber dem Weltkrieg zum Opfer fielen. Eduard Albrecht goß die Glocken für die Kirchen in Zapel und Peckatel und auch jene zwei für Plate im Jahre 1879, deren Schicksal typisch für die jüngste Geschichte ist. Die Plater Glocken wurden aus dem Metall der 1874 beim Brand des Kirchturms zerschmolzenen Vorgängerglocken und aus Erz von im Deutsch-Französischen Krieg erbeuteten französischen Kanonen gegossen; die größere Glocke verwandelte sich wenige Jahrzehnte später erneut in todbringendes Kriegsgerät, ihre kleinere Schwester entging diesem Schicksal und blieb als Zeugnis und als beschwörende Mahnung für die kommenden Generationen erhalten. Zahlreiche Kirchengemeinden haben nach dem zweiten Weltkrieg ihre Geläute erneut durch die Spendenfreudigkeit ihrer Gemeindeglieder komplettieren können, andere haben zugunsten wichtigerer Vorhaben darauf verzichtet und begnügen sich mit einer oder zwei Glocken.

Grabplatten, Epitaphien und Mausoleen

Die verschiedensten Grabdenkmäler und Gedächtnismale sind in Schwerin und seiner Umgebung, nimmt man den Dom aus, nur in relativ bescheidener Zahl erhalten geblieben. Das gilt für das Mittelalter ebenso wie für die Jahrhunderte seit der Reformation. Während des Mittelalters war es die Regel gewesen, in den Kirchen selbst nur die Geistlichen und allenfalls um den Bau oder die Ausstattung hochverdiente Personen zu bestatten. Mit der Einführung der Reformation und dem Erstarken des Adels erlangten die jetzt stärker in die kirchlichen Verhältnisse eingreifenden Patronatsfamilien u. a. auch das Recht, für sich in den Gotteshäusern Begräbnisstätten anzulegen. Dafür wurden wohl häufig jene Plätze in Anspruch genommen, wo seit eh und je die Geistlichen ihre Ruhestätte gefunden hatten, nicht selten wurden aber auch die Sakristeien oder Vorhallen zu Grabkapellen umgewandelt, wenn man sich nicht entschloß, ein vollständig neues Erbbegräbnis an oder bei der Kirche zu errichten. Seit dem späten 18. Jahrhundert wurde es auch Sitte, daß sich adlige Familien in den Parks nahe bei ihren Häusern Mausoleen errichteten, die sich zugleich als Kleinarchitekturen in die meist im englischen Landschaftsstil angelegten Parke einordnen ließen. Seit etwa 1800 wurde es darüber hinaus durch staatliche Verordnungen untersagt, Bestattungen in Kirchen vorzunehmen.

Wenig überraschend ist die Feststellung, daß fast ausnahmslos nur Grabdenkmäler und andere Gedächtnismale von vermögenden Personen oder Familien erhalten blieben. Ihnen allein war es möglich, die hohen Kosten für die aus importiertem Kalk- oder Sandstein gearbeiteten Platten aufzubringen bzw. den Bau einer Grabkapelle zu finanzieren. Kostengründe und Materialknappheit mögen die Ursache dafür sein, daß wertvolle Grabplatten wiederverwendet wurden, indem man sie neu beschriftete oder drehte. Wie die zeitgenössischen bildlichen Darstellungen erkennen lassen, wurden die Angehörigen der unteren sozialen Schichten auf den meist unmittelbar bei den Kirchen gelegenen Friedhöfen beigesetzt und ihr Andenken durch hölzerne Tafeln oder Kreuze wachgehalten.

Eine größere Anzahl von Grabplatten, Grabdenkmälern und Epitaphien erhielt sich im Schweriner Dom. Als Kathedrale war er der Beisetzungsort der Bischöfe und Domherren und vom 12. bis zur Mitte des 14. Jahrhunderts auch der Grafen von Schwerin als der zuständigen, um den Bau und seine Ausstattung verdienten Territorialfürsten. Seit dem 16. Jahrhundert ließen sich hier auch Angehörige des herzoglichen Hauses bestatten, daneben auch Adlige aus der Stadt und ihrer Umgebung sowie reiche Schweriner

Bürger. Fortwährender Zerfall und unsachgemäße Restaurierungen haben den historischen Bestand immer wieder dezimiert und zudem zahlreiche Grabmäler von ihren ursprünglichen Orten entfernt.

Das gilt auch für die mit zu den ältesten und bedeutendsten Grabplatten des Domes zählenden Bülowschen Messing-Grabplatten, die einst die Gräber der Bischöfe Ludolf (†1339) und Heinrich (†1347) sowie Gottfried (†1314) und Friedrich (†1375) im Hohen Chor bedeckten. Dort überdauerten sie glücklicherweise die nachfolgenden Jahrhunderte, bevor sie um die Mitte des 19. Jahrhunderts aufgenommen und an der Wand des nördlichen Querhauses angebracht wurden. Diese Platten, die 3,10 × 1,80 bzw. 4,00 × 1,94 m messen und aus mehreren Teilstücken zusammengesetzt sind, kamen als Import aus Flandern. Sie sind zwar nach dem gleichen Schema konzipiert, unterscheiden sich aber bei genauerer Betrachtung in wesentlichen Dingen wie auch im Detail. Die kleinere und ältere Platte gibt die beiden Bischöfe noch als lebende Personen wieder und verwendet die gotische Majuskel in der Umschrift, auf der größeren und jüngeren Platte liegen die Bischöfe aufgebahrt, und als Buchstabentyp der Umschrift sind Minuskeln verwendet.

Um die Schriftborte gruppieren sich auf beiden Platten biblische Personen, auf der jüngeren Platte u. a. musizierende Gestalten mit zahlreichen, heute unbekannten Instrumenten. Gerahmt werden die Spitzbogennischen mit den Bischofsgestalten von einer reichen Maßwerkarchitektur, in die Propheten, Apostel und Evangelisten eingefügt sind. Zwischen den Bülowschen Wappen mit den zugehörigen Helmzieren ist ein dreiteiliges Gehäuse eingefügt, in dem Gottvater sitzt, flankiert von Engeln mit Weihrauchfässern; im Schoß Gottvaters befinden sich in Gestalt kleiner Kinder die Seelen der Verstorbenen. Auf der jüngeren Platte verdient zudem die Darstellung zweier sehr profan anmutender Szenen unterhalb der Figuren Beachtung: dargestellt sind ein Frauenraub und ein Gastmahl, Symbole für die von den Toten verachteten und überwundenen Laster. Die Aufnahme eines solchen ikonographischen Themas ist von hohem kulturgeschichtlichem Interesse, belegt es doch das Weiterleben antiker Überlieferungen selbst im strengen mittelalterlichen Formenkodex.

Von den mittelalterlichen Bischofsgrabplatten im Schweriner Dom sind nur zwei erwähnenswert, die von Rudolf I. (†1261) und Conrad Loste (†1503). Beide zeigen die Geistlichen in ihren Pontifikalgewändern unter Maßwerkbaldachinen stehend.

Unter den zahlreichen nachmittelalterlichen Grabplatten des Domes sind die meisten den jeweiligen zeitgenössischen Darstellungsschemata verbunden, so etwa die für Joachim v. Plessen und seine beiden Ehefrauen vom Ende des 16. Jahrhunderts, die neben sparsamer Renaissanceornamentik auch die Wappen des Ehepaares und lateinische Inschriften zieren, oder die Platte für Jürgen Havemann und seine Gemahlin Anna Seehas von 1658 als Beispiel für die weit verbreiteten Reliefgrabsteine; auf ihr stehen die beiden Figuren in einer Rundbogenarkatur, in deren Bogenfeld

aus einer Wolke heraus der segnende Salvator erscheint, während am unteren Rand aus einem Totenschädel ein zartes Pflänzchen wächst, Symbol des den Tod überwindenden Lebens. Als Beispiel für adlige Wappengrabsteine bewahrt der Dom die große Kalksteingrabplatte für Hartwig v. Passow (†1644) und seine Gemahlin Oelgard v. Pentz. Das große Mittelfeld mit Inschrift umgibt eine Wappenborte, die als Ahnenprobe des Verstorbenen gedacht ist.

Außerhalb Schwerins haben sich mittelalterliche Grabplatten nur in Cramon und Zittow erhalten. Die Cramoner aus dem Jahre 1416 folgt dem allgemeinen Schema der Zeit: sie stellt die Gestalt des Geistlichen mit dem Kelch in den Händen unter eine Maßwerkarchitektur, von einer umlaufenden, nur durch die in die Ekken gestellten Evangelistensymbole unterbrochen. Der nicht mehr datierbare Stein in Zittow mit einer ähnlichen Darstellung ist wohl ebenfalls eine Arbeit des 15. Jahrhunderts. Grabsteine aus dem 16. Jahrhundert finden sich mehrfach. 1536 entstand die Platte für den herzoglichen Kanzler Caspar Schöneich in Groß Eichsen; sie enthält in der Mitte ein Wappen, Inschriftentafeln, von denen die untere von Putten gehalten wird, und ebenfalls als Flachreliefs an den Seiten insgesamt acht Wappen. In diesem Stück vereinen sich spätgotische Elemente wie das Akanthuswerk des Helmzierats mit Renaissancemotiven wie den Puttengestalten. Mit Sicherheit ist diese Platte keine Arbeit aus dem mecklenburgischen Raum. Andere Platten dieses Jahrhunderts sind reine Wappengrabsteine, wie der des Joachim Drieberg von 1572 in Cramon; sie folgen anderenfalls dem Havemannschen Stein im Dom zu Schwerin und stellen die Reliefgestalten eines Paares wie in Dambeck bei V. v. Bülow/U. v. Below oder einer einzelnen Person wie bei A. v. Hahn in Kirch Stück unter Rundbogenarkaden dar.

Im 17. Jahrhundert ändert sich an dieser Praxis fast nichts, allerdings verschwinden die lateinischen Inschriften zugunsten längerer deutscher völlig, beispielsweise beim Möllendorff/Halberstadtschen Stein in Langenbrütz von 1661. Wahrscheinlich befanden sich die Werkstätten dieser zur spätesten Brandin- und Midow-Nachfolge zählenden Künstler in den Residenzstädten und in den Küstenorten. Ihre Produktion besaß fast Manufakturcharakter, wie die Ähnlichkeiten vieler Steine deutlich machen, so etwa solcher mit Auferstehungsreliefs, wie sie in Zittow von 1606 und in Mühlen Eichsen erhalten sind.

Im 18. Jahrhundert wird der Schmuck der Platten zurückhaltender, wie Beispiele in Zittow und Bülow belegen; in Bülow wird die Mitte durch ein großes Kruzifix-Relief geschmückt.

Im 19. Jahrhundert bleibt die Schrift das bestimmende Element der Gestaltung von Grabplatten, lediglich bei adligen Personen um den Wappenschild bereichert (Retgendorf).

Die repräsentativere Form des Gedächtnismales ist das Epitaph, das besonders vom 16. bis 18. Jahrhundert in Norddeutschland gepflegt wurde. Im Schweriner Raum hat es aber keine besondere Bedeutung erlangt, denn außer im Schweriner Dom sind hier kaum Epitaphien nachgewiesen.

Das früheste und zugleich bedeutendste Stück dieser Gattung ist die Bronzetafel für die 1524 verstorbene Herzogin Helena, eine Tochter des Kurfürsten Philipp von der Pfalz und zweite Gemahlin Herzog Heinrichs des Friedfertigen. Die 2,18 × 1,53 m messende Tafel gilt als Arbeit der Werkstatt von Peter Vischer d. Ä. in Nürnberg. Ihr hochrechteckiges Feld enthält in der Mitte unter einer Rundbogenarkade das von Löwe und Greif gehaltene mecklenburgisch-kurpfälzische Wappen, die Randleisten dagegen die insgesamt acht Wappenschilde der väterlichen und mütterlichen Vorfahren. Dazwischen ist oben eine Tafel befestigt mit der Nachricht über ihren Tod und dem Hinweis auf ihr Grab (in einer der Chorumgangskapellen), unten ein lateinischer Text des herzoglichen Rates Nikolaus Marschalk. Die Platte ist ein charakteristisches Werk der in Süddeutschland früh heimischen Renaissance.

Ebenfalls dem 16. Jahrhundert gehören jene vier Epitaphien an, die im Auftrag Herzog Johann Albrechts vier seiner im 16. Jahrhundert verstorbenen Vorfahren gewidmet wurden. In ihrer Grundkonzeption sind sie gleich: zentraler Teil ist eine Inschrifttafel mit lateinischem Text, gerahmt von karyatidenähnlichen menschlichen Gestalten, darüber das mecklenburgische Wappen mit von Schildhaltern flankiertem Helmzierat. Interessant sind die unten eingefügten symbolischen Schnitzwerke, bei Albrecht VII. ein Adler, bei Magnus ein Engel, bei dem 1552 vor Frankfurt am Main gefallenen Herzog Georg eine Rüstung und bei Heinrich dem Friedfertigen ein Bär. Die holzgeschnitzten Epitaphien, aufgehängt im Hohen Chor des Domes, sind bemalt und wahrscheinlich einer heimischen Werkstatt zuzuordnen.

Ein Import dagegen ist das am Ende des 16. Jahrhunderts in der nordwestlichen Chorumgangskapelle aufgestellte Freigrabmal für den 1592 verstorbenen Herzog Christoph und seine 1597 in Schweden verstorbene und im Dom zu Uppsala begrabene Gemahlin Elisabeth. Es erhebt sich auf einem mehrstufigen, aus schwarz gefärbtem Stein bestehenden Unterbau als rechteckiger kastenförmiger Aufsatz, der von einer weit überstehenden, von vier Karyatiden getragenen Platte bedeckt wird. Auf den Ecken der Deckplatte ruhen Putten mit Symbolen der Vergänglichkeit. Das sehr realistisch wiedergegebene Paar, darin den etwa gleichzeitig entstandenen Epitaphfiguren Brandins und seiner Mitarbeiter für die Güstrower Herzöge im dortigen Dom verwandt, kniet vor dem Betpult, das mit allegorischen Reliefs christlicher Tugenden geschmückt ist, datiert durch die Jahreszahl 1595. Während die vier die Kardinaltugenden verkörpernden Karyatiden ohne das Vorbild ähnlicher Plastiken des Cornelis Floris (Grabmal für König Friedrich I. von Dänemark im Dom zu Schleswig) nicht vorstellbar sind, sind die künstlerisch ebenso bedeutsamen Marmorreliefs Arbeiten des Robert Coppens aus Antwerpen; sein voller Namenszug wie auch seine Initialen belegen seine Urheberschaft. Die Tafeln enthalten an der Vorderseite Jonas Auswurf aus dem Maul des Walfischs und die Auferstehung Christi, Sündenfall und Grablegung Christi an den Schmalseiten sowie eine Wappentafel und eine Inschrift an der dem Fenster zugewandten Rückseite.

Daß auch für solch einen wichtigen Auftrag wie das herzogliche Grabmal durchaus »Serienware« Verwendung fand, belegen Repliken, wie sie sich zumindest für das Auferstehungsrelief nachweisen lassen.

Ein Hängeepitaph von 1615 demonstriert im Dom diesen ebenfalls weit verbreiteten Typ des Gedächtnismals. Der architektonisch aufgebaute Aufsatz an einem Pfeiler des nördlichen Chorseitenschiffs, gesetzt für Ingeborg v. Parkentin, enthält in der Mitte ein Marmorrelief mit den Mitgliedern der Familie der Verstorbenen vor dem Gekreuzigten, während im Oberteil ein Medaillonrelief mit dem Guten Hirten und die Figur der Caritas sowie seitlich Engelfiguren mit Palmzweigen zum umrahmenden Dekor gehören. Unter der südlichen Chorumgangskapelle stehen in einer Gruft mehrere Sarkophage von Mitgliedern des herzoglichen Hauses aus dem 16. und 17. Jahrhundert, darunter auch der des Herzogs Johann Albrecht I. (†1576). Die kastenartigen Zinnsärge sind mit sparsamer Renaissanceornamentik geschmückt. Eine marmorne Vase aus dem frühen 19. Jahrhundert in der Kapelle darüber ist dem Andenken der hier Beigesetzten gewidmet worden.

In den drei mittleren Chorumgangskapellen wurde im 19. Jahrhundert die Grablege des großherzoglichen Hauses eingerichtet, nachdem sich Großherzog Friedrich Franz I. 1837 als letzter die Klosterkirche in Doberan als Begräbnisstätte erwählt hatte. Für den 1842 jung verstorbenen Paul Friedrich baute der Hofbaumeister Georg Adolph Demmler ab 1844 die ehemalige Heilig-Blut-Kapelle um. Demmler ließ dafür die letzten Reste der mittelalterlichen Ausmalung beseitigen und belegte die Wände des Raumes bis zur halben Höhe mit dunklen, in der Schweriner Schleifmühle hergestellten Marmorplatten, die Glasfenster sowie ein abgrenzendes Gitter vervollständigten die Ausstattung. Im Verlauf der folgenden Jahrzehnte sind zahlreiche weitere Scheinsarkophage aus Metall in neugotischen Formen hinzugekommen.

Auch die jüngere Schelfkirche war für einige Zeit Beisetzungsstätte des landesherrlichen Hauses. In der Gruft unter dem Chor stehen die Sarkophage von 17 Personen, darunter die des Bauherrn Herzog Friedrich Wilhelm und seiner Gemahlin Sophia Charlotte, die des Herzogs Christian Ludwig und seiner Gattin und auch der der aus mecklenburgischem Haus stammenden preußischen Königin Sophie Louise. Ältere, reich mit Wappen und Ornamenten verzierte Zinnsarkophage kamen nach dem Brand des Schlosses in Grabow im Jahre 1725 aus der dortigen Kapelle ebenfalls in die Schelfkirche. Der aufwendigste Sarkophag ist der von Herzogin Sophia Charlotte (†1749), den reiches spätbarockes Ornament schmückt. Dagegen sind die späteren, bis 1813 hier beigesetzten Personen zumeist in schlichten Holzsarkophagen bestattet, die mit schwarzem Samt und Silberlitze bespannt wurden.

Im Schweriner Umland sind Epitaphien, Mausoleen und ältere Grabsteine nur in geringer Zahl erhalten geblieben. Weder das kleine Schriftepitaph von 1696 noch das aus einem Sargdeckel mit Metallauflagen bestehende Epitaph in Crivitz aus dem Jahre 1784 halten Vergleichen mit den weiter oben beschriebenen Stücken stand. In Zittow wurde ein architektonisch aufgebautes Epitaph der Familie v. Plessen aus dem Jahre 1711 später in eine Gefallenen-Ehrentafel umgewandelt. Hier und in Bülow haben sich zinnerne bzw. aus Kupferblech gefertigte Sargwappenschilder erhalten.

Gruftkapellen und Mausoleen sind in den zurückliegenden Jahren meist wegen mangelnder Pflege und wegen ihres schlechten Erhaltungszustandes abgetragen worden. In Stralendorf konnten die im 18. Jahrhundert an die Kirche gebauten Gruftkapellen zu Gemeinderäumen umgestaltet werden, während das westlich der Kirche 1854 errichtete und 1878 erweiterte Mausoleum der Familie der Grafen von Schack noch besteht. In ihm ruht als weiterhin bekannte Person Adolf Friedrich Graf von Schack (†1894), den Zeitgenossen als Kunstmäzen, Übersetzer und Literaturwissenschaftler ein Begriff, den Heutigen meist nur als Gründer der nach ihm benannten Galerie in München bekannt. In Bülow erhielt sich auf dem Friedhof das Barnersche Mausoleum, ein überwiegend unterirdischer Bau, von dem nur die granitene Deckplatte und der Eingang sichtbar sind.

Während im dörflichen Bereich bis heute die Friedhöfe zu einem Gutteil bei der Kirche liegen, wurden sie in Schwerin bereits im späten 18. Jahrhundert verlegt; 1778 wurde der an der Schelfkirche geschlossen und ein neuer, bis 1863 benutzter am Güstrower Tor eingeweiht, auf ihm ruht u. a. der Pastor Heinrich Seidel, Vater des gleichnamigen, im 19. Jahrhundert weit bekannten Dichters. 1786 wurde schließlich auch der Friedhof am Dom geschlossen und ein neuer Begräbnisplatz an der damaligen Rostocker Straße (heute Goethestraße) in Nutzung genommen, der bis 1863 belegt wurde. Leider ist der von J. J. Busch nach dem Vorbild italienischer Camposanto-Anlagen zumindest teilweise geschaffene Friedhof nicht erhalten. Nachdem 1861 auch die katholische Gemeinde einen eigenen Begräbnisplatz an der Wismarschen Straße erhalten hatte, wurde 1863 vor dem damaligen Feldtor der heutige Alte Friedhof eröffnet. An der im gleichen Jahr nach Entwurf von Theodor Krüger erbauten neugotischen Kapelle liegen auch die Gräber so bedeutender Kirchenvertreter wie Theodor Kliefoth, Heinrich Behm und Niklot Beste.

Wiederherstellungen und Restaurierungen
im 19. und 20. Jahrhundert

Während man die im Mittelalter und vom 16. bis 18. Jahrhundert an den Kirchen vorgenommenen Wiederherstellungen und Restaurierungsarbeiten, von wenigen Ausnahmen abgesehen, aus heutiger Sicht kaum als denkmalpflegerische Maßnahmen bezeichnen kann, sind entsprechende Arbeiten seit dem Beginn des 19. Jahrhunderts durchaus unter dem Aspekt erfolgt, die historisch gewachsene Gestalt eines Bauwerkes zu erhalten oder gar zurückzugewinnen. Besonders im Zusammenhang mit dem während der französischen Besetzung am Anfang des 19. Jahrhunderts und den nachfolgenden Befreiungskriegen neu erwachten Nationalbewußtsein konzentrierte sich das Interesse verstärkt auf die materiellen Zeugnisse des verklärt gesehenen deutschen Mittelalters. Die Kathedralen, zugleich auch Stätten bedeutender historischer Begebenheiten, waren deshalb auch ein besonderer Schwerpunkt denkmalpflegerischer Bemühungen vom frühen 19. Jahrhundert an. Das gilt auch für den Schweriner Dom, dessen Restaurierungsgeschichte im 19. und 20. Jahrhundert geradezu lehrbuchhaft alle diese Bemühungen widerspiegelt, die sich an den übrigen Kirchen der Stadt und denen des flachen Landes ebenfalls abzeichnen, allerdings entsprechend ihrer Bedeutung und Größe in wesentlich bescheidenerem Rahmen. Von Ausnahmen abgesehen, bleiben alle diese Bemühungen auf die Architektur begrenzt, die Ausstattungsstücke und Werke der bildenden Kunst rücken erst mit dem Beginn des 20. Jahrhunderts in das Blickfeld der Kirchenerneuerer.

1815 wird mit Wiederherstellungsarbeiten am Schweriner Dom unter der Leitung des Hofbaumeisters Johann Georg Barca begonnen. Barcas Arbeit läßt sich heute kaum beurteilen, da bis auf wenige Spuren ein halbes Jahrhundert später seine Restaurierung durch eine neuerliche, ebenso tiefgreifende Wiederherstellung aufgehoben wurde. Er hatte zum einen die schweren Schäden zu beheben, die dem Dom während der französischen Besetzung Schwerins durch die Nutzung als Lazarett und Pferdestall zugefügt worden waren, zum anderen unternahm er durch die Beseitigung zahlreicher mittel- und nachmittelalterlicher Einbauten den Versuch, das Innere in idealer Gestalt zurückzugewinnen. Daß diesem Bemühen alle wesentlichen, noch erhaltenen mittelalterlichen Kunstwerke von beträchtlichem Rang zum Opfer fielen, ist aus heutiger Sicht sehr zu bedauern. Schon bei den Zeitgenossen stieß Barcas Dom-Restaurierung auf wenig Gegenliebe, man empfand seine neugotischen Zutaten als blutleer und reißbretthaft. In die Jahre bis zur nächsten großen Erneuerung 1866/69 fallen kleinere Maßnahmen wie die Aufdeckung der Fresken in den Chorkapellen 1839, ihre Beseitigung 1844 bei der Anlage der großherzoglichen Grablege, die Aufstellung des Hauptaltars im Chor mit dem Kreuzigungsgemälde von Gaston Lenthe 1844 und Umbauarbeiten im Turmbereich. Seit 1838 sind Bemühungen überliefert, dem Dom zu einem würdigen, seiner historischen und städtebaulichen Bedeutung entsprechenden Turm zu verhelfen. Allein die Geschichte dieses Projektes, in die auch die Gründung von zwei Turmbauvereinen 1844 und 1848 fällt und das erst nach mehreren Mißerfolgen gegen Ende des Jahrhunderts mit dem schließlich von Arthur v. Bernstorff finanzierten Turmbau der Jahre 1889/92 zu Ende gebracht wird, wäre es wert, hier dargestellt zu werden. 1866/69 erfuhr der Dom dann unter Theodor Krüger, der zur gleichen Zeit die St.-Pauls-Kirche baute, eine tiefgreifende Restaurierung des Inneren, die das Bild dieser Kirche über ein Jahrhundert lang prägte. Krügers Konzept verfolgte die Zurückgewinnung der reinen mittelalterlichen Gestalt, vor allem deshalb wurde die damit in Verbindung gebrachte Backsteinfassung und eine ornamentale Ausmalung der Gewölbekappen und von Teilen des aufgehenden Mauerwerkes verwirklicht. Die neugotische Ausformung aller wesentlichen Ausstattungsstücke ordnete sich diesem Bemühen ein. Daß man gleichzeitig die damals aufgefundenen wenigen Reste der alten plastischen Ausstattung noch an das Großherzogliche Museum abgab, muß dabei verwundern. Als nach mehr als einem Jahrhundert, in dem an denkmalpflegerischen Maßnahmen am und im Dom keine nennenswerten Aktivitäten erfolgten, in jüngster Zeit nach Abschluß der Wiederherstellung des Äußeren erneut das Problem der Innenausmalung zur Diskussion stand, fiel die Entscheidung zugunsten der Rekonstruktion der mittelalterlichen Raumfassung aus der Mitte des 15. Jahrhunderts unter Aufgabe der Ausmalung von 1869, von der ein Rest zu Dokumentationszwecken in den mittleren Chorkapellen erhalten bleibt, erst nach langwierigen Überlegungen. Die Beseitigung der selbst schon Denkmal gewordenen Ausmalung des mittleren 19. Jahrhunderts nimmt der zum größten Teil zur Erhaltung bestimmten neugotischen Ausstattung das zugehörige Umfeld, läßt aber die Schönheit und Eleganz der Architektur in kaum vorstellbarer Weise deutlich werden. Mit den Restaurierungsmaßnahmen an den anderen Schweriner Kirchen war man ebenfalls um die Mitte des 19. Jahrhunderts aus heutiger Sicht auf einem bedenklichen Weg. So wird 1858 auf Drängen Lischs, des verdienstvollen Konservators der Denkmäler, die Schelfkirche restauriert, wobei man deren barockem Charakter im Innenraum durch die Neuausstattung und vor allem die Farbfenster wenig Rechnung trägt, was bei der erst gegen Ende des Jahrhunderts erfolgten positiven Bewertung des Barockstils nicht überraschen kann. Die Neuausmalung von 1966 hat zumindest graduell hier eine Wiederannäherung an den barocken Zustand gebracht. Auch an der Schloßkirche wird mit dem Anbau des neugotischen Chores 1855 eine Restaurierung vorgenommen, die vom Unverständnis für den Raum des 16. Jahrhunderts zeugt, den man bewußt richtungslos angelegt hatte. Durch die Anfügung des Chores verliert er seinen programmatisch protestantischen Charakter, zumal auch der aussagekräftige Altaraufsatz ins Museum abgegeben wird.

Für die Restaurierungsmaßnahmen an den Kirchen in Crivitz und in zahlreichen Dörfern läßt sich ähnliches feststellen wie für den Dom oder die Schelfkirche. Die gotischen Bauten werden mehr oder weniger sorgfältig instand gesetzt und durch diese Maßnahmen für lange Zeit gesichert, häufig aber auch Ergänzungen und Ausschmückungen vorgenommen, mit denen man im Mittelalter unvollendet Gebliebenes in guter Absicht zu Ende bringt, dabei aber den Bauten und Räumen häufig das historische Flair nimmt, Ausstattungen wie z. B. Alt Meteln, Wessin oder Hohen Viecheln stehen für zahlreiche solche Lösungen. In mehreren Orten aber werden sanierungsbedürftige Gotteshäuser total abgebrochen und durch Neubauten ersetzt, gegen Ende des Jahrhunderts · beispielsweise noch in Pampow, für dessen neue Kirche der Doberaner Architekt Gotthilf Ludwig Möckel verantwortlich zeichnet. Nur zehn Jahre später wird die Antoniterkirche in Tempzin baulich nach langen Überlegungen in denkmalpflegerisch verantwortlicher Weise instand gesetzt, den für den Raum unverzichtbaren Altar verkauft man jedoch an das Museum in Schwerin. Eine ebenfalls gelungene Lösung ist der Bau eines Turmes für die Kirche in Cramon 1844. Man stellt den neugotischen Baukörper mit Rücksicht auf den blendengegliederten Westgiebel der Kirche frei vor den Bau und wahrt so die Unversehrtheit des mittelalterlichen Kirchenbaues.

Zu den Ausnahmen bei der Ausstattung, denen man sich bereits im 19. Jahrhundert allgemein zuwendet, gehören die Wandmalereien und Glasfenster. Sie werden dort, wo man sie freilegt und erhält, in der Regel in bester Absicht ergänzt, um die Inhalte verständlich zu machen und ästhetischen Ansprüchen zu genügen; daß dabei die künstlerische Seite solcher Darstellungen außer acht gelassen wird, setzt sich als Erkenntnis erst im 20. Jahrhundert durch. Deshalb wirken im 19. Jahrhundert restaurierte Fresken wie die in der alten Domsakristei so ausgesprochen glatt und unpersönlich, wenn man sie mit Darstellungen vergleicht, die nach dem zweiten Weltkrieg freigelegt wurden und an denen die Handschrift des Malers noch spürbar ist, etwa in Klinken oder Sülstorf. In den ersten Jahrzehnten unseres Jahrhunderts erfolgten kaum umfängliche Restaurierungsmaßnahmen, die Neuausmalung der katholischen Kirche in der Schloßstraße 1908 bleibt immerhin anzumerken. Vor allem die Weltkriege mit ihren Folgen begrenzten entsprechende Möglichkeiten, man mußte die bauliche Sanierung gewährleisten bzw. Kriegsschäden wie die Abgabe von Orgelpfeifen oder Glocken überwinden. In den zurückliegenden vier Jahrzehnten sind an den Kirchen der Stadt und ihrer Umgebung viele Wiederherstellungen und Restaurierungen erfolgt, für die von den Gemeinden große Opfer gebracht wurden; einen Teil der kostenaufwendigen denkmalpflegerischen Arbeiten konnte man durch staatliche Beihilfen finanziell abdecken.

Neben baulichen Instandsetzungsarbeiten an fast allen Kirchen sind zahlreiche Restaurierungsarbeiten aufzuzählen, mit denen vor allem Werke der unterschiedlichsten Gattungen der bildenden Kunst gerettet und zumeist für ihre Nutzung im kirchlichen Raum wieder zurückgewonnen werden konnten. Dazu gehören z. B. Wiederherstellungen von Altaraufsätzen wie des Kreuzaltars im Dom 1948, des Kompositaltars in Prestin 1963 oder des Altars aus Zweedorf, den die 1979 durch einen Brand ihrer Ausstattung beraubte Kirche in Sülstorf erhielt, oder des Aufsatzes in Zaschendorf, der im Rahmen einer Modellrestaurierung 1963/66 im Institut für Denkmalpflege in Schwerin restauriert wurde. Umfangreiche Bemühungen galten der Erhaltung bzw. Rekonstruktion von Orgeln, allen voran der Ladegast-Orgel im Dom, aber auch der Friese-Orgel in Zittow, kostspielige Arbeiten erfordert die Restaurierung von Glasmalereien, unter denen die des Domes aus mehreren Epochen des 14. bis späten 19. Jahrhunderts besondere Bedeutung erlangten; hier und in Kirch Stück sollen Thermoverglasungen und Schutzgitter die heute erkennbaren Ursachen für Schäden weitgehend ausschalten. Auch für den geschlossenen Bestand der Farbverglasung der Paulskirche sind Wiederherstellungsarbeiten eingeleitet.

Die baulichen Instandhaltungsmaßnahmen wie auch die Restaurierungsarbeiten werden für die meisten Kirchen und Ausstattungsstücke in Absprachen zwischen Kirchgemeinde, Kirchlichem Bauamt und Institut für Denkmalpflege vorbereitet und nach denkmalpflegerischen Zielstellungen ausgeführt. Die Kirchen bleiben Gotteshäuser, in denen die christliche Gemeinde ihre Heimstatt hat, wo aber zugleich das Erbe vorangegangener Generationen zur Freude und Erbauung vieler bewahrt wird.

Schwerin, Dom, Blick aus dem südlichen Querhausarm nach Nordwesten

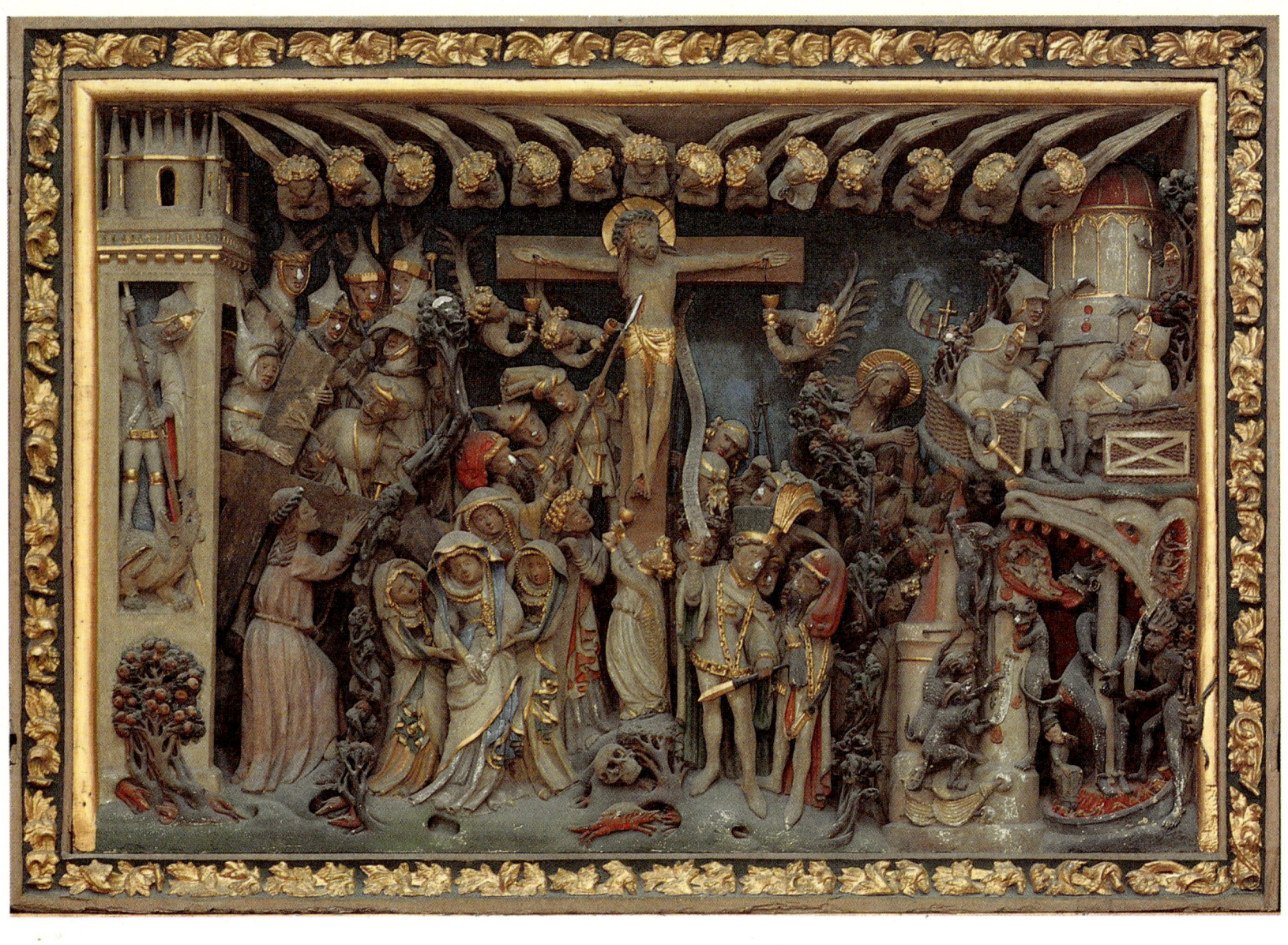

34   Schwerin, Dom, Kreuzaltar, steinerne Mitteltafel

Schwerin, Schelfkirche, Inneres nach Westen

36   Schwerin, Schelfkirche, Inneres nach Osten

Hohen Viecheln, Dorfkirche, Inneres nach Nordosten

38   Kirch Stück, Dorfkirche, Glasmalerei: heiliger Ritter

Kraak, Dorfkirche, Schnitzaltar

40   Peckatel, Dorfkirche, Inneres nach Nordosten

Retgendorf, Dorfkirche von Süden

42   Stralendorf, Dorfkirche von Südosten mit Glockenstuhl und Schack-Mausoleum

Vietlübbe, Dorfkirche von Südosten

44 Zittow, Dorfkirche von Südwesten · Schwerin, Altstadt mit Dom, gesehen vom Pfaffenteich

46   Schwerin, Dom von Nordwesten (Aufnahme vor 1889)

Schwerin, Dom, Paradiespforte

48   Schwerin, Dom, Inneres nach Osten (vor der Neuausmalung)

Schwerin, Dom, Inneres nach Osten (nach der Neuausmalung)

50   Schwerin, Dom, Kreuzaltar

Schwerin, Dom, Epitaph für die Herzogin Helena

52   Schwerin, Dom, Freigrab Herzog Christoph und Herzogin Elisabeth (Aufnahme um 1925)

Schwerin, Dom, Freigrab Herzog Christoph und Herzogin Elisabeth, Detail

54   Schwerin, Dom, Epitaph für Bischof Magnus III.

Schwerin, Dom, Glasfenster: Taufe Christi

56   Schwerin, Dom, Messing-Grabplatte der Bischöfe Gottfried und Friedrich v. Bülow, Detail: Festmahl

Schwerin, Dom, Messing-Grabplatte der Bischöfe Gottfried und Friedrich v. Bülow, Detail: König

58   Schwerin, Dom, Messing-Grabplatte der Bischöfe Gottfried und Friedrich v. Bülow, Detail: Frauenraub

Schwerin, Dom, Glasmalerei: Schreiber

60   Schwerin, Dom, Mariae-Himmelfahrts-Kapelle von Süden mit Fünte

Schwerin, Dom, Fünte, Detail

62   Schwerin, Dom, Glasmalerei: Ölbergszene

Schwerin, Dom, Ladegast-Orgel

64   Schwerin, Dom, Thomas-Kapelle nach Süden · Blick vom Domturm auf die Schelfstadt mit Schelfkirche

Schwerin, Schelfkirche von Südosten · Südportal

68 Schwerin, Schelfkirche, Blick in den nördlichen Kreuzarm

Schwerin, Schelfkirche, Inneres vor der Restaurierung 1858 (Gemälde vor 1858, Maler unbekannt)

Schwerin, Schloß von Nordosten mit Kapelle · Schloßkirche, Eingangsportal

72   Schwerin, Schloßkirche, Inneres nach Westen

Schwerin, Schloßkirche, Inneres vor der Restaurierung und Umgestaltung 1855 (Gemälde von Friedrich Schnelle, 1840)   73

74   Schwerin, Schloßkirche, Kanzel, Relief: der zwölfjährige Jesus im Tempel

Schwerin, Schloßkirche, Emporenrelief: Geburt Christi

76   Schwerin, Blick auf die Paulsstadt während des Baues der Paulskirche (Aufnahme um 1865) · Paulskirche von Osten

78   Schwerin, Paulskirche von Südosten

Schwerin, Paulskirche, Inneres nach Westen

80   Schwerin, Paulskirche, Altar · Katholische Propsteikirche St. Anna, Straßenfront

82   Schwerin, katholische Propsteikirche St. Anna, Inneres nach Osten

Schwerin, katholische Propsteikirche St. Anna, Inneres nach Westen

NIELS STENSEN

84   Schwerin, katholische Propsteikirche St. Anna, Glasmalerei: Niels Stensen

Schwerin, katholische Propsteikirche St. Anna, Kelch · Renaissance-Kasel

86   Schwerin, katholische St.-Andreas-Kirche Großer Dreesch, Inneres nach Osten

Schwerin, katholische St.-Martin-Kirche Lankow, Inneres nach Westen

88   Schwerin, Versöhnungsgemeinde Lankow, Versammlungsraum, Altarwand

Schwerin, St.-Petrus-Kirche Großer Dreesch, Versammlungsraum

90   Alt Meteln, Dorfkirche von Südwesten · Buchholz, Dorfkirche von Norden

Bülow, Dorfkirche von Südosten · Inneres nach Westen

Cambs, Dorfkirche von Nordwesten · Inneres nach Osten

Consrade, Dorfkirche von Südwesten · Inneres nach Osten

98   Consrade, Dorfkirche, Glocke

Cramon, Dorfkirche, Grabplatte für J.v.Drieberg

100   Crivitz, Stadtkirche, Inneres nach Osten

Crivitz, Stadtkirche, Inneres nach Westen

102   Crivitz, Stadtkirche, Chorgewölbe

GEHET HIN, VON MIHR · IHR · VERFLVCH,
TEN IN DAS EWIGE, FEWER, DAS BEREITET
IST, DEM TEVFFEL VND, SEINEN ENGELN,
ICH BIN HVNGERIG GEWESEN VND IHR,
HABT MICH NICHT GESPEISET, ICH BIN DVR,
STIG GEWESEN VND IHR HABT, MICH, NICHT,
GETRENCKET ICH BIN EIN, GAST, GEWESEN,
VND, IHR HABT MICH NICHT BEHERBERGET
ICH BIN, NACKET, GEWESEN VND IHR HABT,
MICH, NICHT, BEKLEIDET ICH BIN KRANCK
VND GEFANGEN, GEWESEN VND IHR HAT,
MICH, NICHT, BESVCHET,,

QVI NON CREDI,
DERIT; CONDEM,
NABI TVR;
: MARC: XVI;

104   Crivitz, Stadtkirche, Schnitzaltar

Crivitz, Stadtkirche, Fresko: Paradies · Fresko: Darbringung im Tempel

106   Demen, Dorfkirche von Südwesten

Demen, Dorfkirche, Pietà

Groß Brütz, Dorfkirche von Südosten · Ehemalige Fünte auf dem Kirchhof

Groß Eichsen, Dorfkirche von Südwesten

Groß Eichsen, Dorfkirche, Orgel

Groß Trebbow, Dorfkirche von Südosten · Inneres nach Osten · Orgel

114   Hohen Viecheln, Dorfkirche von Nordwesten

Hohen Viecheln, Dorfkirche, Renaissance-Altaraufsatz

116   Hohen Viecheln, Dorfkirche, Fünte

Hohen Viecheln, Dorfkirche, Figur des H. v. Plessen

S. petrus. S. iacob. mai. S. iohannes.

S. bartholom. S. iudas. S. iacob. min.

S. andreas. S. matthae. S. simon.

S. matthias. S. philippus. S. thomas.

Kirch Stück, Dorfkirche von Nordwesten · Schnitzaltar

120   Kladow, Dorfkirche von Norden · Klinken, Dorfkirche von Nordosten

122   Klinken, Dorfkirche, Schnitzaltar und Fresken beim mittleren Chorfenster

Klinken, Dorfkirche, Fresko: Christus vor Pilatus

124   Klinken, Dorfkirche, Kanzelträger · Kraak, Dorfkirche von Südosten

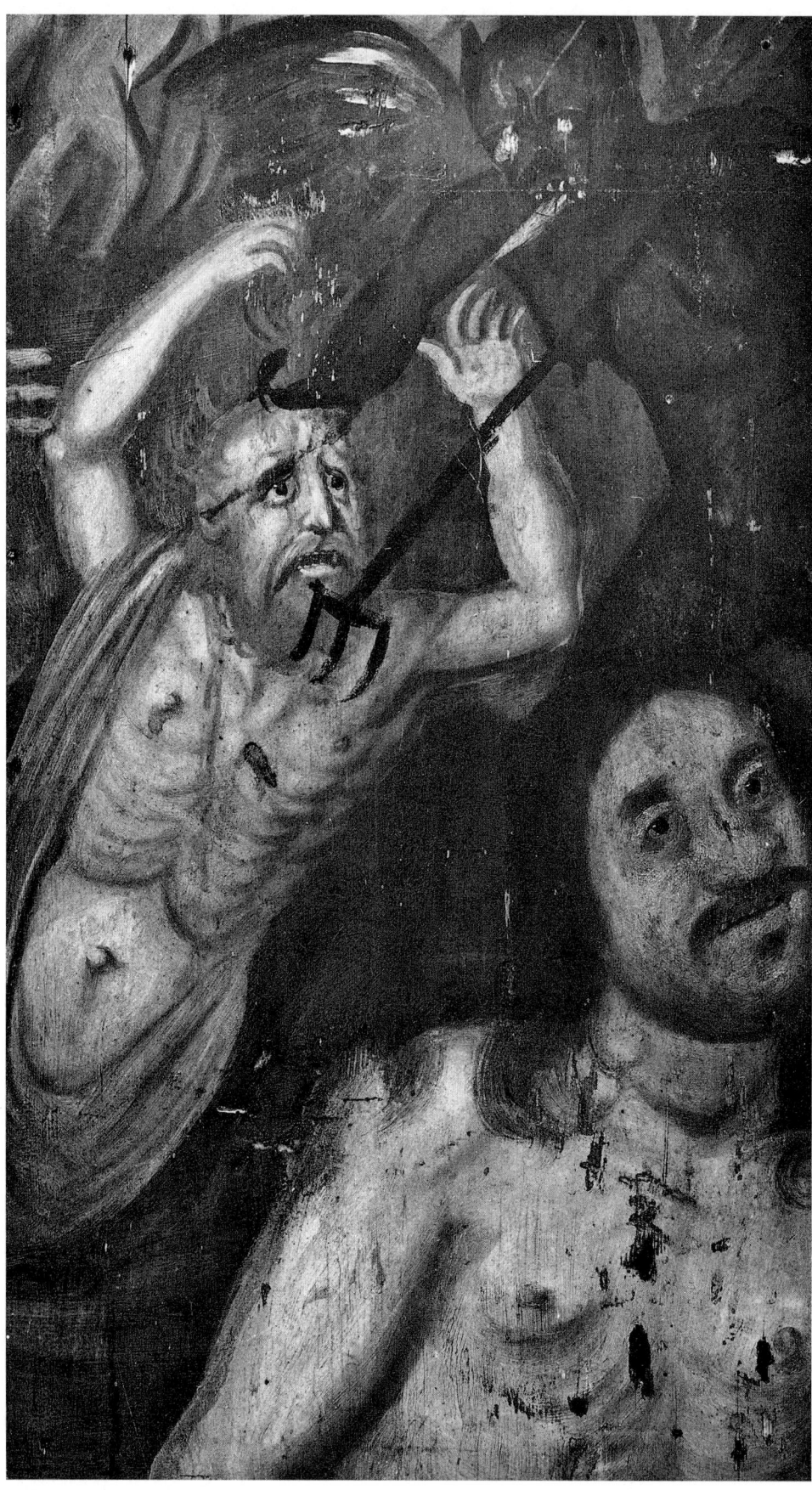

126   Mühlen Eichsen, Dorfkirche, Barockmalerei auf einer Verbretterung, Detail

Mühlen Eichsen, Dorfkirche, Kanzelaltar

128   Pampow, Dorfkirche von Südosten (historische Aufnahme) · Dorfkirche von Südwesten

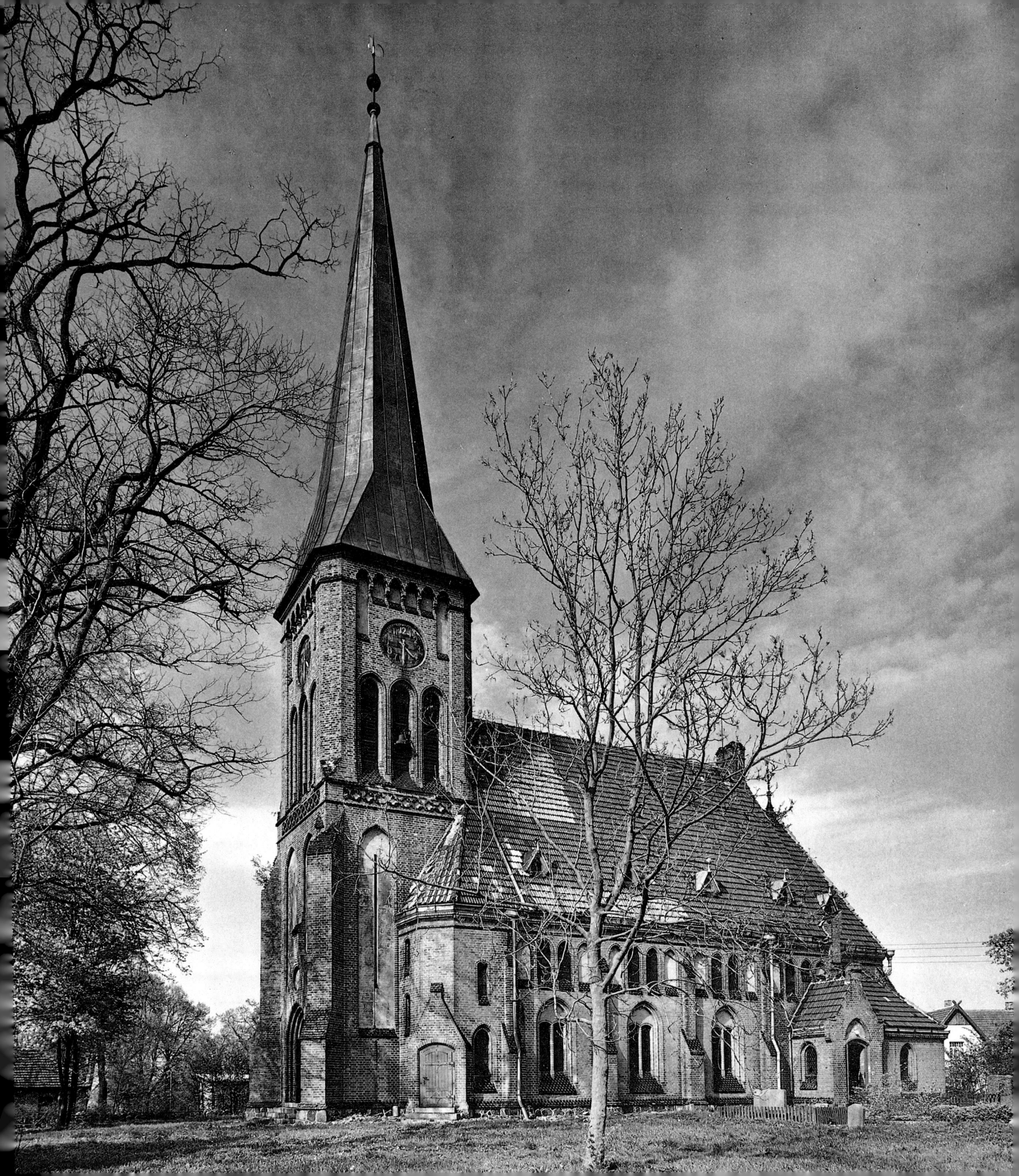

130   Parum, Dorfkirche von Süden · Peckatel, Dorfkirche von Südwesten

132   Pinnow, Dorfkirche von Nordwesten

Pinnow, Dorfkirche, Schnitzaltar

134   Plate, Dorfkirche, Inneres nach Osten

Plate, Dorfkirche, Schnitzaltar

Pokrent, Dorfkirche von Südwesten · Inneres nach Osten

Pokrent, Dorfkirche, Kruzifix, Detail · Prestin, Dorfkirche von Südwesten

140   Prestin, Dorfkirche, Altaraufsatz

Retgendorf, Dorfkirche, Schnitzaltar

142   Ruthenbeck, Dorfkirche von Nordwesten

Ruthenbeck, Dorfkirche, Kruzifix, Detail

144　　Stralendorf, Dorfkirche, Inneres nach Südosten · Sukow, Dorfkirche von Südosten

146   Sülstorf, Dorfkirche von Südosten

Tempzin, Klosterkirche von Nordosten

148   Tempzin, Klosterkirche, Inneres nach Osten

Tempzin, Klosterkirche, Bauinschrift · Ehemaliger Hochaltar, Mitteltafel, jetzt im Staatlichen Museum Schwerin

Tramm, Dorfkirche von Südwesten · Gestühlswangen

152   Uelitz, Dorfkirche, Deckenmalerei

Uelitz, Dorfkirche von Südosten

154   Vietlübbe, Dorfkirche, Inneres nach Westen · Warsow, Dorfkirche von Südosten

Wessin, Dorfkirche von Südwesten · Zapel, Dorfkirche von Süden

Zaschendorf, Dorfkirche von Südwesten · Inneres nach Osten

160   Zickhusen, Dorfkirche, Inneres nach Norden

Zittow, Dorfkirche, Turmportal

162   Zittow, Dorfkirche, Chorsüdportal

Zittow, Dorfkirche, Patronatsloge im Chor

164   Zittow, Dorfkirche, Grabplatte für J. Barner

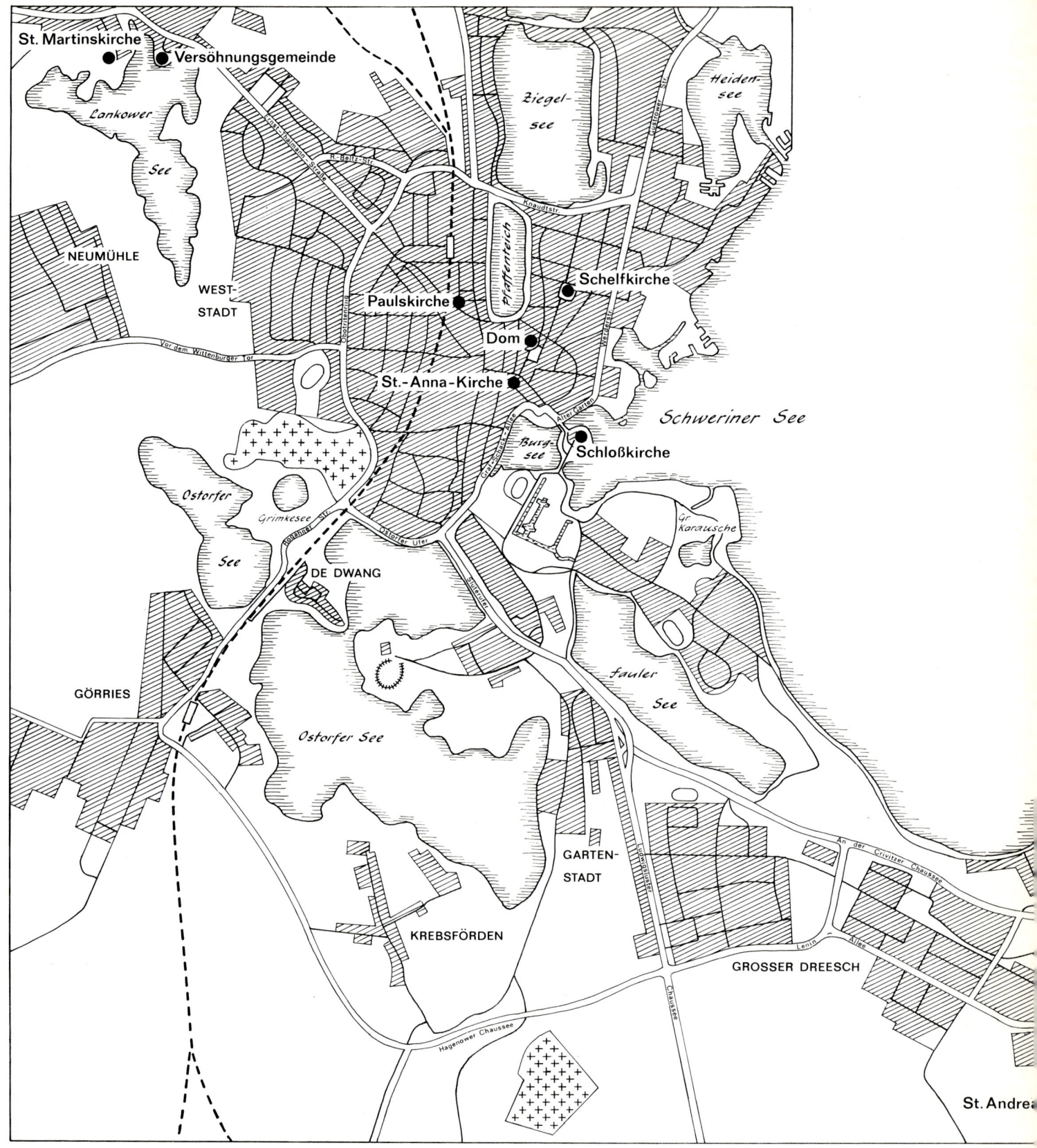

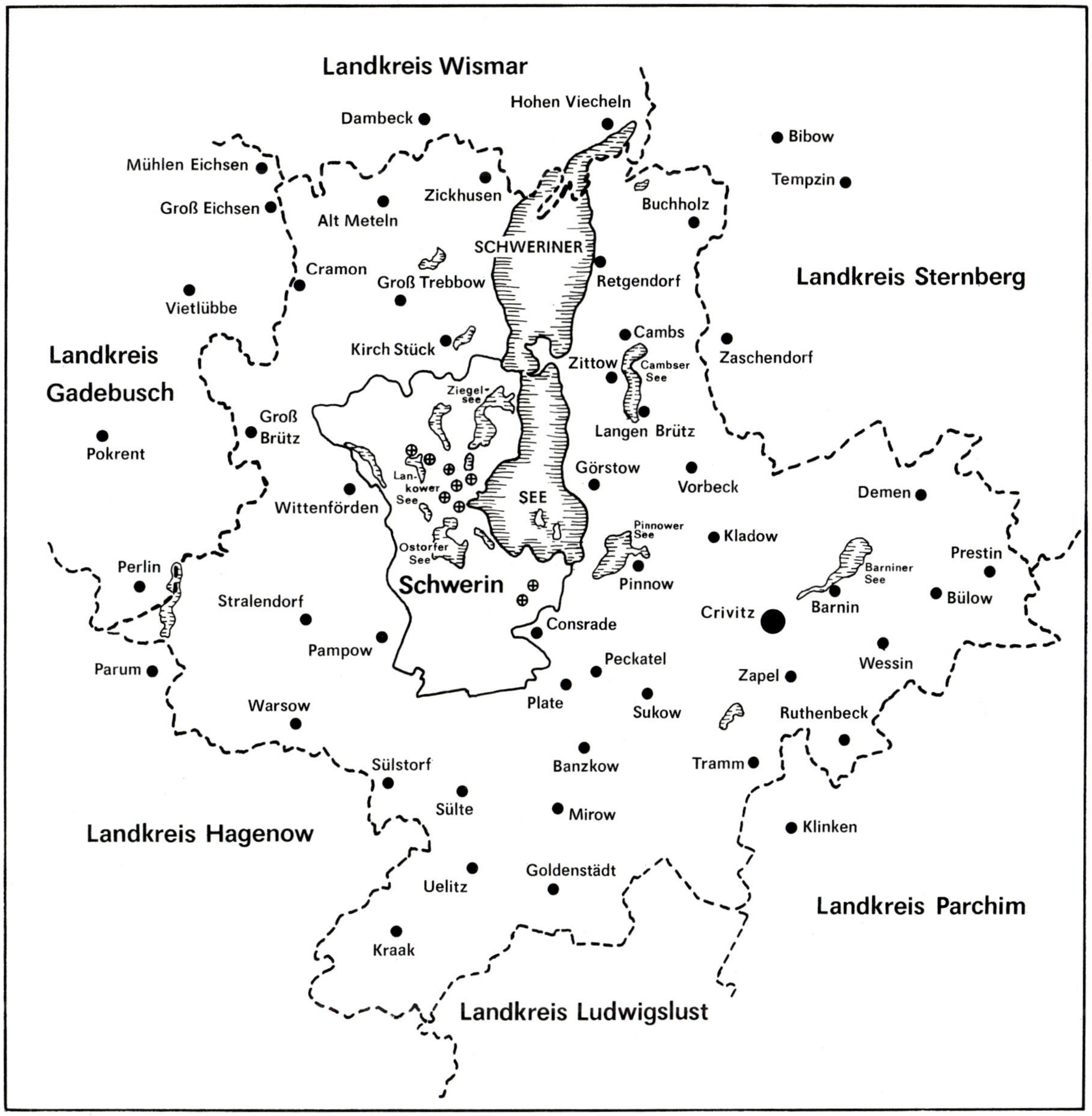

Landkreis Wismar

Dambeck
Hohen Viecheln
Bibow

Mühlen Eichsen
Zickhusen
Tempzin

Groß Eichsen
Alt Meteln
Buchholz

SCHWERINER

Cramon
Groß Trebbow
Retgendorf
Landkreis Sternberg

Vietlübbe

Landkreis
Gadebusch
Kirch Stück
Cambs
Zaschendorf
Zittow
Cambser
See

Ziegel-
see
Langen Brütz

Groß
Brütz
Pokrent
Lan-
kower
See
Görstow
Vorbeck
Demen

SEE
Prestin

Wittenförden
Pinnower
See
Kladow
Barniner
See

Ostorfer
See
Pinnow
Barnin
Bülow

Schwerin
Crivitz

Perlin
Consrade

Stralendorf
Peckatel
Wessin

Parum
Pampow
Zapel

Warsow
Plate
Sukow
Ruthenbeck

Sülstorf
Banzkow
Tramm

Sülte
Mirow
Klinken

Landkreis Hagenow
Goldenstädt

Uelitz
Landkreis Parchim

Kraak

Landkreis Ludwigslust

Kirchen in Schwerin
und Umgebung

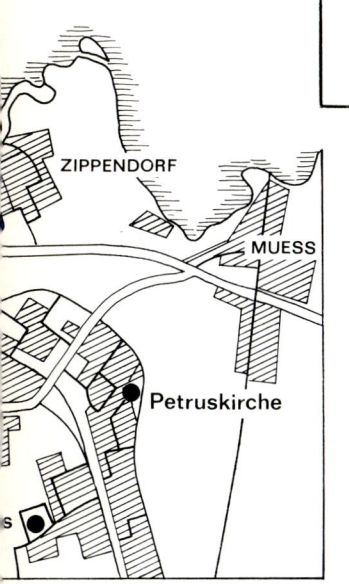

ZIPPENDORF

MUESS

Petruskirche

Einzeldarstellungen

SCHWERIN

Dom

Mit der Gründung der Stadt Schwerin im Jahre 1160 durch den Sachsenherzog Heinrich den Löwen an einer durch die Nachbarschaft der zum Sitz des Statthalters bestimmten ehemaligen slawischen Burg gesicherten Stelle ergaben sich auch günstige Voraussetzungen zur Neueinrichtung des bereits seit längerer Zeit nominell bestehenden mecklenburgischen Bistums. So verlegte wohl noch im Gründungsjahr der Stadt der Inhaber des Bischofsamtes, der Zisterziensermönch Berno, seinen Sitz von der »Mecklenburg« in das künftige politische Zentrum des neugewonnenen Landes. Heinrich der Löwe hatte den nördlichen Teil des künftigen Territoriums der Stadt mit der höchsten Erhebung als Bereich für das Domkapitel reserviert und mit dieser engen Nachbarschaft zugleich auch folgenschwere Entscheidungen für die künftige Entwicklung der Stadt getroffen.

Als einziger Kirche der Stadt – weder die Vermutungen über eine bereits vor 1160 bestehende deutsche Kaufmannssiedlung mit einer eigenen Kirche haben sich nach jüngeren Forschungen bestätigt, noch erlangte die Kirche des später gegründeten Franziskanerklosters eine entsprechende Bedeutung – oblag der Domkirche zugleich die geistliche Betreuung der Stadtbevölkerung, eine für mittelalterliche Verhältnisse seltene Kombination.

1171 versammelten sich in Schwerin zahlreiche Reichsfürsten und der Stadtgründer, um den ersten bescheidenen Dom zu weihen. Gleichzeitig bestätigte Heinrich der Löwe den ausgedehnten Grundbesitz des Domkapitels, der als wirtschaftliche Basis notwendig war. Der Dom wurde ebenso wie die 1154 im nahen Ratzeburg ebenfalls von Heinrich dem Löwen gestiftete Bischofskirche der Gottesmutter Maria und dem Evangelisten Johannes geweiht.

Die bauliche Gestalt dieses ersten Dombaues ist unbekannt geblieben, es mag aber der Würde und der wirtschaftlichen Kraft des Bistums entsprochen haben, daß man gegen 1175/80 den Erstbau durch einen Nachfolgebau ablöste, der sich stilistisch an den Kathedralen der benachbarten Bischofssitze, vor allem aber wohl an Ratzeburg, orientieren konnte. Dieser als Backsteingebäude errichtete Neubau zog sich bis zur Mitte des 13. Jahrhunderts hin, denn seine Weihe ist erst für den 15. Juni 1248 oder 1249 bezeugt; so kann es nicht verwundern, daß dieses Bauwerk die stilistischen Wandlungen der Backsteinarchitektur widerspiegelte, die sich in diesem Zeitraum von der spätromanischen zur frühgotischen Form entwickelte. Durch ergrabene Mauerreste, den bis 1889 erhaltenen Westturm und die Paradiespforte sowie durch Vergleiche ist die Gestalt dieses Baues rekonstruierbar. Er dürfte wie die Ratzeburger Schwesterkirche ein Bau des gebundenen Systems mit apsidialem Chorschluß, Querhaus und

westriegelartiger, wahrscheinlich auf eine Doppelturmfront angelegter Turmlösung gewesen sein. Während die erhaltene Paradiespforte mit der flächigen Schichtung ihrer Gestaltungselemente noch spätromanische Formprinzipien verkörpert, war der im zweiten Viertel des 13. Jahrhunderts erbaute Westturm schon durch und durch ein Kind der Gotik, wie auch die spitzbogigen Fenster und ein Kleeblattbogenfries erkennen ließen. Auch die aufgefundenen Architekturfragmente, von denen heute nur noch ein Knospenkapitell im Besitz des Staatlichen Museums in Schwerin aus der Zeit um 1230 vorhanden ist, unterstreichen die gotische Grundtendenz des Baues.

Die 1222 durch den Grafen Heinrich von Schwerin von einer Palästinawallfahrt mitgebrachte Reliquie des hl. Blutes führte zu Wallfahrtsströmen in den Schweriner Dom, die mit beträchtlichen finanziellen Einnahmen verbunden waren, so daß erst wenige Jahrzehnte nach der Fertigstellung des Gebäudes im dritten Viertel des 13. Jahrhunderts bereits wiederum Pläne für einen Neubau der Kathedrale reiften. Inzwischen waren im Ostseeküstengebiet bei so wichtigen Kirchenbauten wie der Lübecker Marienkirche und der Stralsunder Nikolaikirche, letztere lag im Bistum Schwerin, die von französisch-flandrischen Kathedralen verwandten Raumformen übernommen worden, für die der Chorumgang mit Kapellenkranz sowie die basilikale Gestalt kennzeichnende Elemente waren.

Mit dem Neubau des Domes nach solchen Gestaltungsgrundsätzen wurde um 1270 begonnen. Seine Vollendung erlebte dieser Bau in mittelalterlicher Zeit nicht mehr, denn um die Mitte des 15. Jahrhunderts wurden die Arbeiten nach der Einwölbung des Langhauses eingestellt, ohne daß die geplante Turmlösung realisiert worden wäre. Der Turm des frühen 13. Jahrhunderts wurde jedoch beibehalten, obwohl er mit seinen auf den spätromanischen Bau bezogenen Proportionen zu der monumentalen gotischen Kathedrale in einem offensichtlichen Mißverhältnis stand.

Im Grundriß des gotischen Baues fällt die Größe der Ostteile auf, sie war bedingt durch die große Zahl der Kleriker. Fünf mit dem Umgang verschliffene Chorkapellen umgeben den polygonalen Binnenchor, an den sich die drei Joche des Chores anschließen, bevor das dreischiffige Querhaus eine deutliche Zäsur setzt. Da seine Seitenschiffe sich aber im Aufriß des Inneren, vor allem in der Ausbildung der Arkadenöffnungen zu den Mittelschiffen von Chor und Langhaus, nicht abheben, wird diese Dreischiffigkeit für das Dominnere nicht wirksam, statt dessen verlängern sich Chor und Langschiff um jeweils ein viertes Joch. An das Langhaus schließt sich im Westen der im 19. Jahrhundert neu errichtete Turm an, den seitlich die verlängerten Seitenschiffe flankieren.

In der äußeren Gestaltung lebt der Bau von der gelungenen Proportionierung der großen Mauerflächen. Beim Chorschluß sind die Kapellen durch schlanke zwei- und dreiteilige Fenster geöffnet, dazwischen stehen die zweifach abgestuften Strebepfeiler. Der glasierte Kleeblattbogenfries unter der Traufe blieb während der gesamten Bauzeit unverändert. Von besonderem Interesse ist die Lösung, die man für die schwierige Überdachung von Chorumgang und Kapellenkranz fand. Brückenartige Verbindungen zwischen den Kapellen ermöglichten die Ausbildung eines einheitlichen Daches. Am Obergaden sitzen kurze, dreiteilige Fenster, die unmittelbar über dem Dach von Umgang bzw. Chorseitenschiffen ansetzen, dazwischen sind kräftige Lisenen als statische und gliedernde Elemente angeordnet. Im Winkel zwischen Chor und südlichem Querhausarm befindet sich ein zweigeschossiger Anbau, der unten die Sakristei, oben die Bibliothek enthielt. Am Chor führt lediglich ein Portal an der Südseite ins Innere, sein Gewände ist reich profiliert, einziger Schmuck sind die stuckierten Kapitelle.

Das mächtig aufragende Querhaus verleiht dem Bauwerk einen entscheidenden Akzent. Nur unwesentlich höher als der Chor, nehmen vor allem seine mit Staffelblenden gegliederten Giebel des Mittelschiffes das Stadtbild prägende Dimensionen an, die durch die begleitenden schlanken Stiegentürme gesteigert werden, die dem Mittelschiff als polygonale Eckverstärkungen angefügt wurden. Ein großes vierteiliges Maßwerkfenster löst die Mauerfläche unter den Giebeln auf. Fast bescheiden wirken dagegen die mit Blenden geschmückten Halbgiebel und dreiteiligen Fenster der Querhausseitenschiffe, in denen allerdings die im unteren Bereich zur Belichtung der unter den Emporen des östlichen Seitenschiffes liegenden Kapellen dienenden Kreisfenster wiederum einen Akzent setzen. Die beiden großen Portale in den Giebelseiten des Querhausmittelschiffes mit ihren reichen Gewändeprofilen sind im 19. Jahrhundert erneuert worden, in ihrer Anlage aber alt. Das basilikale Langhaus ist nur drei Joche lang, auffallend sind seine dreieckig geschlossenen Fenster am Obergaden, eine von Stralsunder Bauleuten nach Schwerin übertragene Lösung. Zwischen ihnen setzen in kühnem Schwung die offenen Strebebögen an, die den Schub der Mittelschiffgewölbe über die Seitenschiffdächer hinweg auf die Strebepfeiler übertragen. Die Fenster der Seitenschiffe sind dreiteilig, jeweils am westlichen Joch befinden sich Portale; am südlichen erinnern zwei bronzene Wappenschilde mit dem Bülowschen Symbol an den Bischof Friedrich als den damaligen Bauherrn, das nördliche ist zugesetzt und führte im Mittelalter in den Westflügel des Kreuzgangs (heute Teil der Wissenschaftlichen Allgemeinbibliothek). Etwas unorganisch in den heutigen Bau eingebunden scheint die ehemalige Paradiespforte zu sein, die unter dem Niveau des Erdreichs ansetzt und ursprünglich der Gemeindezugang des spätromanischen Domes war; sie ist ein leicht spitzbogiges Rücksprungportal mit in die Ecke eingestellten Rundstäben, betonter Kämpferzone und ornamentierten Rundwülsten in den Archivolten.

Der neugotische Westturm, dessen Bau von 1889/92 eine Spende des Grafen v. Bernstorff ermöglichte, entleiht seine Detailformen zwar der Backsteingotik, geht aber in seiner Grundhaltung und monumentalen Ausbildung auf Vorbilder des süddeutschen Hausteingebietes zurück. Der 117,5 m hohe Turm, eine Schöpfung des Schweriner Architekten Georg Daniel, ist heute eine aus dem Stadtbild nicht mehr wegzudenkende Dominante.

Im Inneren des Gotteshauses fallen die besonders steilen Raumproportionen auf, die sich aus den Verhältnissen von 1:2:4 von Jochweite zu Mittelschiffbreite bzw. Gewölbehöhe ergeben. Gemildert wird diese Höhentendenz durch das dreischiffige Querhaus, das den Gesamtraum optisch verbreitert und zahlreiche Durchblicke auf die Seitenschiffe und Nebenräume ermöglicht.

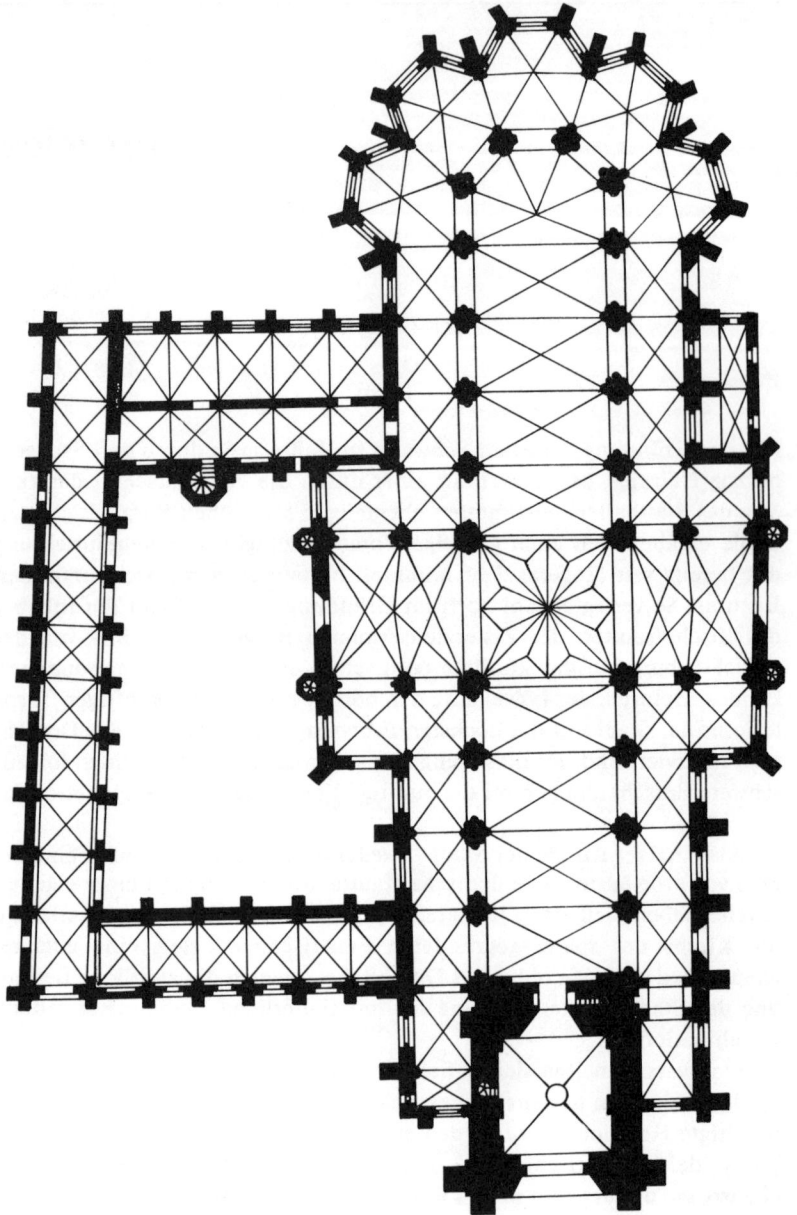

Der dreijochige Chor endet in dem von Pfeilern gebildeten polygonalen Binnenchor; er wird von den Chorseitenschiffen begleitet, die sich im Osten im Umgang und in den fünf Chorkapellen fortsetzen. Umgang und Kapellen sind durch die sechsteiligen Gewölbe zusammengefaßt. Die von Osten nach Westen sich entwickelnde Raumbewegung wird durch das Querhaus gebremst; eine Besonderheit des Schweriner Domes sind die beiden nachträglich eingezogenen Kapellen in den äußeren Jochen des östlichen Querhausschiffes, die wohl mit der Vollendung des Querhauses um 1327 entstanden und ebenso wie die Chorjoche kreuzrippengewölbt sind. Im Chor werden die Gewölbe von im Kern quadratischen Pfeilern getragen, deren Dienste z. T. noch Rundstäbe aufweisen; diese setzen am Boden bzw. in halber Höhe an, überschneiden das zarte horizontale Gesims zwischen Arkaden- und Obergadenzone und laufen bis zu den kleinen Stuckkapitellen durch. Die profilierten Gewände der Arkaden sind kämpferlos. Die Gliederung der hohen Wände erfolgt auch durch die zu Blenden umgestalteten Flächen unter den Obergadenfenstern, deren Pfosten nach unten verlängert wurden.

Im Querhaus und Langschiff setzt sich diese Gestaltung fort, die Errichtung der Mauern und Pfeiler war 1374 abgeschlossen. Während sich die Profile der Arkadenbögen gleichen, sind die Dienstbündel für die Gewölbe scharfkantiger ausgebildet. Die Einwölbung des Langhauses erfolgte mit Kreuzrippengewölben, im Querhausmittelschiff sind spätgotische Formen angewendet worden – in der Vierung ein reiches Stern-, in den angrenzenden Jochen Netzgewölbe. Um die Mitte des 15. Jahrhunderts kamen die Arbeiten am Langhaus zum Abschluß.

Erst relativ spät ist im 14. Jahrhundert an den Dom auf der Nordseite ein Kreuzgang angefügt worden, dessen zweigeschossige Flügel sich heute allerdings in sehr verändertem Zustand präsentieren. Am ursprünglichsten ist der in der zweiten Hälfte des 15. Jahrhunderts errichtete, angeblich 1484 aufgestockte Nordflügel erhalten, dessen elf kreuzrippengewölbte Erdgeschoßjoche heute als Durchgang dienen, während im Obergeschoß ebenso wie in den sechs gewölbten Erdgeschoßjochen des Westflügels heute Räumlichkeiten der Bibliothek liegen. Am stärksten wurde der Ostflügel umgebaut, in dem sich ehemals wohl der Kapitelsaal und im Obergeschoß das Dormitorium (Schlafsaal) befanden; die heutige Thomaskapelle ist um 1890 in frühgotischen Formen mit reichen Detailformen rekonstruiert worden, gleiches gilt für den Außenbau mit seinen glasierten Ornamenten, dem Giebel, den Dachgaupen und dem hofseitigen Treppenturm, deren Gestaltung der Architekt aus Vergleichen abgeleitet hat, ohne daß sie für Schwerin dokumentarisch belegbar waren.

Wand- und Gewölbemalerei

1981–1988 wurde im Dom die nach Vollendung des Baues um die Mitte des 15. Jahrhunderts vorhandene Architekturfarbigkeit anhand von Befundanalysen rekonstruiert. Sie basiert auf einer Weißfassung mit farbig abgesetzten Architekturgliedern, wodurch das Gerüst der Innenarchitektur zusätzlich zu seiner Plastizität auch optisch aufgewertet wird. Die Entscheidung für die Wiederholung dieser Ausmalung fiel, obwohl sich die Denkmalpfleger im klaren waren, daß sie den Zustand des 15. Jahrhunderts allenfalls andeutungsweise wiedergibt. Es fehlen die für die Gesamtstimmung des Raumes sehr wichtigen Faktoren wie Farbfenster, die große Zahl der Altäre und die anderen farbig gefaßten Ausstattungsstücke, Textilien usw. und nicht zuletzt die Partien der figürlichen Ausmalung, über deren Existenz zumindest in Einzelfällen schriftliche Nachrichten und die Berichte von der Restaurierung 1867/68 Kunde geben.

Obwohl auch schon in mittelalterlicher Zeit Verluste an Wand- und Gewölbemalerei auftraten, sind sie überwiegend der nachreformatorischen Ära zuzuschreiben. Während man im 17. Jahrhundert den Dom mehrfach austünchte und dabei die noch vorhandenen Malereien zudeckte, gingen andere im 19. Jahrhundert verloren. Als man nach dem plötzlichen Tod des Großherzogs Paul Friedrich 1842 an die Umgestaltung der ehemaligen Heilig-Blut-Kapelle zur großherzoglichen Grablege ging, wurden dabei die dort vorhandenen Darstellungen von Grafen und Herzögen entfernt, die wohl denen im Chorumgang der Klosterkirche in Doberan entsprochen haben dürften. Bei der Restaurierung unter Theodor Krüger 1867/68 wurden die Mittelschiffgewölbe des Langhauses neu geputzt, dabei gingen die Reste der mittelalterlichen Ausmalung verloren.

Der größte zusammenhängende Rest mittelalterlicher Malerei befindet sich in der im nördlichen Querhausarm gelegenen Mariae-Himmelfahrts-Kapelle, die vor 1327 baulich fertiggestellt wurde. Bereits 1866/69 wurden hier an der Nordwand und im Gewölbe Teile der gotischen Ausmalung gefunden. Während man die Malerei im Gewölbe restaurierte, wurden die Spuren an der Nordwand wieder überstrichen. Erst 1960 ergab sich die Möglichkeit zur erneuten Restaurierung aller erhaltenen Malereifragmente. Dabei stellte sich heraus, daß die Flächen des Kreuzrippengewölbes mindest zweimal bemalt wurden, denn im Scheitel des Gewölbes fanden sich im Untergrund realistisch gemalte Rankenmotive, die in das zweite Viertel des 14. Jahrhunderts zu datieren sind. Sie wurden wenig später von einer umfangreichen figürlichen Malerei überdeckt, die aus Medaillons besteht, die in großformatige Weinranken eingegliedert wurden, wobei ein großes Medaillon jeweils im Scheitelzwickel einer Gewölbekappe liegt und sich nach unten entlang der Rippen drei weitere, kleiner werdende Medaillons anschließen. Während die vier großen zentralen Medaillons die Evangelistensymbole enthalten, sind die kleineren mit Königen und Propheten, unten mit szenischen Darstellungen gefüllt. Die wohl um 1340 entstandene Ausmalung illustriert ein Programm, das die Vorboten der Erlöserpläne Gottes in Gestalt der mit den Propheten, Königen und Evangelisten verbundenen heilsgeschichtlichen Wahrheiten darstellt. Stilistisch sind diese Malereien ohne das Vorbild der zeitgenössischen lübischen Malerei nicht denkbar.

Von anderer Hand, wenn auch zeitlich kaum von der Gewölbemalerei verschieden, sind die Darstellungen an der Nordwand. Hier kamen von den drei Reihen mit jeweils ursprünglich neun Medaillons ebenfalls beträchtliche Teile zum Vorschein, in der unteren Reihe Darstellungen aus der Genesis von der Erschaffung des Menschen bis zu Kains Brudermord, darüber sieben Rundbilder mit Darstellungen aus dem Marienleben und der Kindheitsgeschichte Jesu, in der sehr fragmentarisch erhaltenen oberen Reihe waren nur noch die Taufe Christi und die Darstellung des zwölfjährigen Jesus im Tempel zu erkennen. Leider sind die Reihen nicht vollständig erhalten, u. a. gerieten mehrere Bilder bei der wohl noch in mittelalterlicher Zeit erfolgten Vergrößerung des Rundfensters in Verlust. Die in Freskotechnik mit roten Strichen aufgetragenen Zeichnungen bestehen im wesentlichen aus Umrißlinien und legen die Vermutung nahe, daß es sich um Vorzeichnungen für die inzwischen verblichenen, in Seccotechnik aufgetragenen Malereien handelt. Bei Wiederherstellungsarbeiten im unteren Raum des südöstlichen Choranbaues wurden 1875 auch hier mittelalterliche Malereien freigelegt, bei der Restaurierung wurden sie kaum beachtet. Sie gehören der zweiten Hälfte des 14. Jahrhunderts an und stellen in der Wandnische über der Tür die thronende Madonna dar, die von einem Bischof bzw. einer weiblichen Person verehrt wird; im Gurtbogen der Nische kamen die sechs Halbfigurenbilder der Propheten zum Vorschein, und an den anderen Wänden erhielten sich drei weitere große Gestalten, die als Paulus, Katharina und Evangelist Johannes zu deuten sind.

Bei den jüngsten Ausmalungsarbeiten kamen an der Südwand des Querhauses über dem Marktportal die Reste eines großen, bis ins 18. Jahrhundert sichtbar belassenen Christophorus-Bildes heraus, während die von den älteren Chronisten beschriebenen Bilder an den Langhauswänden nicht aufgefunden wurden.

Umstritten bleibt die Darstellung der sogenannten Johannesschüssel an der schmalen Wandfläche oberhalb des Triumphbogens. Das von Engeln begleitete Haupt Johannes des Täufers ist wohl eine Arbeit des 19. Jahrhunderts, die sich möglicherweise auf ein älteres Vorbild stützt.

Die Ausstattung

Nach den Überlieferungen besaß der Dom im Mittelalter eine überaus reiche und sicher auch künstlerisch bedeutsame Ausstattung. Davon hat die Zeiten nur wenig überdauert. Leider wurden bereits mit der Einführung der Reformation zahlreiche für überflüssig empfundene Ausstattungsstücke entfernt, anderes verfiel in den folgenden Jahrhunderten oder wurde bei den Restaurierungen im 19. Jahrhundert beseitigt. Sowohl Johann Georg Barca 1815 als auch Theodor Krüger 1866/69 restaurierten den Dom in der Absicht, ihm seine unverkürzte mittelalterliche Gestalt zurückzugeben, dabei mußten nachmittelalterliche Kunstwerke zugunsten der allein von der gotischen Innenarchitektur und ihrer Raumfarbigkeit geprägten Idealgestalt weichen, bzw. sie wurden durch entsprechende neugotische Stücke ersetzt. Obwohl die Barcasche Restaurierung der mehrjährigen, zweckentfremdeten Nutzung des Domes als Lazarett und Pferdestall während der Befreiungskriege folgte und die dabei angerichteten Schäden beheben sollte, diente sie zugleich der Beseitigung der Reste der mittelalterlichen Ausstattung; so sind damals die gotischen Chorgestühle aus dem Gotteshaus entfernt worden. 1844 im Zusammenhang mit der Einrichtung der landesherrlichen Grablege im Hohen Chor und während der Jahre 1866/69 sind die letzten derartigen Aderlässe erfolgt, einige Werke wurden nun zumindest in die Sammlungen des Museums übernommen und so vor der Vernichtung bewahrt.

Die Prinzipalstücke der Ausstattung stammen fast alle aus dem 19. Jahrhundert. Das zeitlich früheste ist der Altar im Hohen Chor, der 1844 aufgestellt wurde. Das in einen neugotischen Rahmen eingefügte Kreuzigungsbild stammt von dem Hofmaler Gaston Lenthe, der der nazarenisch geprägten Malschule angehörte und das dramatische Geschehen auf dem Golgatha-Hügel in einer seltsam verklärten, uns unwirklich erscheinenden Form darstellte.

Die Kanzel, deren Schalldeckel man vor einigen Jahren seines hohen bekrönenden Maßwerkbaldachins beraubte, der ehemalige Fürstenstuhl und das Gemeindegestühl sind Arbeiten, die im Zusammenhang mit der Krügerschen Domrestaurierung in das Gotteshaus kamen. Es sind solide handwerkliche Schöpfungen, die allerdings die Lebendigkeit vergleichbarer mittelalterlicher Werke nicht erreichen, weil sich die Tischler und Schnitzer zu genau an das vom Architekten Vorgegebene hielten. Zu diesen Arbeiten gehört auch die 1871 aufgestellte Orgel mit ihrem reichen neugotischen Prospekt, hinter dem sich ein Werk des Weißenfelser Orgelbauers Friedrich Ladegast verbirgt. Das große Instrument mit vier Manualen, 84 Registern und 6000 Pfeifen gilt heute neben Ladegasts Orgel im Dom zu Merseburg als das bedeutendste Werk dieses Meisters. 1988 wurden die Arbeiten abgeschlossen, die seit mehreren Jahren der vollständigen Wiederherstellung des Werkes dienten, das zwar im Verlaufe der Zeit Schäden erlitt und Verschleißerscheinungen aufwies, aber in seiner Substanz unverändert erhalten blieb. Das ist u. a. auch einem kurzen Gutachten Albert Schweitzers zu danken, der sich auf Anfrage für die Erhaltung des Originalinstrumentes aussprach und von Veränderungen abriet.

Unter den erhaltenen Kunstwerken aus mittelalterlicher Zeit ist nur ein Altar. Es ist der 1495 von dem Bischof Conrad Loste gestiftete Lettner-Altar, der im 19. Jahrhundert ins Museum gegeben wurde, den die mecklenburgische Landesregierung 1948 anläßlich des Domjubiläums an seinen ursprünglichen Aufstellungsort zurückgab. Bei dieser Gelegenheit wurden seine plastischen Teile neu gefaßt. Das Retabel ist ein Triptychon. Seine Besonderheit ist die Tatsache, daß in den Aufsatz von 1495 eine etwa ein halbes Jahrhundert ältere Steintafel eingefügt wurde. Dieses querrechteckige Relief mit einer figurenreichen Kreuzigung gehört zu einer Gruppe ähnlicher Werke, die wohl aus lübischer Produktion stammen. Deutlich sind noch die Einflüsse des Weichen Stils zu erkennen; seitlich der Mitteltafel stehen die großen Figuren der Patrone des Domes, in den Flügeln finden sich die der Apostel und von Heiligen. Die Tafelbilder der Rückseiten sind nicht erhalten.

Zwei weitere Schnitzwerke aus dem Dom, eine Sitzmadonna von um 1430 und eine etwa gleichaltrige Standmadonna, kamen 1866 ins Museum, nachdem man die Plastiken auf den Gewölben des Domes gefunden hatte. Beide Werke gehören in den Bereich der lübisch beeinflußten Plastik des Ostseeraumes, wobei auch eine Entstehung in einer Wismarer Werkstatt denkbar ist.

Aus der Zeit um 1400 stammt die bronzene Taufe des Domes, eines der wenigen erhaltenen Werke dieser Art in Mecklenburg. Der achtseitige Kessel ruht auf einem polygonalen Standring und wird von acht gepanzerten Ritterfiguren gestützt. Jede Seite der Kesselwandung ist mit einem Doppelbaldachin gefüllt, unter dem zwei Heiligenfiguren stehen, in einem Fall ist eine Szene (Taufe Christi im Jordan) dargestellt. Am oberen Rand befindet sich eine durch Pfeilerchen und Baldachine in sechzehn Abschnitte zerlegte Minuskelinschrift mit lateinischen Textstellen aus Hesekiel 47,1 und 9. Leider ging der zugehörige Deckel des Taufbeckens verloren.

Die beiden vorhandenen Glocken des Domes sind ebenfalls mittelalterlichen Ursprungs. Die ältere aus dem Jahre 1363 besitzt noch eine Majuskelinschrift und gehört zu den ältesten erhaltenen Glocken im Schweriner Bereich, die jüngere entstand 1470 und ist mit den Reliefs der Bistumspatrone Maria und Johannes sowie einer Minuskelinschrift verziert. Alle anderen Glocken der Kirche sind im ersten und zweiten Weltkrieg beschlagnahmt worden und nicht wieder zurückgekehrt.

Die wohl wertvollsten Kunstwerke des Domes sind drei bronzene Platten, die im 14. bzw. 16. Jahrhundert als Grabplatten bzw. Epitaph im Dom Aufstellung fanden.

Die beiden Doppelgrabplatten, jetzt an der Nordwand des Querhauses aufgestellt, sind vier Bischöfen aus der Familie von Bülow gewidmet, und zwar Gottfried (†1314) und Friedrich (†1375) bzw. Ludolf (†1339) und Heinrich (†1347). Sie sind aus Flandern importiert worden und weisen in Stil und Größe Unterschiede auf, sind technisch aber beide gleich; mehrere gravierte Platten sind zu der einheitlichen Darstellung zusammengefügt, ob eine mitunter vermutete Ausfüllung der vertieften Konturen mit einer dunklen Masse zur Erhöhung des Kontrastes ursprünglich vorhanden war, läßt sich heute kaum noch nachweisen. Auf beiden Platten sind die Geistlichen im vollen Ornat wiedergegeben, eingebettet in eine reiche architektonische Rahmung mit weiterem figürlichem Schmuck und Inschriften. Auf der kleineren, reichlich 3 m hohen Platte haben die Bischöfe die Rechte zum Segen erhoben, ihre Linke umfaßt den Krummstab. In die reichen Maßwerkbaldachine über Ludolf und Heinrich sind zahlreiche Heiligenfigürchen eingefügt, während über den Spitzbogenarkaden die Bülowschen Wappen mit Helmzieren erscheinen, in einer kleinen Nische wird Gottvater zwischen Weihrauchfässer schwingenden Engeln sichtbar, der die in der Kindergestalt wiedergegebenen Seelen der Verstorbenen empfängt. Die Majuskelumschrift, die an den Ecken durch in Vierpässe eingefügte Symbole der Evangelisten unterbrochen ist, nennt die Namen und Todesdaten der Beigesetzten und enthält die Aufforderung zu einem Gebet für ihr Seelenheil. Während auf dieser Platte die Verstorbenen noch als stehende und lebende Personen mit offenen Augen und erhobener Hand dargestellt sind, ist der Realismus auf der größeren Platte weiter vorangetrieben. Hier sind Gottfried und Friedrich bereits als Tote wiedergegeben, ihre Körper liegen, die Häupter sind auf Kissen gebettet und die Hände gefaltet. Auch bei dieser 4 m hohen Platte ist die Randzone mit reichem Architekturwerk gefüllt, in das Könige und Propheten mit heute zum Teil unbekannten Musikinstrumenten eingefügt sind. Besonderes Interesse aber können jene Darstellungen beanspruchen, die zu Füßen der Bischöfe erscheinen: ein bacchanalisches Gastmahl und ein Frauenraub, gedacht wohl als Symbole der durch ein christliches Leben und Sterben überwundenen Laster.

Die bereits im Reformationszeitalter geschaffene Gedenkplatte für die aus der Pfalz nach Mecklenburg gekommene Herzogin Helena, die 1524 als zweite Gemahlin Heinrichs V. starb, ist bereits ein Kunstwerk der Renaissancezeit, entstanden in der Vischerschen Gießhütte in dem allem künstlerischen Fortschritt besonders aufgeschlossenen Nürnberg. Im Hauptfeld der Tafel ist unter einer rundbogigen, mit Girlanden geschmückten Arkade das Wappen der Verstorbenen zu sehen, flankiert von Wappenhaltern und bekrönt von der Helmzier. Über dem Mittelstück befindet sich oben eine deutsche, unten eine gereimte lateinische Inschrift. An den Seiten ist mit insgesamt acht Wappen der väterlichen und mütterlichen Vorfahren die Ahnenprobe wiedergegeben.

Mit den metallenen Grabdenkmalen können die Grabsteine aus mittelalterlicher Zeit in künstlerischer Hinsicht nicht mithalten. Der älteste aus dem 15. Jahrhundert wurde dem 1261 verstorbenen Bischof Rudolph I. erst nachträglich gesetzt und ist mit einer Ritzzeichnung des Geistlichen in vollem Ornat geschmückt. Ein ähnliches Motiv, nur in spätgotischer Ausführung, zeigt der Stein für den Bischof Conrad Loste (†1503); leider sind von diesem Steine nur Bruchstücke vorhanden.

In der Zeit nach der Reformation blieb der Dom weiterhin Begräbnisstätte bevorzugter Persönlichkeiten, die entweder Angehörige des herzoglichen Hauses waren oder als begüterte adlige und bürgerliche Personen den Kaufpreis für eine Gruft in der Kirche aufbringen konnten.

Im 16. Jahrhundert wurden in der Krypta der südöstlichen Chorumgangskapelle vier männliche Mitglieder der landesherrlichen Familie beigesetzt, denen der Herzog Johann Albrecht um 1560 im Hohen Chor vier im Aufbau und Stil ähnliche holzgeschnitzte Epitaphien widmete. Es sind die Herzöge Albrecht VII. (†1547), der Herzog und bischöfliche Administrator Magnus (†1550), der im Schmalkaldischen Krieg vor Frankfurt am Main gefallene Herzog Georg (†1552) und Herzog Heinrich der Friedfertige (†1552). Die Epitaphien enthalten im zentralen Teil eine Schrifttafel mit lateinischen Versen, als Bekrönung das mecklenburgische Wappen und als seitliche Rahmung Figuren bzw. Ornamente. Den unteren Abschluß bilden Symbole: Adler, Bär, Engel und Harnisch. Zwei weitere Epitaphien dieser Art sind 1898 durch den Herzogs-Regenten Johann Albrecht für den Herzog Johann Albrecht I. (†1576) und den 1897 in der Elbmündung mit einem U-Boot versunkenen Herzog Friedrich Wilhelm gesetzt worden. Die überwiegend schlichten kastenförmigen Sarkophage aus der Renaissancezeit harren noch einer genaueren kunstgeschichtlichen Untersuchung.

Das bedeutendste nachreformatorische Grabmal des Domes ist zweifellos das Freigrabdenkmal für Herzog Christoph (†1592) und seine 1597 in Uppsala verstorbene und dort beigesetzte Gattin Elisabeth von Schwe-

den. Sie gab das Grabmal, das 1595 vollendet wurde, bei dem Antwerpener Bildhauer Robert Coppens in Auftrag. Der Aufbau erhebt sich auf einem mehrstufigen Sockel aus dunklem Gestein als viereckiger kastenförmiger Aufsatz mit Marmortafeln an den Seitenwänden, abgeschlossen von einer überstehenden Deckplatte, die von vier Karyatiden getragen wird und auf der vor einem Betpult das herzogliche Ehepaar kniet. Die Ecken der Deckplatte sind mit Putten besetzt, die Todessymbole halten, am Rand sind zahlreiche Ahnenwappen befestigt. Der besondere Schmuck des Grabmals sind die Marmorreliefs am Mittelteil. Sie zeigen Christus als Überwinder des Todes und Jona, wie er aus dem Rachen des Walfischs ausgespien wird, beides Symbole für die Auferstehung von den Toten, ferner an den Schmalseiten den Sündenfall und die Grablegung Christi. An der Rückwand befinden sich die Wappen des Paares und eine Inschrifttafel. Am Betpult sind die allegorischen Figuren von Spes und Fides erkennbar. Robert Coppens als Schöpfer des bildhauerischen Schmucks hat sich mit vollem Namen am Relief der Grablegung und mit seinen Initialen am Jonabild verewigt. Die realistischen lebensgroßen Gestalten der Verstorbenen stehen den etwa gleichzeitigen Figuren von Philipp Brandin und Claus Midow an den Güstrower Epitaphien nahe, der Einfluß anderer zeitgenössischer Künstler, etwa des durch seine Kupferstiche weithin bekannten Cornelius Floris, scheint dagegen in den Reliefs spürbar. Wie sehr solche Vorbilder das Werk der Bildhauer bestimmten, belegt die Tatsache, daß das Relief mit dem triumphierenden Christus in weitgehender formaler Übereinstimmung gleich zweimal im Altaraufsatz der Dorfkirche von Wehningen bei Dömitz enthalten ist, wobei deren Schöpfer bislang unbekannt ist.

Aus dem 17. Jahrhundert besitzt der Dom lediglich mit dem Epitaph für Ingeborg von Parkentin (†1615) im nördlichen Chorseitenschiff ein überdurchschnittliches Beispiel unter den Grabdenkmälern. Das architektonisch aufgebaute Bildwerk enthält im Mittelteil ein Relief mit der Familie der Verstorbenen unter dem Kreuz, im Oberteil eine Darstellung des Todes mit dem Stundenglas und einer bekrönenden Caritasfigur, seitlich Ohren mit ornamentalem und figürlichem Dekor, als Unterhang eine Inschrifttafel und über den gesamten Aufbau verteilt die sechzehn Wappen der Ahnenprobe.

Die in die Wände des Langhauses und Querschiffes eingelassenen Grabplatten aus dem 16. bis 18. Jahrhundert folgen dem allgemein üblichen Schema und sind weder von besonderem künstlerischem noch historischem Interesse. Über der Gruft seiner Vorfahren ließ der Herzog Friedrich Franz I. zu Anfang des 19. Jahrhunderts eine weiße Marmorvase mit aufgelegter Krone errichten.

In den östlichen Chorumgangskapellen befindet sich die Grablege des großherzoglichen Hauses, beginnend mit dem 1842 verstorbenen Paul Friedrich. Für ihn wurde bis 1847 die ehemalige Heilig-Blut-Kapelle durch den Architekten Georg Adolph Demmler zur Grabkapelle umgestaltet, indem die Wände mit geschliffenen Steinplatten verkleidet, das Bodenniveau abgesenkt, ein Abschlußgitter eingebaut und die Fenster neu verglast wurden. Die nördlich und südlich angrenzenden Kapellen sind im Verlaufe des 19. Jahrhunderts in Anlehnung an dieses Vorbild ebenfalls als Grabkapellen ausgebaut worden.

An bildhauerischen Arbeiten im Dom sind noch zwei kleinere Beispiele zu erwähnen. Von der 1570 durch mehrere Domherren gestifteten Kanzel, die ein Werk des Johann Baptista Parr gewesen sein soll, erhielt sich an einem der nördlichen Langhauspfeiler eine steinerne Tafel mit dem Kapitelwappen und den neun Wappen der Stifter sowie figürlichem und ornamentalem Dekor in Renaissanceformen. Eine wohl zeitlich diesem Fragment der Kanzel nahekommende Kartusche mit Beschlagwerkornamentik enthält eine lateinische Textstelle aus dem Psalm 126: »Die mit Tränen säen, werden mit Freuden ernten.«

Ein besonders interessanter Teil der Domausstattung sind die Glasfenster. Sie entstammen insgesamt vier verschiedenen zeitlichen Perioden vom 14. bis zum späten 19. Jahrhundert.

Als 1970 die Außenrestaurierung der Kirche im Gange war, wurden aus den Obergadenfenstern des Chores bislang wenig beachtete Reste mittelalterlicher Glasmalerei geborgen. Von den vier Scheiben enthielten drei figürliche, eine ausschließlich ornamentale Motive. Die schönste Scheibe ist der Oberteil einer jugendlichen männlichen Figur mit leicht geneigtem Kopf, hellem gelocktem Haar und bekleidet mit einem grünen Gewand; in der linken, durch ein Tuch verhüllten Hand hält der Mann ein Blatt Papier, das er im Begriff ist zu beschreiben. Es liegt nahe, in dieser Person den Patron des Domes zu sehen, Johannes den Evangelisten. Eine zweite Scheibe enthält ein in reiches Akanthusblattwerk eingebettetes Medaillon mit einem bärtigen Männerkopf und der für die Juden im Mittelalter typischen Kopfbedeckung, vielleicht ist es einer der Propheten. Die dritte Scheibe schließlich vereint drei Engelköpfe und ist wahrscheinlich ein Symbol der Trinität.

Die nächstjüngere Gruppe von Glasmalereien entstammt dem frühen 17. Jahrhundert, es sind zumeist Wappen und Inschriften, die im Zusammenhang mit den Bestattungen im Dom entstanden und den in ihrer Nähe befindlichen Epitaphien zuzuordnen sind. Obwohl sie stilistisch nichts mehr mit den mittelalterlichen Glasgemälden gemeinsam haben, verspürt man in den kräftigen und leuchtenden Farben gleichsam noch einen Hauch der vorangegangenen Blütezeit dieser Kunst.

Dem 19. Jahrhundert verdankt der Dom Glasfenster im Chor und in der Westwand des südlichen Seitenschiffes. Im Zusammenhang mit der Ausstattung der mittleren Chorumgangskapelle als Grablege für Großherzog Paul Friedrich entwarf Peter v. Cornelius 1843/44 die Kartons für das große Mittel- und die schmalen Seitenfenster. In der Schweriner Werkstatt von Gillmeister wurden die Scheiben hergestellt und gegen Ende der vierziger Jahre in die eisernen Rahmen eingesetzt, in der Mitte eine Darstellung von Christus als Auferstehender zwischen Maria und Johannes, in den Seitenfenstern Jesaja und Mose als Vertreter des Alten, Petrus und Paulus als Vertreter des Neuen Bundes. Leider ging die zentrale Darstellung um 1960 größtenteils verloren. Die Seitenfenster mit der kräftigen Farbigkeit stehen noch in der Tradition der klassizistischen Glasmalerei und gehören zu den inzwischen selten und damit kostbar gewordenen Beispielen dieser Zeit. Zeitlich nahe steht diesen Glasgemälden auch das Fenster in der Westwand der südlichen Turmnebenhalle. Es war 1848 nach einem Karton des Hofmalers Gaston Lenthe ebenfalls von Gillmeister für das Fenster über dem Westportal des Domes geschaffen worden, mußte aber beim Neubau des Turmes dort weichen und fand, um die unteren und oberen Scheiben mit Ornamentik bzw. Architekturwerk ergänzt, seinen Platz an der heutigen Stelle. Thema dieses Bildes ist die Christgeburt.

1888/90 wurden auch die Fenster der an die ehemalige Heilig-Blut-Kapelle anstoßenden beiden Chorkapellen farbig verglast. Die für das späte 19. Jahrhundert typischen Scheiben mit der sehr kleinteiligen Binnenzeichnung sind in der renommierten Werkstatt von Oidtmann in Linnich entstanden und wurden bereits um 1975 restauriert. Ihre Thematik

sind die Verklärung und Auferstehung Christi, flankiert von Propheten, Evangelisten und Aposteln.

Zum Dominventar gehören schließlich auch zwei achtzehnarmige Kronleuchter aus den Jahren 1616 bzw. 1641, beide Stiftungen von vermögenden Gemeindegliedern.

Überraschend gering ist der Bestand an vasa sacra. Zwei der Kelche stammen von 1869 und sind historisierende Nachbildungen gotischer Vorbilder, ein dritter in klassizistischen Formen entstand 1801. Dieser war das Geschenk des Herzogs Friedrich Franz und wurde ergänzt durch eine Weinkanne und eine Oblatendose. Während die Kanne unverändert erhalten blieb, ist die Dose später umgearbeitet worden. Weiteres Gerät ohne großen Kunstwert stammt ebenfalls aus der zweiten Hälfte des 19. Jahrhunderts.

Schutzumschlag, Vorderseite, Farbtafeln S. 33, 34, Abb. S. 45–64

Schloßkirche

Obwohl die erste Erwähnung einer Kapelle der Schweriner Burg erst für 1486 belegt ist, darf mit Sicherheit auf das Vorhandensein einer gottesdienstlichen Stätte bereits in wesentlich früherer Zeit geschlossen werden. Am Ende des 15. Jahrhunderts lag die Kapelle im südwestlichen Bereich des Gebäudekomplexes. Herzog Heinrich ließ in den Jahren 1503/07 einen spätgotischen Neubau errichten, dessen Gewölbe jedoch 1514 einstürzten, so daß sich ein erneuter Bau notwendig machte, der 1515/20 unter der Leitung des Maurermeisters Andreas Techel ausgeführt wurde; Techel kam aus der Prignitz und hatte entsprechende Erfahrungen an den Bauten der Havelberger Bischöfe in Wilsnack und auf der Plattenburg gesammelt. Nach dem Regierungsantritt des Herzogs Johann Albrecht 1547 wurden am Schweriner Schloß umfassende Modernisierungsmaßnahmen begonnen, vor allem im Hinblick auf seine 1555 stattfindende Vermählung mit einer brandenburgischen Prinzessin. Johann Albrecht, einer der Initiatoren für die 1549 vom mecklenburgischen Landtag an der Sagsdorfer Brücke bei Sternberg für das Land beschlossene Übernahme des evangelischen Bekenntnisses, sah bei diesen Umgestaltungsmaßnahmen auch den Neubau der Schloßkapelle vor, als deren Platz er das Gelände im Anschluß an das 1555 vollendete Neue Haus bestimmte. 1560 wurde mit dem Bau begonnen, 1563 wurde er abgeschlossen, Restarbeiten zogen sich allerdings bis 1568 hin. Im frühen 17. Jahrhundert wurde der Kapellenflügel aufgestockt und zum »Haus über der Schloßkirche«, das u. a. auch die herzoglichen Wohngemächer enthielt. Als Architekt für die Errichtung und wohl auch für den Bauentwurf fungierte Johann Baptista Parr, einer der Brüder des zur gleichen Zeit den Neubau des Güstrower Schlosses leitenden Franziskus Parr. Mitarbeiter von Parr in Schwerin war der Maurermeister Christoph Haubitz, ein Jahrzehnt später leitender Baumeister beim Neubau des Schlosses in Gadebusch. Zumindest für die Herstellung des Terrakottadekors dürfte auch der seit 1552 in Schwerin tätige Lübecker Meister Statius von Düren in das Baugeschehen mit einbezogen worden sein.

Als Vorbild für den Kapellenbau dienten die erst wenige Jahre zuvor vollendeten protestantischen Schloßkapellen in Sachsen. Vor allem die 1543/44 errichtete in Torgau, von Luther selbst eingeweiht, galt als beispielhaft und ist der erste evangelische Kirchenbau überhaupt, und daneben auch die um 1550 wahrscheinlich von Melchior Trost geschaffene Schloßkapelle in Dresden. Beide Räume hat Johann Albrecht bei seinen Besuchen in Sachsen sicher kennengelernt. Der Dresdner Kapellenbau,

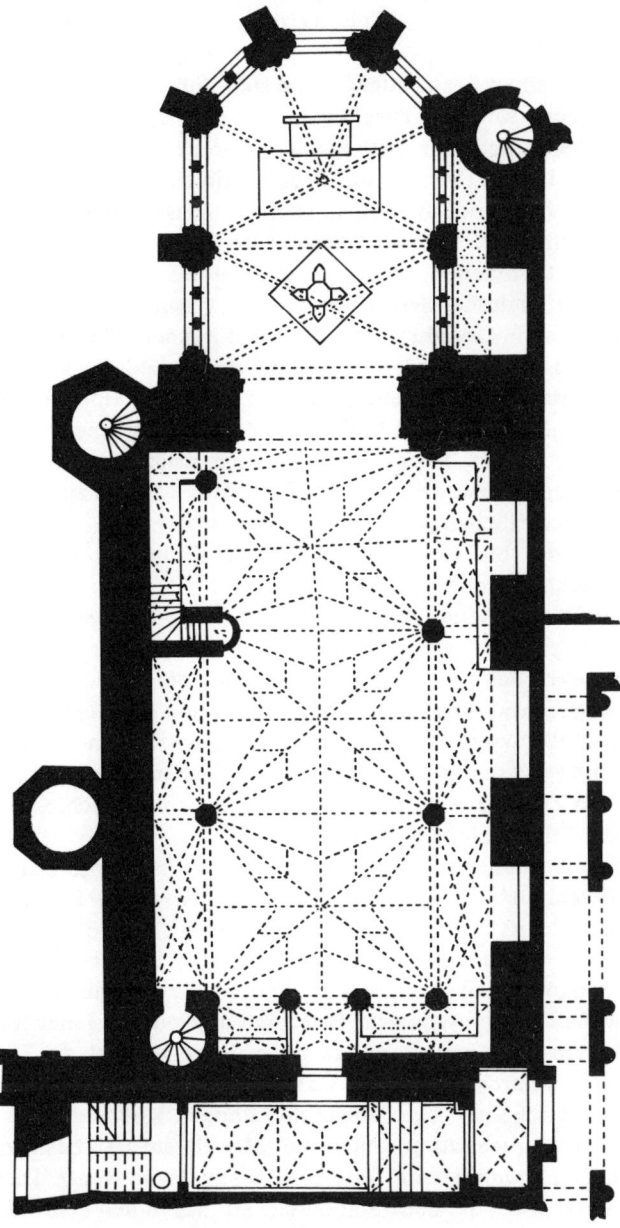

tion und das von Pilastern gerahmte Feld im Aufsatz mit einem Relief der Kreuztragung, das bekrönt wird von einer Lünette mit Engelputten, die die arma Christi tragen; von den drei Figuren, die diese Lünette umgeben und die eine Kreuzigungsgruppe verkörpern, ist leider die Johannesfigur seit langem verschollen. Leider blieb auch in Schwerin die originale hölzerne Tür nicht erhalten. Ursprünglich stand das Portal weiter östlich und ermöglichte den direkten Zugang zum Kapellenraum. Die Versetzung erfolgte beim Schloßumbau Mitte 19. Jahrhundert, seitdem steht es unter den vor den Hoffassaden errichteten Arkaden.

Die Prinzipalstücke der Ausstattung, Altaraufbau und Kanzel, sind Werke der Torgauer Bildhauer Georg und Simon Schröter. Der 1855 ins Museum gegebene Altaraufsatz ist ein aus der mittelalterlichen Tradition erwachsenes, aber nicht mehr bewegliches und zudem steinernes Retabel in Renaissanceformen. Den Stipes füllen Reliefs der vier Evangelisten, Matthäus und Johannes an den Seiten, Markus und Lukas an der Vorderfront, die Felder mit den in räumlichem Zusammenhang wiedergegebenen Personen sind durch kannelierte ionische Pilaster getrennt.

Der Hauptteil hat die Gestalt eines Triptychons und steht auf einem predellenartigen Sockel mit drei lateinischen Schriftzitaten aus dem Evangelium des Johannes. Die Mitte des Hauptfeldes füllt ein Relief mit der Kreuzigung Christi, seitlich gerahmt von gekuppelten korinthischen Säulen mit kräftigem Architrav, zwischen den Säulen stehen in Rundbogennischen allegorische Figuren von Glaube und Gerechtigkeit. Die seitlichen Tafeln füllen Reliefs mit der Erhöhung der ehernen Schlange bzw. der Auferstehung Christi. Über dem kräftig profilierten Hauptgesims steht als Aufsatz ein von kannelierten Pilastern gerahmtes Feld mit der Halbfigur Gottvaters. Unter den seitlichen Voluten finden sich die Initialen des Bildhauers und die Jahreszahl 1562. Dieses Entstehungsjahr macht den Altaraufbau zum vermutlich frühesten evangelischen Altar in Mecklenburg.

Gleiches gilt für die Kanzel, denn die 1555 entstandene Kanzel der Grabower Stadtkirche ist erst im frühen 18. Jahrhundert als Geschenk an die brandgeschädigte Kirche aus Hamburg gekommen und sicher kein Werk aus einer mecklenburgischen Werkstatt.

Die Rundkanzel der Schloßkirche ist eine Arbeit von Simon Schröter, ihren Platz erhielt sie am zweiten Nordpfeiler von Osten. Die durch ornamentierte Pilaster getrennte Brüstung des Korbes ist mit drei Reliefs geschmückt, deren Szenen in perspektivisch wiedergegebene Räume verlegt wurden; es sind die Darstellungen: Christus und die Ehebrecherin, die Predigt des zwölfjährigen Jesus im Tempel und die Austreibung der Wechsler aus dem Tempel. Alle diese Motive waren bevorzugte Themen der noch jungen protestantischen Ikonographie und wurden in den Auseinandersetzungen mit der katholischen Kirche in der nachreformatorischen Zeit häufig verwendet. Optisch ruht der Korb auf einer Konsole mit drei Engelputten.

Ebenfalls zur ursprünglichen Ausstattung gehört die hölzerne epitaphähnliche Tafel mit einem Relief der Geburt Christi im Mittelteil, den Wappen des Herzogs und seiner Gemahlin und der Jahreszahl 1563. Zeitlich ähnlich anzusetzen ist die an der Wand hinter der Kanzel befestigte Marmortafel mit der Darstellung des Gleichnisses vom barmherzigen Samariter. Diese Tafel enthält in einer ununterbrochenen Abfolge die drei Episoden dieser Geschichte, und zwar eine Schilderung des Überfalls, die beiden am Opfer vorübergehenden Personen und in der Bildmitte den sich um den Gefallenen bemühenden Samariter. Eine ähnliche Tafel mit der Geschichte von Lots Töchtern kam im 19. Jahrhundert ins Museum.

10 × 21 m groß, ist ähnlich wie Schwerin ein von spätgotischen Elementen noch nicht völlig freier Renaissanceraum, auch andere Übereinstimmungen wie die Längsemporen mit den Arkadenöffnungen zum Erdgeschoß und die massiven Mauern zwischen den einzelnen Jochen oberhalb der Emporendurchgänge sind festzustellen. Auch die Portale der Dresdner und der Schweriner Kapelle sind sich ähnlich. Johann Albrecht bestellte die Sandsteinarbeiten in Sachsen an Ort und Stelle und konnte für das Portal den Bildhauer Hans Walther verpflichten, der das Werk 1562 fertigstellte. Wie in Dresden ist es ein Eingang mit rundbogiger Öffnung und zartem vegetabilischem Ornamentdekor, in Schwerin von einfachen, in Dresden von gekuppelten kannelierten Säulen auf figürlichen Postamenten flankiert; sie tragen in beiden Fällen ein Gesims mit stilisiertem vegetabilischem Schmuck, in Schwerin ist dieser Sims über den Säulen verkröpft. Im Verhältnis zu Dresden ist in Schwerin die plastische Ausstattung reduziert, sie beschränkt sich auf die ornamentale Dekora-

Auch die »alabasternen Historien« sind in der zweiten Hälfte des 16. Jahrhunderts entstanden, sie gehörten ursprünglich zur Ausstattung der Wohnräume Johann Albrechts und sind erst im 19. Jahrhundert in die Fensterleibungen in der Nordwand der Kapelle eingefügt worden. Sie stellen den Sündenfall, die Aufrichtung der ehernen Schlange, die Geburt Christi, die Kreuzigung, die Auferstehung und das Jüngste Gericht dar. Man hat diese figurenreichen und künstlerisch bedeutenden Arbeiten bisher in den Werkstattumkreis des Cornelis Floris gesetzt, zwei Arbeiten – Sündenfall und Himmelfahrt – konnten in jüngster Zeit dem Niederländer Willem van den Broecke zugeschrieben werden.

Bis zur Mitte des 19. Jahrhunderts blieb der Kapellenraum im wesentlichen unangetastet, sieht man von den Erneuerungen der Ausmalung, dem Einbau einer zweiten Empore unter den Arkadenbögen, der Einordnung einer Barockorgel über dem Altar an der Ostwand und einem wohl ebenfalls im 18. Jahrhundert beschafften neuen Gestühl ab. Erst der Umbau des Schlosses ab 1845 brachte auch für die Kapelle wesentliche Veränderungen. Großherzog Friedrich Franz II. beauftragte den Kölner Dombaumeister Ernst Friedrich Zwirner mit dem Entwurf für einen Choranbau, mit dem der Raum nach Osten verlängert und ausgerichtet werden sollte. Zwirner schuf einen Chor, der im Vergleich zu der schlichten Spätrenaissancearchitektur des alten Kapellenflügels wie ein kostbares Gehäuse wirkt; seine gotisierenden Formen und die reiche Durchfensterung kontrastieren überdies unübersehbar mit der stilistisch und auch farblich verschiedenen Architektur der benachbarten Gebäudeteile. Ähnliche Wirkungen erzielte man im Inneren. Hier wurde im Chor eine großherzogliche Empore eingeordnet, ein neu angelegter Triumphbogen wurde durch gotisches Maßwerk und vier Figuren der Evangelisten von Gustav Willgohs geschmückt. Durch die Neuausmalung des älteren Kapellenteiles sind allerdings die Spannungen zwischen Ursprungsraum und Neubau gemildert worden. Am 14. Oktober 1855 wurde die erneuerte Kapelle wieder in Nutzung genommen. Da der Renaissancealtar im neuen Chor nicht aufgestellt werden konnte, schuf man für diesen Platz einen neugotischen Aufbau und gab das ältere Werk ins Museum. Die übrigen Ausstattungsstücke verblieben im Raum, wurden aber zum Teil an anderer Stelle angebracht. Neu ausgeführt wurden die Emporen, ebenso wie die Bemalung der Emporenwände und der Zwickel in den Brüstungsfeldern. Karl Pfannschmidt gestaltete die Flächen über den Emporendurchgängen mit Motiven aus der Kirchengeschichte. Von ihm stammt auch das große Wandbild in der Loge unterhalb der Orgel mit der Taufe Pribislaws, des Stammvaters des mecklenburgischen Herzogshauses.

Abgesehen von der Auswechslung der Verglasung der fünf Chorfenster am Ende des 19. Jahrhunderts und mehreren Umbauten an der Orgel hat die Kirche seit der Neueinrichtung 1855 keine wesentlichen Veränderungen mehr erfahren.

Erwähnenswert von ihren vasa sacra ist vor allem eine im frühen 17. Jahrhundert entstandene Oblatendose mit dem Relief der Kreuzigung an der Innenseite des Deckels und Engeln mit den arma Christi auf der Oberseite und der äußeren Wandung.

Von den Glocken der Kirche hat sich nur die kleinste und zugleich älteste erhalten; sie wurde 1464 für den Vorgängerbau gegossen und ist eine Schöpfung des Rickert de Monckehagen. Ihr Mantel ist mit Reliefs der Madonna und der heiligen Barbara verziert. Die nach 1855 angeschafften drei weiteren Glocken, die im linken Turm an der Stadtseite hingen, sind dem Krieg zum Opfer gefallen.

Abb. S. 70–75

Schelfkirche

Eingebettet in einen Kranz alter Linden steht inmitten eines Karrees, das vom Schelfmarkt sowie der Puschkin- und Lindenstraße begrenzt wird, die Nikolaikirche, in Schwerin auch als Schelfkirche bezeichnet.

Schon im Jahre 1186 wird die Schelfe, ein sumpfiges Gelände nördlich der Stadt Schwerin, urkundlich genannt. Dieses ringsum von Wasser umgebene Landstück war im Mittelalter im Besitz des Domes und kam 1648 mit der nominellen Auflösung des Bistums Schwerin zum Domanium, d. h. in landesherrlichen Besitz. 1705 versuchte Herzog Friedrich Wilhelm durch die Gründung der »Neustadt auf der Schelfe« im Bereich des bisherigen unbedeutenden Dorfes und der Ansiedlung von Manufakturen das Wirtschaftsleben seines Staates zu beleben, eine Hoffnung, die sich nicht erfüllte. Vor allem blieben in Mecklenburg jene französischen Refugiés aus, die im benachbarten Preußen nach der Aufhebung des Edikts von Nantes bzw. dem Erlaß des Potsdamer Edikts zu einem nachhaltigen wirtschaftlichen Aufschwung beigetragen haben. 1832 wurde die Vereinigung der bis dahin eigenständigen Kommune mit der Stadt Schwerin rechtlich vollzogen.

Mit der Stadtgründung verbunden war die Ausarbeitung eines speziellen Bebauungsplanes gewesen, für den der Ingenieur-Kapitän Jacob Reutz verantwortlich gezeichnet hatte. Er hatte eine typisch barocke Anlage mit sich rechtwinklig kreuzenden Straßen und einer einheitlichen, in den Hauptstraßen zweigeschossigen Bebauung vorgesehen. Über die Jahrhunderte hinweg sind bis heute wesentliche Elemente dieser Stadt im ursprünglichen Zustand verblieben, so daß sie ein kulturgeschichtlicher Bezirk eigener Prägung innerhalb Schwerins ist.

Der 1708 begonnene Bau der Stadtkirche war nicht das erste Gotteshaus in diesem Gebiet. Schon für das Mittelalter ist eine Kirche nachgewiesen, und bereits für 1534 sind lutherische Predigten überliefert. 1640 zeigt die Merian-Stadtansicht von Schwerin den Bau als einen turmbewehrten Baukörper, an den sich nach anderen Erkenntnissen ein dreijochiger Saalbau mit polygonalem Ostschluß angliederte. Jener furchtbare Orkan, der am 8. Dezember 1703 in Wismar und Rostock die Türme der dortigen Nikolaikirchen zerstörte, vernichtete auch den Turm der Schweriner Nikolaikirche und beschädigte den übrigen Kirchenbau so schwer, daß ein Neubau nicht zu umgehen war. Mit diesem Bau beauftragte der Herzog seinen Architekten für die Schelfstadt, Jacob Reutz. Dieser griff bei dem Entwurf für die neue Stadtkirche auf das in den architekturtheoretischen Schriften der Zeit niedergelegte protestantische Ideengut zurück und plante einen Bau über dem Grundriß des griechischen Kreuzes. Mit einem solchen Bauwerk meinte man am besten dem evangelischen Gottesdienstverständnis entgegenzukommen, in einem derart zentralisierten Raum konnten Predigt und Abendmahl an räumlich eng verbundenen Stellen gehalten bzw. gefeiert werden. Vor den westlichen Kreuzarm stellte L. Ch. Sturm den Turm, der als städtebaulich dominierendes Element auch die gesellschaftliche Bedeutung des Kirchenbaues eindrucksvoll unterstrich.

Als Baumaterial verwendete Reutz Backstein, den er aus gestalterischen Gründen mit Sandstein kombinierte. Seit dem Ausgang des Mittelalters war in Mecklenburg Backstein ohne Verputz nicht mehr angewandt worden, so daß Reutz hier wohl bewußt an alte Traditionen anknüpfte. Für die Fenster- und Portalrahmungen sowie Teile der Gesimse ist Sandstein zur Anwendung gekommen, der vermutlich in bereits bearbeitetem Zustand aus Sachsen importiert wurde.

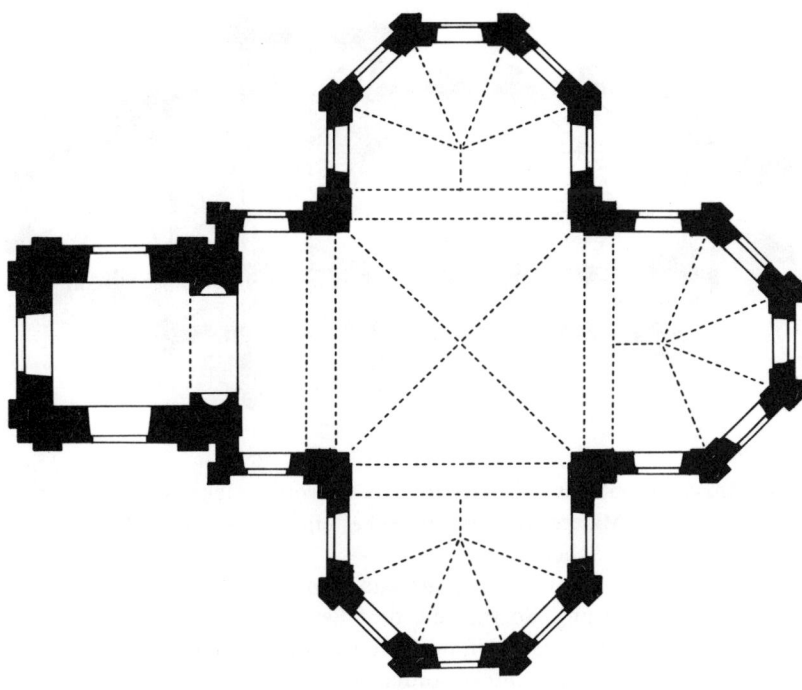

Reutz gliederte den Bau recht aufwendig und verlieh ihm reiche Plastizität. Er stellte die Fassaden auf einen hohen Sockel und betonte die Gebäudekanten durch rustizierte Pilaster. Unter dem Dach befindet sich ein kräftiges Traufgesims mit Konsolen. Der Turm wurde dreigeschossig angelegt, Erd- und erstes Obergeschoß trennte der Architekt durch ein mehrfach profiliertes und verkröpftes Gesims, die beiden Obergeschosse wiederum durch eine von Konsolen getragene Galerie, die den Turmkörper vollständig umläuft. Sparsame Pilasterstellungen beleben die Fassaden, ihren Abschluß bilden flache Dreieckgiebel und die welsche, in einer Spitze endende Haube.

Im Oktober 1710 starb der Architekt. Zu diesem Zeitpunkt war der Rohbau nahezu fertiggestellt. Im folgenden Jahr berief der Herzog als Reutz' Nachfolger den damals bereits allgemein bekannten Architekturtheoretiker Leonhard Christoph Sturm. Dieser nahm sich nun der Ausgestaltung des Inneren an und veränderte den Reutzschen Entwurf vor allem bei der festen und beweglichen Ausstattung. Die Gliederung der Innenarchitektur, die der des Äußeren entspricht und mit Pilasterstellungen und einem kräftigen Kranzgesims arbeitet, stammte wohl noch von Reutz. Als Raumabschluß wählte Sturm flache stuckierte Gewölbe mit Rippenteilung. Für die Aufstellung der liturgischen Ausstattung machte er die notwendigen Entwürfe. In den östlichen Kreuzarm legte er eine lettnerartige Kolonnade, die zweigeschossig ausgebildet wurde und hinter der im Chor der Altar seinen Platz fand, während die Kanzel in der Mitte der Kolonnade aufgestellt wurde. In die übrigen Kreuzarme wurden Emporen eingefügt, die westliche nahm die herzogliche Loge auf. Am 24. September 1713 fand die Weihe statt. Sturms innere Ausgestaltung bewährte sich in der Praxis nicht. Schon im 18. Jahrhundert zerstörte man sein Konzept und rückte den Altar vor die Kolonnade, 1858 wurde schließlich bei der umfassenden Restaurierung, die G. C. F. Lisch konzeptionell vorbereitet und Theodor Krüger praktisch durchgeführt hat, der Kolonnadeneinbau abgebrochen, ein neuer Altaraufbau in den östlichen Arm gestellt und die Kanzel am nordöstlichen Eckpfeiler angebracht.

Gleichzeitig wurden Ausmalung und Verglasung, die Emporeneinbauten und das Gestühl erneuert. Das Altarbild mit der Himmelfahrt Christi schuf der Schweriner Hofmaler Gaston Lenthe, Ernst Gillmeister lieferte die Farbfenster mit den Teppichmustern. 1912 folgte eine weitere Restaurierung.

Die jüngsten, zur Zeit noch andauernden Wiederherstellungsarbeiten begannen 1964. Damals wurde zunächst das 1943 für Rüstungszwecke beschlagnahmte Kupferdach erneuert, daran schloß sich die Neuausmalung des Inneren an. Für sie wurde nach langen Überlegungen der Befund aus der Bauzeit der Kirche zugrunde gelegt, d. h., die nachgewiesene Marmorierung der Pilaster wurde rekonstruiert und auch die barocke Farbigkeit von Kranzgesims und Decke wiederhergestellt. Eine solche Konzeption war nicht ohne Risiko, blieb doch die im 19. Jahrhundert eingebrachte neue Ausstattung nahezu unverändert erhalten. An die Bauzeit der Kirche erinnert beim Inventar nur der Taufstein, und vermutlich ist auch das mecklenburgische Wappen an der ehemaligen Fürstenloge alt. Hinter dem Orgelprospekt verbirgt sich ein Werk des Schweriner Orgelbauers Friedrich Friese aus dem Jahre 1857, das 1932 von seinem Werkstattnachfolger Runge umgebaut wurde, aber bereits wieder einer dringenden Erneuerung bedarf.

Allgemein nicht zu Gesicht bekommt der Besucher die Glocken im Turm. Unter ihnen ist die älteste im Reformationsjahr 1517 gegossen, auf ihrer Flanke ist sie mit einem Halbfigurenbild des Kirchenpatrons St. Nikolaus geschmückt. In der Gruft der Kirche unter dem Altarraum liegen, wie zahlreiche Namen auf einer Tafel am Südostpfeiler erkennen lassen, Angehörige des herzoglichen Hauses aus einem Zeitraum von reichlich eineinhalb Jahrhunderten. Neben dem im Jahr der Weihe verstorbenen Bauherrn und seiner Gemahlin wurden hier auch Sarkophage aus dem 1725 zerstörten Grabower Schloß aufgestellt, die um die Mitte des 17. Jahrhunderts Verstorbene bergen. Die meisten Sarkophage sind aber relativ schlicht, auch der der 1735 verstorbenen dritten Gemahlin des Preußenkönigs Friedrich I. Sophie Louise. Auch Jacob Reutz fand sein Grab in der Kirche, er ruht in der Mitte des Raumes an einem nicht gekennzeichneten Platz.

Farbtafeln S. 35, 36, Abb. S. 65–69

St.-Pauls-Kirche

Die Geschichte dieser jüngsten unter den großen Stadtkirchen Schwerins ist aufs engste mit der Stadterweiterung in der ersten Hälfte des 19. Jahrhunderts verbunden. Als sich die Stadt Schwerin um 1840 schnell über ihre bisherigen, noch von den mittelalterlichen Erfordernissen geprägten Grenzen hinaus vergrößerte, wuchs u. a. auch die Domgemeinde stark an, so daß sie um die Jahrhundertmitte bereits 16000 Seelen umfaßte. Der Plan eines Kirchenneubaues westlich der historischen Innenstadt scheiterte zunächst an zwei Dingen, einem geeigneten Bauplatz und den erforderlichen Finanzen. Nachdem man durch eine Verfügung des Großherzogs auf die etwa 70000 Taler des für einen Domturmneubau gesammelten Vermögens zurückgreifen konnte und die Planung begonnen hatte, wurde nach 1860 auch die Frage des Bauplatzes gelöst. Von den geeigneten Standorten wurde eine Anhöhe im Bereich des Exerzierplatzes nahe der Eisenbahnlinie ausgewählt, nachdem der Übungsplatz hinter den Domfriedhof verlegt worden war. Der mit umfangreichen stadtplanerischen Arbeiten befaßte ehemalige großherzogliche Hofbaurat G. A. Demmler schlug noch 1863 in seinem Stadterweiterungsplan als

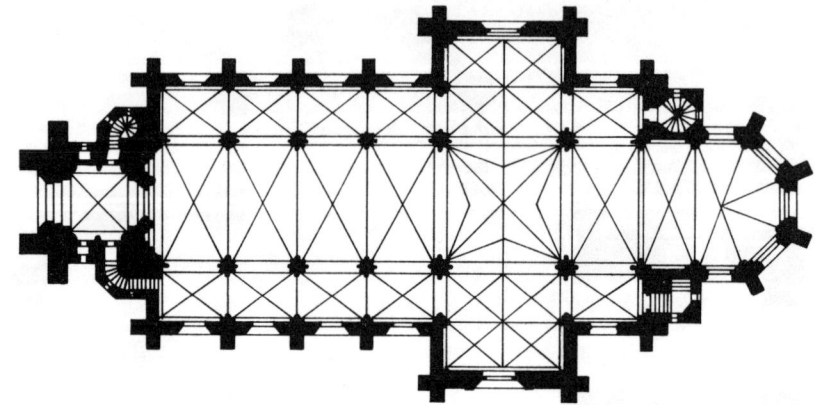

Platz für eine neue Kirche das Gebiet zwischen Wallstraße und Ostorfer See vor, doch blieb sein Projekt unberücksichtigt. Den Auftrag zur Anfertigung der Entwürfe erhielt der Architekt Theodor Krüger, der bereits durch zahlreiche Restaurierungen von meist mittelalterlichen Kirchenbauten und durch mehrere Neubauten ausreichende Erfahrungen für einen solch umfänglichen Neubau gesammelt hatte. Nachdem 1862 nach langwierigen Verhandlungen mit den Grundstücksbesitzern mehrere Häuser in der Nähe des Bauplatzes abgebrochen und die durch das hängige Gelände notwendigen Erdbewegungen abgeschlossen waren, erfolgte am 29. Juni 1863, am Tag des Apostels Paulus, die Grundsteinlegung, am gleichen Tag des Jahres 1869 nahm man die Einweihung vor. Abgesehen von Stockungen, die durch die Kriege mit Dänemark 1864 und Österreich 1866 hervorgerufen wurden, verliefen die Bauarbeiten ohne wesentliche Verzögerungen.

Der neugotische Backsteinbau wurde als dreischiffige vierjochige Hallenkirche mit Querschiff, einem zweijochigen polygonal geschlossenen Chor und vorgesetztem quadratischem Westturm errichtet. In die Winkel zwischen Querschiff und Chor wurden auf der Nordseite die Sakristei, auf der Südseite die Fürstenloge gelegt; ihnen sind an der Ostseite Treppenhäuser zugeordnet, die sich als polygonale Türme an den Chorlängswänden erheben.

Bei der Gestaltung des Äußeren und Inneren schöpfte Theodor Krüger aus dem reichen Formengut der norddeutschen Backsteinarchitektur und bereicherte es durch Übernahmen aus anderen Kunstlandschaften. Reiche Maßwerkformen, überwiegend aus glasierten Formsteinen, prägen das Äußere, wo sie an den Traufen, den Fenstern, Giebeln und Portalen verwendet wurden; die Eingänge wurden durch plastische Details, wie die Kapitelle und das plastische pflanzliche Ornament der Archivolten, zusätzlich aufgewertet. Am Turmportal wurde zudem eine Figur des Namenspatrons der Kirche von Bildhauer Wiese aufgestellt, in das Tympanon des Südportals wurde ein Marmorrelief von Robert Cauer, Bad Kreuznach, eingefügt, das den dornengekrönten Christuskopf zeigt. Durch die Verwendung von gelben Terrakotten für einen Teil des Dekors und die Einbeziehung von Hausteinarbeiten nahm Krüger dem Bau die Herbheit, die sonst die norddeutschen Backsteinbauten charakterisiert, und verlieh ihm zumindest partiell einen Zug von Zierlichkeit und Leichtigkeit. Das zeigt sich bei dem Turm, dessen Gliederung von Geschoß zu Geschoß wechselt und dessen filigrane Durchbildung kein Gefühl der Schwere aufkommen läßt. Ähnlich durchsichtig ist die Gestaltung der städtebaulich besonders wichtigen, weil vom Pfaffenteich aus einsehbaren Ostpartie. Hier ist die Zone zwischen Sockel und den hohen dreiluchtigen Spitzbogenfenstern durch aufgelegtes Maßwerk bereichert, und die Fenster selbst sind durch reiches Maßwerk aus Drei- und Vierpässen in den Abschlüssen aufwendig ausgestaltet. Über ihnen zieht sich eine durch spitzbogige Arkaden geöffnete Zwerchgalerie um das gesamte Polygon von einem Treppenturm zum anderen herum; diese Galerie ist die wohl bedeutendste »Anleihe« Krügers bei Gestaltungselementen anderer Kunstlandschaften, für die er die Vorbilder in der hochmittelalterlichen Sakralarchitektur des Rheingebietes fand.

Im Inneren wiederholt sich der Reichtum der architektonischen Formen. Langhaus und Chor sind mit Kreuzrippengewölben gedeckt, die Vierung mit einem Sterngewölbe, die Querschiffarme mit vier verbundenen kleineren Kreuzgewölben. Als Stützen der Gewölbe dienen im Langhaus und Querschiff reich profilierte Bündelpfeiler mit Blattkapitellen aus gelber Terrakotta. Die Umfassungswände sind durch spitzbogige Wandnischen optisch aufgelockert. Die Gewölbezwickel sind mit reicher vegetabilischer Malerei verziert, die Scheitelpunkte der Rippen durch vergoldete hölzerne Scheiben betont.

Für den Raumeindruck bestimmend sind die festen und beweglichen Teile der Ausstattung. So sind die fünf Fenster des Polygons nach Entwürfen von Stever, Düsseldorf, und Krüger durch Gillmeister in Schwerin mit Glasgemälden geschmückt worden, die den Chor in das für die mittelalterlichen Kirchen typische Halbdunkel tauchen. Während das Mittelfenster die Verklärung Christi in Anwesenheit von Mose und Elia zeigt, sind die seitlichen Fenster mit kleineren Darstellungen aus dem Alten Testament, der Apostelgeschichte, dem Wirken des Apostels Paulus sowie der Kirchengeschichte von ihren Anfängen bis zum Ende des Reformationszeitalters ausgestattet. 1875 ist noch das Südfenster des Querschiffes mit einem gestifteten Farbfenster verziert worden.

Besonders reich gestaltet sind die hölzernen Einbauten. Der dreiteilige Altaraufsatz, der an den Typ des mittelalterlichen Flügelaltars anknüpft, aber keine beweglichen Seitenteile besitzt, enthält in drei von Wimpergabschlüssen bekrönten Feldern die Gemälde der Kreuzigungsgruppe, der Geburt Christi und des Noli-me-tangere von Karl Friedrich Pfannschmidt aus Berlin. Die vor einen ornamentierten Goldgrund gestellten Bilder sollen die Grundvoraussetzungen für das Erlösungswerk Gottes symbolisieren, die Menschwerdung, das Opfer und den Sieg des Gottessohnes.

Die Kanzel am nordöstlichen Vierungspfeiler ist eine Arbeit des hannoverschen Bildhauers Sorge. Auf einem Säulenbündel ruht der polygonale Korb mit Maßwerkfüllungen und den Figuren der vier Evangelisten und von Paulus an der Brüstung, den Schalldeckel bekrönt ein hoher Maßwerkturm mit Fialenabschluß.

Der Taufstein, das Werk des Schweriner Bildhauers Petters, nimmt die gotischen Formen der übrigen Ausstattungsstücke auf; ein gebündelter Säulenfuß trägt die halbrunde, oben polygonale Kuppa mit ihrem Dekor aus stilisiertem Pflanzenwerk und den Evangelistensymbolen.

Den zweigeschossigen Orgelprospekt in frühgotischen Formen entwarf Theodor Krüger, seine Ausführung übernahm der Hoftischler Peters, die Herstellung des Werkes mit seinen 1365 Pfeifen auf drei Manualen und Pedal der Hoforgelbauer Friedrich Friese (II) in Schwerin. Das Werk ist inzwischen einer Generalrestaurierung durch die Fa. Voigt, Bad Liebenwerda, unterzogen worden. Die mit einer frühgotischen Blendarkatur versehene Brüstung der Orgelempore wird heute weitgehend von der später eingebauten, in das Schiff hereinragenden Konzertempore verdeckt. Eine besonders reiche, wohl am Vorbild der mittelalterlichen Ausstattung in der Klosterkirche zu Doberan orientierte Holzschnitzereien weisen die Trennwand zwischen Chor und Sakristei und der gegenüberstehende Fürstenstuhl auf. Die mit Maßwerk verzierten Brüstungen bzw. Wimpergbaldachine gehören zum Besten, was diese Zeit in Mecklenburg hervorgebracht hat. Ihre Schöpfer, unter ihnen der Tischler Christiansen, bewiesen ihr Können zur selben Zeit bei der Neuausstattung des Domes, für die Theodor Krüger ebenfalls verantwortlich zeichnete. Dem Maler Gaston Lenthe, der 1844 im Dom das Bild des Altars im Hohen Chor geschaffen hatte, verdankt die Paulskirche das Gemälde »Der Zinsgroschen«, das für die Sakristei bestimmt war.

Die Paulskirche ist für Schwerin auch eine Stätte bedeutender kirchenmusikalischer Veranstaltungen. Unter den Dirigenten, die sich, einer alten Tradition folgend, auf der Tür eines Notenschrankes verewigten, ist der bedeutendste Johannes Brahms, der 1883 in St. Paul sein »Deutsches Requiem« dirigierte.

Glücklicherweise hat die St.-Pauls-Kirche seit ihrer Fertigstellung kaum einschneidende Veränderungen erfahren, lediglich der Einbau der Konzertempore und die Herausnahme der alten Kronleuchter veränderten das Innere nachteilig, und am Außenbau sind durch Verwitterungsschäden an Terrakotten und an den Dachaufbauten, insbesondere am Dachreiter über der Vierung, vereinfachte Wiederherstellungen nicht zu umgehen gewesen. Bedeutsam war, daß bei der um 1980 stattgefundenen Erneuerung des Inneren die originale Ausmalung restauriert wurde und damit ein wesentliches Element der Ausgestaltung erhalten blieb. Der städtebauliche Wert der Kirche und ihre künstlerische Qualität hatten 1979 im Zusammenhang mit der Umbauung des Pfaffenteiches zur Aufnahme des Gotteshauses in die Zentrale Denkmalliste der DDR geführt.
Schutzumschlag, Rückseite, Abb. S. 76–80

Propsteikirche St. Anna

Die Propsteikirche St. Anna in der Schloßstraße 22 ist das älteste der katholischen Gotteshäuser Schwerins und zugleich der erste katholische Kirchenneubau nach der Reformation in Mecklenburg. Deshalb wird St. Anna häufig auch als »Mutterkirche« der katholischen Gemeinden bezeichnet.

Nachdem 1549 der mecklenburgische Landtag in Sternberg die Einführung der Reformation beschlossen hatte, kam das katholische Leben in den folgenden Jahrzehnten vollständig zum Erliegen. Nur während der kurzen Herrschaft Albrechts von Wallenstein in Mecklenburg 1628/29 und während der Regierungszeit des 1663 zum Katholizismus übergetretenen Herzogs Christian Louis I. gab es Möglichkeiten zur öffentlichen Ausübung des katholischen Glaubens; von 1669 bis 1692 wurden in Schwerin katholische Gottesdienste abgehalten.

Endlich konnte im Jahre 1791 auf einem kircheneigenen Grundstück an der Schloßstraße nach einer entsprechenden Genehmigung des Herzogs Friedrich Franz I. mit dem Bau einer Kirche begonnen werden, die der heiligen Anna geweiht wurde. Für die Baukosten kam im wesentlichen der Landesherr auf, er beauftragte auch seinen Hofbaumeister Johann Joachim Busch mit der Anfertigung der Baupläne. Busch entwarf einen rechteckigen Saalbau, dessen nördliche Längsseite in die Flucht der Straße eingeordnet wurde. Die durch Pilaster gegliederte Front ist sechs Achsen breit, fünf davon enthalten stichbogig geschlossene Fenster, in der westlichen liegt das Portal. Im Gegensatz zur Hofseite ist die Fassade zur Straße verputzt. Auf dem schiefergedeckten Mansarddach sitzt über dem Ostgiebel ein Dachturm in Gestalt einer offenen Laterne mit geschweifter Haube. Das Innere wurde über einem kräftig ausgebildeten Gesims mit einer hölzernen, geputzten Tonne überwölbt, vor die Westwand legte man die Empore, auf der die Orgel ihren Platz erhielt.

Der 1795 geweihte Bau, der bereits 1908 in romanisierenden Formen neu ausgemalt worden war, ist nach dem zweiten Weltkrieg angesichts der durch Umsiedler beträchtlich gewachsenen Gemeinde unter Aufgabe der zu Beginn des Jahrhunderts eingebrachten gestalterischen Elemente (nur die Glasgemälde der Fenster wurden belassen) erneut umgestaltet worden. Als raumprägendes Bildwerk fand in der Halbrundnische über dem Altar das Mosaikbild des Auferstandenen seinen Platz.

Als Kirche des bischöflichen Administrators von Schwerin und im Zusammenhang mit einer räumlichen Ausweitung, die sich durch die Möglichkeit zur Errichtung eines Gebäudes auf dem an die Kirche angrenzenden Grundstück bot, ist das Gotteshaus 1983/85 umfassend erneuert und gleichzeitig verändert worden. Die Ostwand wurde verlegt und mit einer Apsis ausgestattet, zugleich wurde unter dem östlichen Teil der Kirche ein kryptenähnlicher Andachtsraum geschaffen. Über dem entsprechend den Festlegungen des II. Vatikanischen Konzils freistehenden Altar schwebt ein an die Tradition der mittelalterlichen Triumphkreuze anknüpfender Kruzifixus.

Von der ursprünglichen Ausstattung der Kirche blieben wichtige Teile erhalten, dazu gehört die in Empireformen gehaltene Kanzel an der Nordwand, und auch die Beichtstühle sind noch Arbeiten des späten 18. Jahrhunderts. Der Orgelprospekt vereinigt in sich Teile aus dem späten 17. Jahrhundert und Ergänzungen von 1794, denn die Gemeinde kaufte zur Einweihung der Kirche ein älteres Instrument aus dem Schweriner Dom. Von besonderem Interesse ist der Taufstein, den der Landesherr für die Kirche stiftete. Er besteht aus einem schmiedeeisernen Gestell, auf dem ein flaches Becken aus Granit mit Deckel ruht. Der polierte Stein wurde in der auf solche Arbeiten spezialisierten Schweriner Schleifmühle produziert. Auch zwei gotische Schnitzwerke gehören der Kirche, neben einer Madonnenfigur verdient die Anna Selbdritt Beachtung, die ein altes Gnadenbild aus Sternberg sein soll und die als Patronin der Kirche erwählt wurde.

Auch der sonstige Kunstbesitz der Kirche ist bedeutend, vor allem der kulturgeschichtliche Wert ist hoch, handelt es sich doch um die ältesten Beispiele katholischen Kultgerätes, sakraler Textilien, Bilder und Archivalien.

Zwei wertvolle silbervergoldete Kelche mit reichem Bandelwerkdekor und Cherubköpfchen sind 1794 in der traditionellen Metropole der süddeutschen Silberschmiedekunst in Augsburg entstanden. Von dort kamen auch die unterschiedlich großen, in der Gestaltung ähnlichen Monstranzen mit der von einem Strahlenkranz umgebenen Lunula. Dagegen sind genauere Angaben zu einem silbervergoldeten Kelch mit spitzkegeliger Kuppa nicht vorhanden, der Aufmerksamkeit vor allem deshalb erweckt, weil seine Inschrift eine Verdammung der Kalvinisten enthält. Es könnte sich durchaus um ein Werk des späten 16. Jahrhunderts handeln, in dem die Kalvinisten gleichermaßen von den Katholiken wie den Lutheranern bekämpft wurden, möglicherweise stammt dieser Kelch sogar ursprünglich aus einer evangelischen Kirche.

Bedeutsam ist auch eine kleine Sammlung von sakralen Textilien. Es sind mehrere Kaseln aus dem 16. bis 19. Jahrhundert, die älteste ein im späten 16. Jahrhundert von Herzog Ulrich und Herzogin Elisabeth gestif-

tetes Exemplar aus Lucca-Samt mit Stickereien, wahrscheinlich ursprünglich für die Hofkirche des herzoglichen Paares, den Dom in Güstrow, bestimmt und später in den Besitz der Anna-Kirche gelangt. Auch die jüngeren Stücke des 17. und 18. Jahrhunderts, darunter eine Kasel, die der 1686 verstorbene Bischof Niels Stensen trug, zeichnen sich durch gediegene Stoffe und figürliche bzw. ornamentale Stickereien aus.
Abb. S. 81–85

SCHWERIN-LANKOW

Versöhnungsgemeinde und St. Martin

Die Christen der beiden großen Konfessionen haben am südlichen Rand des großen Neubaugebietes auf der Flur des ehemaligen Dorfes Lankow, das bereits 1936 nach Schwerin eingemeindet wurde, jeweils ein Gemeindezentrum.

Für die katholische Kirchengemeinde St. Martin wurde 1976/78 auf dem Gelände des Bischöflichen Ordinariats in unmittelbarer Nachbarschaft zu einem Verwaltungsgebäude eine eigene Kirche gebaut. Der rechteckige, von einer flachen Holzdecke überspannte Raum ist auf eine in sich untergliederte Klinkerwand orientiert, an der ein aus Silberblech getriebenes Kreuz mit Auflagen aus Bergkristall befestigt ist, der zugehörige Altar steht als Betonblock mit einem durchbrochenen Kreuz im Unterbau frei vor dieser Wand. Ein mit Materialstrukturen ornamental behandelter Ambo und der seitlich stehende Tabernakel mit dem Bronzerelief der Emmausszene ergänzen die Gestaltung dieser Altarwand, deren besonderer Schmuck eine leihweise erworbene Madonnenfigur ist, die zum Typus der »schönen Madonnen« gehört und um 1430 entstanden ist. Die ihrer farblichen Fassung weitgehend beraubte Holzplastik wurde vor der Aufstellung vorsichtig ergänzt (rechte Hand, Szepter und Strahlenkranz). Gegenüber der in Fenster aufgelösten südöstlichen Längswand hat der für eine katholische Kirche charakteristische Kreuzweg seinen Platz gefunden, hier sind die einzelnen Stationen als gegossene Bronzereliefs gestaltet. An der Rückwand fanden die Orgel, ein zweimanualiges Werk der Firma VEB Sauer, Frankfurt (Oder), der Beichtstuhl und die Nachbildung einer mittelalterlichen Holzplastik des heiligen Martin ihren Platz; der Kirchenpatron ist als Bischof dargestellt, der von seinem Gewand ein Stück abtrennt, um es einem Bettler zu reichen.

Wer den Raum betritt oder verläßt, wird an der Tür mit Reliefs des Bildhauers Tschötschel konfrontiert: außen mit der Berufung der Apostel, innen mit einem Ausspruch und einer Darstellung des Bischofs Niels Stensen, der 1686 als Apostolischer Vikar des Nordens in Schwerin starb. Ein 1964 geschaffenes Standbild Stensens von Brückner-Fuhlrott steht im Vorgarten des Ordinariatsgeländes; die Darstellung weist auch darauf hin, daß Stensen ein bedeutender Anatom und Geologe war und ihm mehrere wissenschaftliche Entdeckungen zu verdanken sind.

Die ev.-luth. Versöhnungsgemeinde, die 1966 entstand, schuf sich auf dem Grundstück Hubertusstraße 9 durch die Umgestaltung des Erdgeschosses eines hier stehenden Hauses einen Gemeinderaum, dessen besonderer Schmuck eine Klinkerwand ist, aus der plastisch verschiedenfarbige Backsteine in Kreuzform hervortreten; dieser zentralen Gestaltung ordnen sich Altartisch und Orgelpositiv unter.
Abb. S. 87, 88

SCHWERIN-GROSSER DREESCH

St. Andreas und St. Petrus

In Schwerins größtem Neubaugebiet, auf dem Gelände des Großen Dreesch, wegen der schlechten Bodenverhältnisse in der Vergangenheit kaum genutzt und deshalb im 19. Jahrhundert zum Exerzierplatz umgestaltet, stehen heute zwei Kirchen, für die man in ökumenischer Verbundenheit die Namen der Apostelbrüder Andreas und Petrus gewählt hat. Sie befinden sich beide im sogenannten dritten Bauabschnitt in der Nähe des wegen seiner Höhe nicht zu übersehenden Fensehturmes.

Das katholische Gemeindezentrum St. Andreas, das im Spätherbst 1984 vollendet wurde, liegt am westlichen Rand des Wohngebietes und ist z. T. in einen älteren Mischwaldbestand eingebettet. Der Komplex aus Klinkerbauten, zu dem auch das Pfarrhaus, ein Schwesterngebäude und ein Haus mit Gemeinderäumen gehört, entstand nach einem Entwurf der Bauakademie der DDR. Der zentrale Teil der Anlage ist die Kirche, ein rechteckiger Bau mit hohem, kupfergedecktem Dach und dem aus Betonteilen montierten Glockenturm, der der Ostseite vorgelegt ist. Während die Nordseite mit dem Eingangsbereich durch einen Gelenkbau mit den Gemeinderäumen verbunden ist und der Westseite ein Funktionsanbau mit dem Beichtstuhl zugeordnet wurde, ist die Südseite in eine verglaste Wand aufgelöst. Der querrechteckige Innenraum wirkt durch den Verzicht auf eine Decke – sichtbar ist die unten verschalte Dachhaut – licht und weit. An der Ostseite hängt an der inneren Turmwand ein großes hölzernes Kruzifix, davor steht frei der steinerne Blockaltar. Ihm sind links der Tabernakel, rechts die farbige Nachbildung einer gotischen Madonnenfigur zugeordnet. Unter der nördlichen Empore, die sich bis zur Westwand entlangzieht, ist der schlichte Kreuzweg angebracht.

Der Komplex des ev.-luth. Gemeindezentrums St. Petrus liegt am östlichen Rand des Wohngebietes. Den Entwurf für das aus einem Doppelpfarrhaus und dem Mehrzweckgebäude mit dem Kirchsaal bestehende Gemeindezentrum erarbeitete das Bauamt der Ev.-luth. Landeskirche Mecklenburgs. Der Mehrzweckbau ist ein z. T. verputzter Klinkerbau mit verschiefertem Dach, gestalterischer Höhepunkt ist das über dem Westteil zeltartig steil aufgipfelnde Dach. Unter ihm befindet sich, durch den Verzicht auf eine Flachdecke räumlich geweitet, der eigentliche Kirchsaal mit in Klinkern gestalteten Wänden und meist unterhalb der Traufe verlaufenden Fensterbändern, die im Raum das Gefühl der Geborgenheit aufkommen lassen. Durch eine Faltwand kann der benachbarte Raum bei Bedarf einbezogen werden, ebenso ein weiterer Vorraum.

Eine kleine Empore, von der aus auch der Zugang zu dem unter dem Dach verborgenen Glockenstuhl möglich ist, vergrößert das Platzangebot. Zu der schlichten Ausstattung des im Dezember 1985 geweihten Raumes gehört seit 1988 eine Orgel der Firma Böhm, Gotha, die über der Zwischenwand an der Nordseite ihren Platz fand.
Abb. S. 86, 89

ALT METELN
(Kr. Schwerin)

Unter den mittelalterlichen Backsteinkirchen des Schweriner Umlandes ist die Kirche von Alt Meteln eine der größten und schönsten. Obwohl der Ort sicher eine Gründung des späten 12. Jahrhunderts ist und schon

1284 erstmals genannt wird, stammt der Bau der Kirche wohl erst aus dem 14. Jahrhundert, so daß ein Vorgängerbau anzunehmen ist. Die aus Schiff und eingerücktem Rechteckchor bestehende Kirche ist außen schlicht, lediglich am Chorgiebel finden sich drei flache geputzte Spitzbogenblenden und einige Lagen glasierter Steine. Mauerverzahnungen an der Westseite lassen auf einen geplanten Turmbau schließen, der unterblieb, so daß die Glocken in einem hölzernen Glockenstuhl westlich der Kirche hängen. Strebepfeiler am Schiff und stichbogige Wandnischen deuten auf eine vorgesehene, ebenfalls unterbliebene Einwölbung des Inneren hin.

1880 wurde die Kirche durchgreifend erneuert, dabei erhielt der Raum seine jetzige Holzbalkendecke und eine neugotische, aus Altaraufsatz, Kanzel, Taufstein, Orgel und Gestühl bestehende Ausstattung. Als Altarbild schuf die Malerin Bertha Albin eine Kopie des Kruzifixgemäldes von Antonius van Dyck. Von der älteren Ausstattung sind die vasa sacra, zwei Zinnleuchter von 1642 und 1647 und die kleine Katharinenglocke von 1516 erhalten; diese Glocke besitzt eine lateinische Inschrift: »Katharina heiße ich, lieblich klinge ich. Im Jahre des Herrn 1516.«, dazu auch ein Bild der Katharina und ein Wappenschild. Die beiden anderen Glocken wurden 1956 gegossen.

Abb. S. 90

BANZKOW
(Kr. Schwerin)

Der Ort Banzkow, heute das größte Dorf der Lewitz und noch mit einer stattlichen Zahl rohrgedeckter alter Hallenhäuser, liegt an der Stör, die hier von einer Brücke überspannt wird und neben der sich zugleich eine Schleuse befindet; bis 1856 wurde hier ein Dammzoll erhoben.

Von den Vorgängerbauten der heutigen Banzkower Dorfkirche ist wenig überliefert, der neugotische Backsteinbau ist 1872/75 nach Entwürfen des Schweriner Baurates Theodor Krüger errichtet worden. Bei der Gestaltung des Äußeren verzichtete man nicht auf einen gewissen Aufwand, so ist an das vierjochige Schiff eine Apsis angefügt, über der sich ein blendengegliederter Ostgiebel erhebt; im Westen ragt ein dreigeschossiger, im Oberteil oktogonaler Turm mit Spitzhelm empor; die den Turm seitlich flankierenden Halbgiebel sind ebenfalls durch Blenden gegliedert. An der Nordseite der Kirche ist die Sakristei angebaut. Im Inneren ist nur die Apsis gewölbt, das Schiff überspannt eine Holzkonstruktion. Die einheitliche Ausstattung entstand zusammen mit dem Neubau. Ein älteres Stück ist das schlichte Epitaph der Familie Rathsack aus dem Jahre 1696 in Gestalt einer ornamental gerahmten Inschrifttafel. Vom Jahre 1509 erhielt sich eine kleine mittelalterliche Glocke. Aus dem Besitz der Kirche sind im Zusammenhang mit dem Kirchenbau und später insgesamt vier mittelalterliche Plastiken in das Schweriner Museum gelangt, darunter eine Sitzmadonna aus der Zeit um 1230, die als älteste erhaltene Holzskulptur in Mecklenburg gilt und die zugleich das Vorhandensein einer Kirche bereits im frühen 13. Jahrhundert annehmen läßt.

BIBOW
(Kr. Sternberg)

Das kleine Dorf am Ufer des gleichnamigen Sees wird 1282 erstmals erwähnt, sein Kirchspiel nennen die Urkunden im Jahre 1372.

Die Kirche ist ein bescheidener Backsteinbau aus dem frühen 14. Jahrhundert und besteht aus dem zweijochigen Schiff und einem eingezogenen Chor mit polygonalem Schluß. Architektonisch aufwendig gestaltet ist nur das in einer Mauervorlage sitzende Südportal mit profiliertem Gewände. An der Westwand sind die Mauerverzahnungen für einen geplanten massiven Turm sichtbar, er kam jedoch nicht zur Ausführung; statt dessen ist 1745 ein niedriger zweigeschossiger Fachwerkturm mit Pyramidendach errichtet worden.

Im Inneren ist nur der Chorbereich gewölbt, im Schiff sind die Gewölbe verloren und durch eine flache Bretterdecke ersetzt worden. An den Wänden des Chorpolygons sind Reste von mittelalterlicher Wandmalerei zu erkennen, ihre Freilegung konnte aber bislang noch nicht erfolgen. Zum siebenhundertjährigen Ortsjubiläum wurden aber die notwendigsten Sicherungsmaßnahmen am Bauwerk ausgeführt.

Von der Erneuerung der Kirche im Jahre 1745 stammt auch der Kanzelaltar. Er gehört zu den schönsten Beispielen im mecklenburgischen Raum und entstammt einer Wismarer Werkstatt, die von C. F. Beckmann geleitet wurde und die wenig später auch den weitgehend verlorenen Hauptaltar der kriegszerstörten Wismarer Marienkirche schuf. Mitarbeiter Beckmanns waren der Tischler J. C. Schütz und der ebenfalls von anderen Orten her bekannte Maler J. H. Krüger. Der Kanzelaltar ist ein architektonischer Aufbau und folgt dem Schema der um die Mitte des 18. Jahrhunderts üblichen Gestaltung. Über der Sockelzone mit einem Abendmahlsgemälde befindet sich das Hauptfeld, in dem der auf Volutenstreben ruhende Kanzelkorb mit einem Kruzifix an der vorderen Brüstungswand eingefügt ist; ihn rahmen seitlich korinthische Säulen und die vor Muschelnischen gestellten Figuren von Mose und Aaron. Über dem Korb erhebt sich ein Aufsatz mit der von Volutenkonsolen gerahmten Kanzeltür und bekrönt von einem geschwungenen Giebel, in den der Schalldeckel eingefügt ist. Seitlich stehende Engelfiguren und die zuoberst angeordnete Figur des Auferstandenen bilden den plastischen Schmuck des Oberteils. Gleichzeitig mit dem Aufsatz entstand auch die Altarschranke mit dem durchbrochenen Akanthuswerk in der Brüstung.

Von den Ausstattungsstücken verdienen zwei in der zweiten Hälfte des 18. Jahrhunderts entstandene Altarvasen Beachtung; es sind zinnerne doppelhenkelige Ziergefäße in Gestalt eines gedrückten Kelches.

BUCHHOLZ
(Kr. Schwerin)

Das kleine östlich des Schweriner Sees gelegene Dorf ist um 1200 gegründet worden und war bereits im Mittelalter eine Tochtergemeinde des nahen Retgendorf. Zeitweise gehörte das Gut zum Besitz der im Umfeld von Schwerin reich begüterten Familie von Halberstadt; im 19. Jh. finden wir bürgerliche Gutsbesitzer, unter ihnen auch den Juristen und Führer der liberalen Opposition in Mecklenburg, Samuel Schnelle, der im Sommer 1845 dem von der preußischen Regierung verfolgten Publizisten und Dichter August Heinrich Hoffmann v. Fallersleben Heimatrecht verlieh und ihn so einige Zeit vor Nachstellungen schützte.

Die Buchholzer Kirche ist ein spätgotischer Backsteinbau aus dem 15. Jh. mit polygonalem Ostschluß. Strebepfeiler lassen auf eine beabsichtigte Einwölbung schließen, die jedoch unterblieb. Jetzt deckt den Innenraum eine Flachdecke. 1869 wurde dem mittelalterlichen Bau ein neugotischer Turm mit Spitzhelm angefügt. Die Innenausgestaltung der Kirche erfolgte im dritten Viertel des 19. Jh. Aus dem Jahre 1862 stammt das Altarbild von Friedrich Lange. In den Fenstern erhielten sich mehrere Kabinettscheiben mit Wappendarstellungen, darunter einige größere aus dem Jahre 1580.

Abb. S. 91

BÜLOW
(Kr. Schwerin)

Das kleine Dorf östlich von Crivitz wird schon 1262 genannt, als ein Hinrich von Rolstede dem Kloster Dobbertin zwei Hufen übereignet. Bereits im Mittelalter saßen hier die Herren von Barner, die das Gut bis zum Ende des zweiten Weltkrieges bewirtschafteten. Die Kirche ist ein rechteckiger Feldsteinbau mit Backsteindetails und entstand im 15. Jahrhundert, wurde aber um die Mitte des 18. Jahrhunderts stark umgestaltet. Damals wurde der Ostgiebel verputzt, und am westlichen Ende des Daches errichtete man einen kleinen Dachturm aus Fachwerk mit niedrigem Spitzhelm. Wohl als Unterbau für den Turm entstanden im Inneren zwei kräftige Pfeiler, zwischen die eine Empore für die Orgel eingezogen wurde. Gleichzeitig wurde der gesamte Innenraum neu gestaltet, seine Decke verputzt und ein Kanzelaltar aufgestellt. Er ist in das Jahr 1752 datiert und gehört zu den wenigen Beispielen dieses charakteristischen evangelischen Altartyps in der Umgebung von Schwerin. Der Aufbau ist architektonisch konzipiert – seitliche gekuppelte korinthische Säulen tragen ein verkröpftes Gebälk, in das der Schalldeckel eingebunden ist, der von den Mosaischen Gesetzestafeln und einem Auge Gottes im Strahlenkranz bekrönt wird, der Kanzelkorb nimmt den Platz über dem Altartisch ein und ist mit Rocailleornamenten geschmückt. Ährenbündel und Kelch über der Altarmensa kennzeichnen Brot- und Weinseite des Aufbaus und versinnbildlichen Christus, der sich in dieser Gestalt beim Abendmahl offenbart. Der Stifter des Altars, Magnus Friedrich von Barner, dessen Wappen zusammen mit denen seiner Ehefrauen die Westempore ziert, ruht vor dem Altar unter einem großen Grabstein mit einem ovalen Kruzifix-Relief.

Auch die Glocke ist eine Schöpfung des Barocks, sie wurde 1750 von Otto Gerhard Meyer in Rostock gegossen.

In der zweiten Hälfte des 19. Jahrhunderts erhielt die Kirche eine neue Orgel, gleichzeitig wurden in die Wände auch vier große Medaillons mit den Köpfen der Evangelisten eingefügt.

Abb. S. 92, 93

CAMBS
(Kr. Schwerin)

Das Dorf am Nordufer des gleichnamigen Sees wird im frühen 14. Jahrhundert erwähnt und befand sich damals im Besitz mehrerer Adelsfamilien. Seine Kapelle war bereits zu dieser Zeit eine Tochterkirche von Zittow; auch heute noch wird Cambs kirchlich von Zittow aus betreut.

Der bestehende Kirchenbau ist 1855/56 in Fachwerk errichtet worden, wahrscheinlich als Nachfolger einer älteren Kapelle, die ähnlich gestaltet war. Der kleine Rechteckbau wird durch einen quadratischen Dachturm über dem Westgiebel bekrönt. Das Innere ist mit einer Balkendecke ausgestattet, ihre Bemalung stammt vom Anfang unseres Jahrhunderts, ähnlich wie die stilistisch verwandte Malerei auf der Brüstung der Westempore. Das Bankgestühl weist Wangen in Empireformen auf, die denen in der Zittower Kirche vom Anfang des 19. Jahrhunderts gleichen.

In den Jahren 1977/81 hat die Kirchengemeinde eine umfangreiche bauliche Wiederherstellung des Fachwerkgebäudes vorgenommen, anschließend erfolgte die Erneuerung des Inneren, die mit dem Einbau einer Winterkirche auf der Westempore und von Wirtschaftsräumen im Untergeschoß verbunden wurde, so daß die Kirche jetzt für vielseitige Gemeindeveranstaltungen nutzbar ist.

Der Altaraufbau hat die Gestalt einer von Säulen gerahmten bemalten Rückwand mit einem unterlebensgroßen Kruzifix und stammt sicher noch aus dem Vorgängerbau, ebenso die topfförmigen gegossenen zinnernen Altarleuchter, die eine Stiftung des Otto von Plessen aus dem späten 18. Jahrhundert sind. Die ehemalige Kanzel wurde bei der letzten Erneuerung demontiert und ihr Korb zu ebener Erde aufgestellt. Die kleine Glocke der Kirche wurde 1855 bei J. C. Haack u. Sohn, Rostock gegossen.

Abb. S. 94, 95

CONSRADE
(Kr. Schwerin)

Das Dorf Consrade, durch die Ausweitung des Schweriner Stadtgebietes schon sehr nahe an die Stadtgrenze herangerückt, ist um die Mitte des 13. Jahrhunderts am westlichen Rand des breiten Störtales nur wenige Kilometer südlich des Schweriner Sees gegründet worden. 1260 wird es als eine der Besitzungen des holsteinischen Klosters Reinfeld genannt; bis zur Reformation blieb es in der Hand der geistlichen Herren, danach waren die dänischen Könige als Rechtsnachfolger des Klosters nominell die Besitzer des Dorfes, bevor es 1606 die mecklenburgischen Herzöge erwarben und ihrem Landbesitz einverleibten.

Wann die Kirche in Consrade gegründet wurde, ist unbekannt, ihre erste Erwähnung erfolgte im Visitationsprotokoll von 1534, also erst wenige Jahre vor der Einführung der Reformation in Mecklenburg. Der heutige Fachwerkbau mit dem dreiseitigen Ostschluß ist vermutlich ein Bau des 16. Jahrhunderts, denn sowohl der dreiseitige Ostschluß läßt Beziehungen zur mittelalterlichen Architektur erkennen als auch jene schwer zu deutende spitzdreieckig geschlossene Nische im Stiel neben dem südlichen Ausgang, die als Aufstellungsort für ein Weihwasserbecken, eine Heiligenfigur oder für einen anderen kultischen Gegenstand denkbar erscheint und ebenfalls für eine Errichtung des Baues in vorreformatorischer Zeit spräche. Die Eichenholz-Fachwerkkonstruktion mit ihren gestalterischen und technischen Details allerdings deutet möglicherweise eine Entstehung im 17. Jahrhundert an.

Das Innere ist flach gedeckt. 1967/68 ist das Gebäude zum letzten Mal instand gesetzt und innen teilweise umgestaltet worden. Für den Altarbereich schuf der Dresdner Bildhauer Friedrich Press einen Altar aus rotem Meißner Granit, aus dem gleichen Material übrigens auch den Sockel für die achtseitige mittelalterliche Granitkuppa des Taufsteins. Vier frei stehende Altarleuchter und ein bronzener Kruzifix füllen das Polygon, in das Press auch die beiden mittelalterlichen Figuren von Maria und Johannes, vermutlich Reste eines Schnitzaltars aus der Zeit um 1500, mit einbezog. Aus der nachreformatorischen Zeit stammt die schlichte Kanzel mit ihrer in Felder aufgeteilten Brüstung und dem einfachen Zahnschnittgesims als oberem Abschluß; der kleine Kruzifix über der Kanzel, wie diese gegen Ende des 17. Jahrhunderts entstanden, ist in jüngerer Zeit auf ein neues Kreuz montiert worden. 1831 ist die Kirche renoviert worden, aus dieser Zeit stammt die schöne Drückergarnitur der westlichen Eingangstür. Noch jünger, aus der Zeit um 1900, sind die Westempore und die einmanualige Orgel aus der Werkstatt des Marcus Runge. Vor der Kirche steht der zweijochige Glockenstuhl, die in ihm hängende Glocke wurde 1543 von Meister Matiaes Othbrech gegossen und ist mit zahlreichen kleinen Ornamenten verziert.

Der besondere Schmuck des stimmungsvollen Friedhofs, der die Kirche umgibt, sind mehrere unter Naturschutz stehende alte Eichen.

Abb. S. 96–98

CRAMON
(Kr. Schwerin)

In landschaftlich besonders schöner Lage, am Ostufer des Cramoner Sees, erhebt sich die Kirche eines der ältesten Dörfer des Schweriner Umlandes, denn schon 1178 wird Cramon genannt. Wie allerdings der erste Kirchenbau ausgesehen hat, ist unbekannt, denn der heutige Bau ist erst im 14. Jahrhundert entstanden. Der einschiffige Backsteinbau mit dem polygonalen Ostschluß sollte gewölbt werden, wie Strebepfeiler und Schildbögen erkennen lassen; warum die Einwölbung unterblieb, läßt sich nur vermuten – vielleicht fehlten entsprechend geschulte Bauleute oder die Gemeinde konnte die notwendigen Baukosten nicht aufbringen. Der Westgiebel ist mit Blenden gegliedert, vor ihm steht seitlich und leicht abgerückt der 1844 errichtete neugotische Turm mit dem querliegenden Satteldach; durch eine Vorhalle verband man ihn mit dem Kirchenraum; eine weitere, in Fachwerk erbaute Vorhalle befindet sich an der Südseite der Kirche, vermutlich ist sie im 17. oder 18. Jahrhundert entstanden.

In dem flach gedeckten Innenraum erinnert nur weniges an die vorreformatorische Zeit. In den ergänzten Taufstein ist die Kuppa eines im 13. Jahrhundert geschaffenen Granittaufsteins einbezogen worden. Der Grabstein des 1416 verstorbenen Priesters Johannes Kleveheu hält das Andenken an einen Geistlichen wach, der 35 Jahre an dieser Kirche wirkte; umgeben von einer Minuskelinschrift und den vier Evangelistensymbolen wird der Verstorbene im Ornat und mit Kelch und Hostie dargestellt. Von 1572 erhielt sich der Grabstein des adligen Patrons Joachim Drieberg.

Nordwestlich der Kirche steht das schöne, aus alten Fachwerkgebäuden bestehende Pfarrgehöft.

Abb. S. 99

CRIVITZ
(Kr. Schwerin)

Crivitz liegt knapp 20 km südöstlich von Schwerin und ist eine Gründung der Grafen von Schwerin. Zwischen 1251 und 1274 haben sie dem bei einer Burg angelegten Ort das Stadtrecht verliehen. 1302 wird Crivitz als Stadt (»oppidum«) bezeichnet. In den folgenden Jahrhunderten hatte die Bevölkerung der kleinen, nur unzureichend geschützten Stadt vor allem unter Kriegen stark zu leiden, vor allem im Dreißigjährigen Krieg und den Auseinandersetzungen im schwedisch-polnischen Krieg; so wurden 1660 die meisten Häuser der Stadt und auch die Kirche schwer beschädigt. Plünderungen im Nordischen Krieg sind für das Jahr 1712 überliefert, abermalige Ausschreitungen erfolgten im Zusammenhang mit der französischen Besetzung Mecklenburgs 1806. Als Kommune war Crivitz oft auch ein Spielball der großen Politik, denn 1355 wurde sie von den Schweriner Herzögen aus Geldmangel verpfändet und erst 1752 nach fast vierhundertjähriger fremder Oberaufsicht von ihnen wieder eingelöst.

Das einzige Bauwerk der Stadt aus mittelalterlicher Zeit ist die Stadtkirche. Sie erhebt sich südwestlich des in der Ortsmitte gelegenen Marktplatzes an der Krümmung der das Stadtzentrum tangierenden Durchfahrtsstraße. Der nicht überlieferte Gründungsbau aus dem 13. Jahrhundert wurde bereits im 14. Jahrhundert durch den heutigen Backsteinbau ersetzt. Er ist eine dreischiffige Hallenkirche mit angefügtem, polygonal geschlossenem Chor, einer Sakristei an der Nordseite und einem vorgesetzten, querrechteckigen Westturm. Der nach 1660 mit einem Walmdach abgeschlossene dreigeschossige Turm ist das unverwechselbare Kennzeichen der Crivitzer Stadtsilhouette.

Beim Außenbau der Kirche wurde auf besonderen architektonischen Aufwand verzichtet. Im Inneren sind nur die Ostteile gewölbt, die Sakristei besitzt ein frühes, kuppelig angelegtes Kreuzrippengewölbe, der Chor schöne spätgotische Netzgewölbe. Im Schiff sind zwar achteckige Pfeiler und kräftig profilierte Scheidbögen vorhanden, die mittelalterlichen Gewölbe aber haben sich nicht erhalten, sie wurden 1660 beim Brand der Dächer von Turm und Schiff zerstört und in der gegenwärtigen Gestalt wahrscheinlich erst im 19. Jahrhundert erneuert. Sie bestehen aus Holz, täuschen aber massive Ausführung vor.

Das Innere prägt bis heute die Restaurierung des vergangenen Jahrhunderts, im Chor allerdings wurden 1954/55 die neugotische Altarwand und die dazugehörige Ausmalung beseitigt, nachdem hier mittelalterliche Wandmalerei aufgefunden worden war, die bis 1955 freigelegt und restauriert wurde. Sie erwies sich als zeitlich uneinheitlich und besteht aus zwei mittelalterlichen und einer nachreformatorischen Ausmalung. Um 1380 hatte man zunächst zwischen die Fenster des Polygons große Apostelgestalten gemalt, die jetzt sichtbar sind, die Chorlängswände bemalte man mit Passionsszenen und einer Schutzmantelmadonna; für diese Darstellungen wählte man als Rahmen Architekturen mit rustikalen Maßwerken und Wimpergen. Um diese Bilder ebenfalls freilegen zu können, mußten die Restauratoren zum Teil einen jüngeren Zyklus von um 1430/50 aufgeben. Dies erwies sich auch als notwendig, weil noch aus der Zeit um 1600 große Schriftfelder mit Renaissancerahmen und Bibelzitaten aufgefunden wurden, die für die mecklenburgische Kunstlandschaft eine Seltenheit sind und es ebenfalls verdienten, erhalten zu bleiben. Wie das im südlichen Seitenschiff vorhandene Wandbild mit der Figur Martin Luthers zeitlich einzuordnen ist, blieb bisher ungeklärt. Denkbar wäre auch hier bereits eine Entstehung im 17. Jahrhundert, vielleicht aber wurde das

Bild auch erst später im Zusammenhang mit einem Reformationsjubiläum geschaffen.

Die Ausstattung der Kirche ist heute uneinheitlich. So sind wesentliche Teile wie das Gestühl, die Emporen und die Orgel Arbeiten des 19. Jahrhunderts, während als Altaraufsatz ein spätgotischer Schnitzaltar dient, der um 1520 entstand und den die Gemeinde aus Teterow erwerben konnte. Zentrale Figur des Retabels ist die apokalyptische Madonna, Heilige und die Apostel füllen die Flügel. Auf den Rückseiten befinden sich Szenen aus der Passion Christi. Die Kanzel ist ein Werk von 1621, diese Jahreszahl findet sich am Kanzelportal. 1748 schenkte sie der Bürgermeister G. D. Cordeshagen der Crivitzer Kirche; woher er das damals an anderer Stelle wahrscheinlich als unmodern abgestellte Stück erwarb, ist nicht überliefert. Das aus Korb, Aufgang mit Portal und Schalldeckel bestehende Kunstwerk ist mit seinem Figurenprogramm und der reichen Ornamentierung charakteristisch für die Spätphase der Renaissance in Mecklenburg. Mose mit den Gesetzestafeln trägt den Korb, dessen Arkadenbrüstung heute leer ist, seinerzeit aber sicher mit Malereien oder Reliefs gefüllt war. Am Aufgang finden sich die Evangelisten und der Salvator, am Portal Petrus sowie Paulus und Johannes der Täufer. Den Schalldeckel schmücken Wappendarstellungen, zuoberst steht der triumphierende Christus. Auch allegorische Figuren wie die christlichen Tugenden Glaube, Liebe und Hoffnung gehören zum Bildprogramm der Kanzel.

Anstelle des in der Mitte des 19. Jahrhunderts angeschafften Taufsteins aus Zementguß wird seit Jahren wieder die aus dem 14. Jahrhundert stammende, allerdings leicht beschädigte Granitfünte verwendet; die Wandung der Kuppa ist mit Fältelungen verziert.
Im Turmuntergeschoß, wo ein Gemeinderaum eingerichtet wurde, hat der ehemalige Triumphkruzifixus seinen Platz gefunden, ein spätgotisches Kunstwerk aus dem 15. Jahrhundert.

Im nördlichen Seitenschiff hängt als eine Art Epitaph ein Sargdeckel mit Metallauflagen, u.a. einem Kruzifixus vom Ende des 18. Jahrhunderts im Zusammenhang mit dem Tod der Christina Ilsabe Schachschneider im Jahre 1784. Die einzige ältere Glocke stammt aus dem 15. Jahrhundert und ist ein Werk des Gießers Rickert de Monckehagen.
Abb. S. 100–105

DAMBECK

(Kr. Wismar)

Das Dorf liegt etwa 20 km nordwestlich von Schwerin an der alten Salzstraße von Lüneburg nach Wismar, noch heute erinnert ein Rasthaus aus dem 17./18. Jahrhundert an diese wichtige Verbindung von der Salzproduktionsstätte zum Hafen. Die Gründung des Dorfes selbst ist nicht überliefert, wahrscheinlich erfolgte sie im frühen 13. Jahrhundert. 1230 wird der Ort als zum Kirchspiel Beidendorf gehörig erwähnt.

Die Kirche ist ein Backsteinbau aus der zweiten Hälfte des 14. Jahrhunderts. Das rechteckige Schiff endet in einem polygonalen Chorschluß, an der Westseite erhebt sich ein Turm, von dem nur der untere Teil im Mittelalter entstanden ist, der hölzerne Oberbau mit dem abschließenden Walmdach entstammt dem 17./18. Jahrhundert. Besonders schön ist am Außenmauerwerk der schwarz glasierte Maßwerkfries unter der Traufe, er erinnert an gleichzeitige, ähnlich gestaltete Schmuckelemente Wismarer Kirchen. Eine Einwölbung der Kirche war geplant, da sie unterblieb, erhielt die Kirche eine hölzerne Flachdecke.

Von der einstigen mittelalterlichen Ausstattung sind nur Teile erhalten geblieben, darunter mehrere Schnitzfiguren eines spätgotischen Altaraufsatzes und ein schönes Triumphkreuz mit Evangelistensymbolen. Von 1435 stammt die Glocke, sie ist das Werk des Gießers Timmo Jheger, von dem sich in Mecklenburg mehrere Glocken erhalten haben.

Aus der nachreformatorischen Zeit stammt der barocke Kanzelaltar. Erwähnenswert ist auch der Grabstein des V. v. Bülow und seiner Gemahlin vom Ende des 16. Jahrhunderts, verziert mit ganzfigurigen Flachreliefs der Verstorbenen.

DEMEN

(Kr. Schwerin)

Zu den eindrucksvollen mittelalterlichen Backsteinkirchen des weiteren Umlandes von Schwerin gehört die Demener Kirche. Das Dorf wird bereits 1265 genannt, und da unter den damals an das Kloster Dobbertin abgetretenen Ländereien auch ein Kirchlehen war, darf auf das Vorhandensein einer Kirche geschlossen werden. Der heutige Bau ist allerdings erst um 1300 entstanden und besteht aus dem fast quadratischen Chor und einem zweijochigen Schiff, vor dem im Mittelalter mit einem Turmbau begonnen wurde, der jedoch erst im 19. Jahrhundert in stark reduzierter Gestalt vollendet wurde. Während der Chor von einem Kreuzrippengewölbe überspannt wird, besitzt das ungewölbte Schiff eine hölzerne Flachdecke.

Ein Brand im Jahre 1956 beschädigte das Gotteshaus schwer und machte eine Neuausgestaltung notwendig. Aus dieser Zeit stammt das große Altarbild mit einer Kopie des Auferstehungsbildes vom Isenheimer Altar des Meisters Grünewald.
Abb. S. 106, 107

GÖHREN

(Kr. Schwerin)

Die kleine Kapelle des Dorfes steht inmitten des einige hundert Meter vom Dorf entfernten Friedhofes. Entstanden ist der nur sieben Gefache lange, mit einem Satteldach versehene Fachwerkbau um 1950. Das Innere ist flach gedeckt. Zur schlichten Ausstattung gehört ein Holzrelief auf dem Altar mit dem auferstehenden Christus.

Im frei stehenden Glockenstuhl neben der Kapelle hängt eine Gußstahlglocke von 1954.

GÖRSLOW

(Kr. Schwerin)

Das Dorf Görslow östlich des Schweriner Sees besteht aus zwei Teilen, dem älteren ehemaligen Gutsdorf über dem Steilufer des Sees und einem entlang der Straße Raben Steinfeld–Leezen in den dreißiger Jahren durch Aufsiedlung entstandenen und bis in die Gegenwart durch Neubauten ständig erweiterten Straßendorf. Hier befindet sich auch der Friedhof, während die Kirche im älteren Dorfteil steht, der sich bereits im 14. Jahrhundert im Besitz der Familie von Halberstadt befand, die es erst im 18. Jahrhundert weiter veräußerte. Vor dem am Beginn des 19. Jahrhunderts errichteten Gutshaus, das leider nicht mehr steht, ziehen sich entlang der Dorfstraße die Katen der damaligen Gutsarbeiter; am östlichen Ende steht auf einer kleinen Anhöhe die 1842 begonnene, 1846 vollendete Kirche. Leider ist nicht überliefert, welcher Architekt die Entwürfe für den kleinen spätklassizistischen Bau geliefert hat, er dürfte aber aus dem Umkreis der damals in Schwerin tätigen Baumeister Wünsch oder Bartning stammen. Der Rechteckbau besitzt im Osten eine außen polygonale, innen runde apsidiale Endung, im Westen einen vorgesetzten zweigeschossigen Turm mit einem niedrigen Zeltdach als Abschluß. Das Innere ist schlicht, lediglich der Kanzelaltar verdient Beachtung.

Der bestehende Kirchenbau hatte einen Vorgänger in der Nähe des früheren Gutshauses, wahrscheinlich sogar aus mittelalterlicher Zeit. Bereits im 18. Jahrhundert hatte man die Mauerteile in ein damals neu gestaltetes Mausoleum einbezogen, das heute nicht mehr existiert. Aus dieser alten Kirche könnte die Glocke stammen, die jetzt in einem hölzernen Stuhl auf dem Friedhof hängt und 1457 gegossen wurde.

GOLDENSTÄDT
(Kr. Schwerin)

Das Lewitzdorf Goldenstädt, fast 20 km südlich von Schwerin gelegen, wird 1270 erstmals erwähnt und gleicht in seiner Geschichte den Nachbarorten Mirow oder Uelitz. Nach dem Dreißigjährigen Krieg wurde seine eigenständige Pfarre aufgegeben, seitdem wird das Dorf geistlich von Uelitz aus versorgt.

Der wohl erst im 15. Jahrhundert aus einer Mischung von Feld- und Backsteinmauerwerk errichtete kleine Kirchenbau ist nur zwei Joche lang und endet mit einem Dreiachtelschluß. Einen Turm besitzt die Kirche nicht, für die Glocke wurde vor der Westseite ein hölzerner Stuhl errichtet. Portale und Chorfenster sind bis heute in der ursprünglichen Gestalt erhalten geblieben, die Schiffsfenster dagegen in der Barockzeit verändert worden. Das Innere besitzt eine Flachdecke.

Der architektonisch gestaltete dreigeschossige Altaraufbau entstammt dem 18. Jahrhundert, allerdings sind seine ursprünglichen Bilder nicht erhalten, in die Mitte ist jetzt ein Gemälde im nazarenischen Stil eingefügt, als Bekrönung fungiert ein Kruzifix; barock sind die kräftig geschwungenen seitlichen Blattranken. Wahrscheinlich älter sind die Altarschranken mit dem durchbrochenen Stabwerk, sie gehören ins 17. Jahrhundert. Die Kanzel mit ihrem polygonalen, an den Kanten durch gedrehte Säulen bereicherten Korb und einem passenden Schalldeckel wird um die Mitte des 18. Jahrhunderts entstanden sein.

Die Glocke ist 1681 von dem Schweriner Glockengießer M. Vites Siebenbaum hergestellt worden.

GROSS BRÜTZ
(Kr. Schwerin)

Unter den Dörfern westlich Schwerins ist Groß Brütz eines der größten und auch der ältesten, denn es ist mit Sicherheit im Zusammenhang mit der deutschen Besiedlung des Landes in der zweiten Hälfte des 12. Jahrhunderts entstanden. Die urkundliche Erwähnung ist allerdings erst im frühen 13. Jahrhundert erfolgt.

Der bestehende Kirchenbau, ein flachgedeckter Saalraum mit polygonalem Ostschluß, wurde in Backstein errichtet und besitzt im Westen einen vorgesetzten zweigeschossigen Turm mit voll ausgebildetem Walmdach. Anhand der stilistischen Merkmale ist die Kirche ein Bau des 14. Jahrhunderts, also der Nachfolger eines älteren Baues. Wie eine für 1456 überlieferte Kirchweihe zu deuten ist, blieb bisher unklar, wahrscheinlich schloß sie eine umfassende bauliche Erneuerung des Gebäudes ab. Das Gotteshaus war hier gewölbt. Die jetzige hölzerne Flachdecke ist bei der letzten umfassenden Restaurierung von 1890 eingebracht worden, doch auch ihr war eine flache Bretterdecke vorausgegangen, von der sich einzelne Bretter erhalten haben, die nach dem Typus der bäuerlichen Rankenmalerei aus der Zeit um 1700 stammen müssen.

Der Innenraum mit seinen Emporen und Gestühlen bietet das einst für die meisten mecklenburgischen Dorfkirchen typische Bild, in denen die Patronatsfamilien und die Bewohner der oft zahlreichen eingepfarrten Dörfer ihre festen Plätze hatten. Inzwischen ist in den meisten Kirchen infolge des gesunkenen Platzbedarfs eine Veränderung dieser Situation erfolgt.

Von der mittelalterlichen Ausstattung der Kirche sind nur die Seitenflügel eines Schnitzaltars aus dem 15. Jahrhundert noch vorhanden, in ihnen stehen die Figuren der zwölf Apostel. Unweit der Kirche steht auf dem Friedhof die Kuppa der alten Taufe; das Kalksteinbecken mit vierpaßförmigem Grundriß aus frühgotischer Zeit wird als Blumenschale benutzt. In der Kirche selbst fand Ende des 17. Jahrhunderts ein hölzerner Taufbehälter seinen Platz, sein hoher Deckel wird von einem laternenartigen Aufbau bekrönt. Aus dem Jahr 1699 stammt die mit gedrehten Säulen verzierte Kanzel, zur gleichen Zeit wurde die Empore für die Familien derer von Bülow, Plessen, Behr und Schmuckmann aufgestellt. Auf ihr steht ein Ofen aus schwarz glasierten Kacheln aus der Barockzeit, eine Rarität unter den Inventarstücken unserer Dorfkirchen. Auch zwei barocke Gemälde gehören zum Kunstbesitz der Kirche, das wertvollere ist eine Darstellung der Kreuzaufrichtung des Kölner Malers Johann Hülsmann aus dem Jahre 1644.

1890 wurde ein neuer Altaraufsatz aufgestellt, für den durch die Malerin Louise Schmidt eine Kopie des Kruzifixgemäldes von Pfannschmidt in der Kirche von Serrahn bei Krakow angefertigt wurde. Aus der Kirche zu Groß Brütz stammt eine der wenigen mittelalterlichen Textilien Mecklenburgs, die über die Zeiten gerettet und jetzt in musealer Obhut aufbewahrt wird. Es ist ein reich besticktes Pluviale aus italienischem rotem Damast, entstanden im Zusammenhang mit der oben bereits erwähnten Kirchweihe von 1456. Die in Norddeutschland hergestellten Stickereien auf zwei Zierstreifen an der Vorderseite stellen populäre Heilige und das Wappen der Stifterfamilie von Halberstadt dar. Nachdem das Gewand von 1694 bis 1873 in der Verwahrung der Schweriner Justizkanzlei als Beweisstück in einem längst vergessenen Prozeß war, kam es im letztgenannten Jahr in die Obhut des heutigen Staatlichen Museums in Schwerin.

Nahe bei der Kirche steht das im 18. Jahrhundert errichtete Pfarrhaus, ein für diese Zeit charakteristischer eingeschossiger Fachwerkbau mit mittlerem übergiebeltem Frontispiz. Eine regionale Berühmtheit sind die im westlichen Teil des Pfarrgartens stehenden, zu einem Tor zusammengewachsenen beiden etwa zweihundertjährigen Linden.
Abb. S. 108, 109

GROSS EICHSEN
(Kr. Gadebusch)

In landschaftlich hervorragender Lage am hohen Westufer des von der Stepenitz durchflossenen Gr. Eichsener Sees liegt etwa 15 km nordwestlich von Schwerin das Kirchdorf Groß Eichsen. Bereits 1194 wird es unter den Kirchspielen der Ratzeburger Diözese genannt, weltliche Herren waren die Grafen von Schwerin. Um 1200 kam das Dorf als Schenkung der Grafen an den Johanniterorden, dessen Vertreter aus Werben in der Altmark nach Mecklenburg kamen. Gegen Ende des 13. Jahrhunderts machte der Komtur von Kraak Groß Eichsen zum Sitz eines Priors und siedelte hier auch einen Teil der Bruderschaft des Ordens an. Als die Schweriner Grafenwürde 1358 an das herzogliche Haus überging, nahmen die Vertreter der landesherrlichen Familie fortan auch an den nach Gr. Eichsen stattfindenden Wallfahrten teil. Nach der Säkularisierung des Besitzes des Ordens kamen die Gr. Eichsener Besitzungen in die Hand des Herzogs, der das Gut im 16. Jahrhundert seinem Kanzler Johann Lucka übereignete, später aber wieder zurücknahm, um es seiner Gemahlin zu überlassen. Später gelangte das Besitztum in die Hand adliger Familien.

Die Kirche ist ein stattlicher Backsteinbau aus der ersten Hälfte des 14. Jahrhunderts. Sie besteht aus dem im Osten polygonal geschlossenen Chor, an den sich das rechteckige, durch Anbauten erweiterte Schiff und der Westturm anschließen. Die beiden »Kreuzarme« des Schiffes haben dessen Höhe und sind mit blendengegliederten Giebeln geschmückt, wahrscheinlich sind sie spätere Anbauten, die – vielleicht im Zusammenhang mit den Wallfahrten – das Raumangebot der Kirche vergrößern sollten. Der dreigeschossige Westturm wird von einem Walmdach bekrönt. Das Innere der Kirche ist flach gedeckt, die jetzige Holzdecke stammt von der Restaurierung im Jahre 1867; gewölbt ist das Obergeschoß des Turmes. Von den Anbauten enthält der nördliche die 1867 erneuerte Sakristei, der südliche ist zum Schiff hin geöffnet.

Aus mittelalterlicher Zeit blieb als wertvolles Inventarstück die Granitfünte erhalten, eine Arbeit des 13. Jahrhunderts mit Maskenköpfen am gefalteten Fuß, die kelchförmige Kuppa selbst ist schmucklos.

Vom Ende des 15. Jahrhunderts stammt der Kruzifix der ehemaligen Triumphkreuzgruppe, einige Jahrzehnte jünger ist das Chorgestühl, das aus zwei Sitzreihen von geschnitzten Eichenstühlen mit je acht Plätzen und reich mit Maßwerk verzierten Baldachinen besteht. Der Wolf als Motiv auf den Bankwangen weist auf den Prior Johannes Wulf hin, in dessen Amtszeit das Gestühl entstand.

Die übrigen Teile der Ausstattung sind barocke Kunstwerke. Der große mehrgeschossige Altar entstand 1698 und enthält in drei Geschossen gemalte Darstellungen von Abendmahl, Kreuzigung und Himmelfahrt, in den Seitenteilen Bergpredigt und Gesetzgebung, dazu kommen mehrere Freifiguren an der Seite und auf der Bekrönung. Die Kanzel kam 1680 in die Kirche, ihr Korb ist mit den Bildern der Evangelisten und am Aufgang mit Darstellungen der Ehernen Schlange, Moses mit den Gesetzestafeln und des Salvators geschmückt, auf der Rückwand erscheint ein Seraphim, der Jesaja glühende Kohlen in den Mund legt.

Der aus Hauptwerk und Rückpositiv bestehende Orgelprospekt stammt von 1671 und enthält eine reiche barocke Ornamentik. An der Orgelempore und ihrem Aufgang fanden Darstellungen musizierender Engel mit zeitgenössischen Instrumenten ihren Platz.

Aus der Zeit des herzoglichen Kanzlers Caspar Schöneich aus der Mitte des 16. Jahrhunderts erhielt sich eine Steintafel mit seinem Wappen. Er war Besitzer des Nachbargutes Schönfeld und wurde 1547 in der Kirche beigesetzt, sein ebenfalls vorhandener Grabstein stammt erst aus dem Jahre 1603. Weitere Grabsteine aus dem 17. Jahrhundert wurden 1867 aufgenommen und an den Wänden aufgestellt. In den zurückliegenden Jahren hat die Kirchgemeinde mit Unterstützung zahlreicher Helfer aus anderen Gemeinden versucht, den Verfall der großen Kirche aufzuhalten und sie als Gotteshaus und kulturgeschichtliches Denkmal der Nachwelt zu erhalten.

Abb. S. 110, 111

GROSS TREBBOW
(Kr. Schwerin)

Der 1262 erstmals genannte Ort, wie die meisten Dörfer in der näheren Umgebung der Stadt Schwerin Teil der Grafschaft, war bereits im Mittelalter die Hauptpfarre der umliegenden Dörfer. Die Kirche ist ein polygonal geschlossener Backsteinbau aus dem 15. Jahrhundert, der in nachmittelalterlicher Zeit mehrfach baulich instand gesetzt wurde und am Ende des 17. Jahrhunderts an der Südseite durch den Anbau einer kleinen Fachwerkvorhalle erweitert wurde. Das Innere ist flach gedeckt, war aber auf Wölbung vorbereitet, wie die Strebepfeiler erkennen lassen.

Der Reiz des Innenraumes geht von der einheitlichen barocken Ausstattung aus. Dazu gehört als wichtigstes Stück der architektonisch aufgebaute Altaraufsatz mit gewundenen Säulen im Hauptgeschoß, Säulen auch im Obergeschoß, mit Medaillons gefüllten seitlichen Ohren, allegorischen Figuren und Gemälden sowie kräftigen Akanthusblattornamenten. Das ikonographische Programm ist auf die Passion Christi orientiert, denn im Hauptgeschoß sind das Abendmahl, in den Ohren Gethsemane und Kreuzigung und im Obergeschoß die Auferstehung dargestellt; ganz oben erscheint der triumphierende Christus, seitlich flankiert von Engelfiguren. Der Altaraufbau ist das Werk des Wismarer Meisters Johann Friedrich Wilde und laut Inschrift 1691 entstanden. Zwei Jahre älter ist die Kanzel, in ähnlichen Stilformen, mit einem Bild des richtenden Christus zwischen den sieben Leuchtern an der Rückwand, den Darstellungen der Evangelisten am Aufgang und am angebauten Beichtstuhl mit Bildern des Salvators, Moses und Johannes des Täufers; die Brüstung des Korbes schmückt bäuerliche Rankenmalerei. In den Chorfenstern haben sich drei kleine Kabinettscheiben vom Ende des 17. Jahrhunderts mit Heiligen und Wappen erhalten. Der in historischen Formen gehaltene, mit Engelfiguren geschmückte Orgelprospekt stammt angeblich aus der Schweriner Schloßkirche.

Vor der Westwand der Kirche erhebt sich anstelle eines Turmes ein hölzerner Glockenstuhl, wahrscheinlich eine Zimmermannsarbeit aus dem 17. oder 18. Jahrhundert, die inzwischen mehrfach erneuert werden mußte. Die 1650 von Hein van Dam gegossene Glocke ist ein wertvolles kulturgeschichtliches Dokument, denn ihre Inschrift nimmt Bezug auf die Leiden des 1648 beendeten Dreißigjährigen Krieges und auf den Westfälischen Frieden.

Abb. S. 112, 113

HOHEN VIECHELN
(Kr. Wismar)

Das Dorf am Nordende des Schweriner Sees, heute politisch ein Teil des Landkreises Wismar, ist eines der ältesten Dörfer des Schweriner Umlandes, denn es wird schon 1178 genannt. Urgeschichtliche Funde, u. a. Werkzeuge aus Hirschgeweihen, deuten sogar auf eine Besiedlung des Platzes bereits in der Mittelsteinzeit hin. Auch über die mittelalterlichen Jahrhunderte hinweg war der Ort als verkehrsgeographisch günstiger Platz für die geistlichen und weltlichen Herren wie auch für die Wismarer Kaufleute, die lange mit dem Ausbau der zwischen Schweriner See und Wismarbucht geplanten und sogar begonnenen Kanalverbindung rechneten, ein interessanter Ort.

1310 wird auch die Kirche selbst erstmals genannt. Als Gründer von Ort und Kirche gilt die Familie von Plessen, deren Privilegien angeblich von Herzog Heinrich dem Löwen vergeben wurden. Im Besitz der Familie blieb der Ort bis 1457, dann kam er unter andere Herrschaften und 1507 schließlich zum herzoglichen Domanium.

Die Kirche ist ein rechteckiger Backsteinbau von fünf Jochen, innen als dreischiffige Hallenkirche mit auf Rundpfeilern ruhenden Kreuzrippengewölben angelegt. Das Äußere ist schlicht, ein umlaufender Kleeblattbogenfries und zwei Portale an der Südseite sowie das ursprünglich als vom Turm aus zugänglich gedachte Westportal sind der einzige Schmuck. Die Ausbildung eines Ostgiebels unterblieb ebenso wie der Bau des geplanten Turmes.

Das Innere überrascht durch seine weiträumigen Verhältnisse. Schlanke Pfeiler mit lagenweise eingefügten glasierten Steinen und der ebenfalls durch Glasursteine angedeuteten Kapitellzone leiten nahtlos zu den Gewölben über.

Die Ausstattung ist vielgestaltig und von hohem künstlerischem Wert. Anfang des 17. Jahrhunderts errichtete man den jetzt an der Südwand angebrachten Altaraufsatz. Es ist ein architektonisch gegliederter Aufbau mit Reliefs von Abendmahl, Kreuzigung und Auferstehung sowie einer Büste Gottvaters im Giebelaufsatz. Mehrere Putten sowie die jetzt seitlich angebrachten Figuren von Mose und der Justitia gehören ebenfalls zum ursprünglichen Bildprogramm. Um 1860 trat an die Stelle dieses Aufsatzes im Zusammenhang mit einer Restaurierung der Kirche eine neugotische Altarwand mit einem Himmelfahrtsbild des Schweriner Malers Theodor Fischer. Zur gleichen Zeit wurden auch Kanzel, Gestühl, Orgel und Westempore erneuert; auch die Gliederung der Wände stammt aus dieser Zeit. Ein sehr altes Stück ist auch die Granittaufe mit rundem Fuß und einer mit Blendarkaden und Maskenköpfen verzierten Kuppa. Sie stammt aus dem 13. Jahrhundert, ebenso die älteste der in der Kirche aufgestellten Plastiken, die an der Nordwand stehende hölzerne Ritterfigur. Angeblich ist es der Kirchengründer Helmold von Plessen. Wahrscheinlich ehemals als Tumbenfigur für ein Grabmal angefertigt, steht er heute auf einem 1907 erneuerten Sockel aufrecht vor der Wand, stilistisch der Georgfigur auf der ältesten Glasscheibe in der nahen Kirch Stücker Kirche eng verwandt. Eine steinerne Madonnenfigur entstammt dem 14. Jahrhundert, mehrere hölzerne Heiligenfiguren und auch eine Diakonplastik dagegen sind Arbeiten des 15. Jahrhunderts. Vom Kirchengerät sind erwähnenswert eine heute schon seltene Schraubflasche aus Zinn von 1679 und ein Kelch aus dem 15. Jahrhundert. Nahe dem Westportal steht eine in der zweiten Hälfte des 15. Jahrhunderts geschaffene Triumphkreuzgruppe.

Im Glockenhaus westlich der Kirche, das vermutlich 1774 entstand, hängen heute zwei Glocken: die ältere wurde 1567 von Meister Hans Brandt gegossen, die jüngere schuf 1723 in Friedland bei Neubrandenburg Michael Begun.
Farbtafel S. 37, Abb. S. 114–117

KIRCH STÜCK
(Kr. Schwerin)

Fast noch im Weichbild der Bezirksstadt liegt an der Fernstraße nach Wismar das Dorf Kirch Stück, bereits 1178 erstmals genannt und damit eine der ältesten ländlichen Siedlungen in der Umgebung Schwerins. Das kleine Dorf mit seinen wenigen Häusern besitzt eine der schönsten und ältesten Dorfkirchen des Bezirkes mit kunstgeschichtlich bedeutsamen Ausstattungsstücken.

Der stattliche Backsteinbau geht auf die zweite Hälfte des 13. Jahrhunderts zurück, am Chor sind mit den Ecklisenen noch Relikte spätromanischer Baugesinnung erhalten. Der Chorgiebel ist nur sparsam dekoriert, drei einfache Blenden beleben seine Fläche. Den Giebelfuß markiert ein Zahnschnittfries, der sich als Trauffries an den Chorlängswänden fortsetzt. Mit besonderem Aufwand wurde die Priesterpforte gestaltet, hier finden sich im Gewände Lagen glasierter Ziegel und ein an den Kirchen unseres Bereiches sonst selten anzutreffendes Kämpferband.

Das dreijochige Schiff ist höher und breiter als der Chor und später entstanden. Abgetreppte Strebepfeiler markieren die Jochgrenzen und deuten auf eine Einwölbung hin, die aber aus unbekannten Gründen unterblieb. Der Schiffsgiebel ist mit einfachen Rundbogenblenden ähnlich wie der Chorgiebel nur sparsam gegliedert. Im Westturm gipfelt die vom Chor über das Schiff wahrnehmbare Höhenentwicklung des Baukörpers; der im Grundriß quadratische Bauteil von der Breite des Schiffes wird von einem hohen Walmdach bekrönt, ein relativ selten vorkommender Turmabschluß. Die drei Turmgeschosse unterscheiden sich in ihrer Gliederung, im Erdgeschoß befindet sich das mehrfach abgestufte Portal, an den Seiten kleine Fenster, im mittleren Geschoß sind die meisten Fenster nachträglich zugesetzt worden, lediglich das oberste Geschoß öffnet sich nach allen Seiten mit je zwei, in Blenden eingefügten Schalluken.

Das Innere ist in sich uneinheitlich. Der Chor besitzt ein tief ansetzendes gebustes Kreuzrippengewölbe mit Eckdiensten und stereometrisch ausgebildeten Kapitellen. Dieser frühgotischen Lösung steht im Schiff eine weitaus jüngere gegenüber, denn hier wurde in der zweiten Hälfte des 19. Jahrhunderts im Rahmen einer Restaurierung eine neue hölzerne Deckenkonstruktion eingebracht als Ersatz für eine nicht mehr als angemessen empfundene hölzerne Flachdecke.

Für die geringe Qualität der Innenarchitektur entschädigen die Kunstwerke der Kirche. Das älteste ist die einzige erhaltene Glocke, wahrscheinlich eine Arbeit aus dem frühen 14. Jahrhundert, in lateinischer Inschrift und leonischen Versen mahnt sie die Gläubigen zur Verehrung Gottes. Ihre Majuskelinschrift gleicht der auf der großen Glocke in Hohenkirchen bei Wismar, wahrscheinlich entstammen beide der Hütte des gleichen Gießers. Der Patron der Kirche, der Ritterheilige Georg, ist auf dem Mantel der Glocke dargestellt, er trägt einen Kettenpanzer und in den Händen einen Schild. Dieses Bild findet eine Entsprechung in der Glasmalerei des nördlichen Chorfensters, wo sich eine der ältesten Glasmalereien Mecklenburgs befindet; denn hier auf einer um 1300 entstandenen Scheibe erscheint der Kirchenpatron abermals als Ritter mit Kettenhemd und Schild, stehend unter einer frühgotischen Arkade. Das Bogenfeld dieses und des Nachbarfensters enthält insgesamt vier Heilige, die wie die Hauptdarstellung des linken Fensters, eine Kreuzigung, um 1400 in einer Wismarer Werkstatt entstanden sein werden. Die Architekturrahmung mit den söllerartigen Enden findet sich in ähnlicher Form an einem Zyklus von Glasgemälden, der im Nordfenster der Wismarer Heilig-Geist-Kirche enthalten ist.

Ein drittes Mal findet sich das Bild des Kirchenpatrons im Altaraufsatz. Der um 1430/40 entstandene Schnitzaltar, es ist einer der größten und vollständigsten Aufsätze in der Schweriner Umgebung, enthält im Schrein insgesamt sechs Reliefs, von denen fünf die Passionsgeschichte illustrieren, angefangen bei der Gethsemaneszene über Darstellungen der Geißelung, Dornenkrönung und Kreuztragung bis hin zur Kreuzigung, die den oberen Teil des zweigeschossigen Mittelfeldes füllt, darunter erscheint der heilige Georg zu Pferd im Kampf mit dem Drachen. Die Kastenflügel enthalten die Schnitzfiguren der zwölf Apostel, die Malereien auf ihren Rückseiten sind zerstört.

Ebenfalls mittelalterlich ist der erhaltene Kruzifix einer früheren Triumphkreuzgruppe. Das Nachmittelalter hat der Ausstattung nichts Gleichwertiges hinzugefügt. Lediglich der Grabstein der 1573 verstorbenen Anna Hahn, jetzt vor dem Altar liegend, darf besonderes Interesse beanspruchen, ist er doch ein charakteristisches Beispiel für die Grabmalskunst der Renaissance. Die Verstorbene erscheint als ganzfigurige Reliefdarstellung, gestellt unter eine rundbogig geschlossene Arkade. Dem Zeitstil entsprechen auch die lange Inschrift mit Lobeserhebungen auf den Charakter der Toten und die passenden Bibelzitate.

Beim Eingang der Kirche liegen mehrere Granitstücke, die ebenfalls Beachtung verdienen. Eines ist die Kuppa eines Taufsteins, die aus dem schwer zu bearbeitenden Material sicherlich mühsam hergestellt wurde, das andere diente zuletzt als Weihwasserbecken, ist in Wirklichkeit aber ein weitaus älteres Stück, denn es diente den Menschen der Urgesellschaft als Trogmühle zur Aufbereitung von Getreide.

Farbtafel S. 38, Abb. S. 118, 119

KLADOW
(Kr. Schwerin)

Kladow liegt im landschaftlich schönen oberen Warnowtal und ist heute ein Ortsteil von Gädebehn. Seit die hier früher befindliche Wassermühle verschwunden ist, erinnert nur die Kirche an die lange Geschichte des Dorfes, das 1317 zum ersten Mal in den Urkunden genannt wird.

Die Kirche, ehemals ein mittelalterlicher, aber bescheidener Backsteinbau, ist im Jahre 1780 einem tiefgreifenden Umbau unterzogen und dabei in spätbarocken Formen neu gestaltet worden, was vor allem an dem damals verputzten Mauerwerk noch heute ablesbar ist. Der vorgesetzte Westturm ist im Kern ebenfalls ein mittelalterlicher Bauteil, er wurde aber 1859/60 neu ummantelt; ihn bekrönt ein im unteren Teil vierseitiger, in der Spitze achtseitiger Helm. Der Schweriner Weinhändler Uhle, 1860/62 Besitzer des Kladower Gutes, und einer der nachfolgenden Eigentümer, der Verdener Sparkassendirektor Ernst Voss, ließen 1860 und 1877 kleinere Erneuerungen ausführen.

Im Inneren wird der Raum von einer flachen Holzbalkendecke überspannt, die ursprüngliche ist angeblich in den Befreiungskriegen von bi-

wakierenden Truppen verheizt worden; sie mußte anschließend erneuert werden. Alte Stücke sind der Kanzelaltar von um 1780 mit den seitlich rahmenden Säulen, die Altarschranken und der bereits 1676 entstandene Pastorenstuhl, der wohl zugleich auch als Sakristeiverschlag diente. Zur alten Ausstattung gehören zwei Messingleuchter aus dem 17./18. Jahrhundert und eine kleine mittelalterliche Glocke von 1488.

Abb. S. 120

KLINKEN
(Kr. Parchim)

Das große Dorf liegt etwa 10 km südlich von Crivitz und erscheint in den urkundlichen Überlieferungen zum ersten Mal im Jahre 1230.

Die einige hundert Meter östlich des Dorfes im Wiesengelände errichtete Kirche ist ein Backsteinbau aus der zweiten Hälfte des 14. Jahrhunderts und besteht aus dem zweijochigen Schiff mit einem angefügten östlichen Polygon. Wahrscheinlich erst im 15. Jahrhundert wurde sie zur Stufenhalle erweitert, d.h., den Längsseiten wurden etwas niedrigere, aber nicht durch einen Obergaden belichtete Seitenschiffe angefügt. 1804 wurde das südliche wieder abgetragen und die Kirche an dieser Seite verputzt. Durch den Anbau der Seitenschiffe ergaben sich an der Ostseite Halbgiebel, die mit Blenden gegliedert wurden. Vor der Westseite der Kirche befindet sich ein hölzerner turmähnlicher Anbau zur Unterbringung der Glocken.

Das Innere ist mit Kreuzrippengewölben überspannt. Seit 1975 wurden umfangreiche Wand- und Gewölbemalereien aus dem späten 14. Jahrhundert aufgedeckt, so hat sich das Bild dieses Raumes stark gewandelt. Diese Malereien gehören zu einem Passionszyklus bzw. stellen im Polygon Heilige und Apostel dar. Im Gewölbe ist feingliedriges vegetabilisches Rankenwerk freigelegt worden.

Zur Ausstattung gehört der Schrein eines mittelalterlichen Schnitzaltars aus dem späten 15. Jahrhundert mit einer Gruppe der thronenden Maria und von Christus, seitlich gerahmt von den Standfiguren der Anna Selbdritt und des Evangelisten Johannes. Die bekrönende Kreuzigungsgruppe ist ebenfalls spätgotischer Herkunft.

Die Kanzel vor der Südseite der Kirche ist ein Werk des 17. Jahrhunderts. Angeblich soll sie aus der alten, 1708 abgebrochenen Schelfkirche in Schwerin stammen und 1716 in Klinken wieder aufgestellt worden sein. Korb, Aufgang und Schalldeckel sind ohne figürlichen Schmuck, dafür ist der als Kanzelträger fungierende Petrus eine äußerst interessante Plastik. Kunsthistorische Vergleiche haben indes ergeben, daß sich hinter dieser männlichen Figur wahrscheinlich Simon von Kyrene verbirgt, der zu einer Kreuztragungsgruppe gehört haben könnte. Durch die Pilgertasche am Gürtel glaubte man lange, es sei der Apostel Jacobus d. Ä. Eine Arbeit des 17. Jahrhunderts ist auch das hölzerne Tauffaß mit Deckel. Hinter dem Orgelprospekt, der klassizistische und neugotische Gestaltungselemente vereinigt, verbirgt sich ein Werk des Hagenower Orgelbauers Johann Heinrich Runge, das er 1841 als sein Meisterstück schuf und das die Klinkener Kirche 1845 erwarb.

Abb. S. 121–124

KRAAK
(Kr. Schwerin)

Das Dorf im Südwesten des Landkreises Schwerin hat eine wechselvolle Geschichte erlebt, die man dem kleinen Ort äußerlich heute kaum anmerken kann. Am Anfang des 14. Jahrhunderts gründete der Johanniterorden hier eine Komturei, die nominell bis zur Aufhebung des Ordens nach der Reformation (1562) bestand. Innerkirchliche Auseinandersetzungen und Streit mit dem Landesherren überschatteten das Wirken der hier ansässigen Ordensleute. Nach der Aufhebung des Ordens machte man ihre Niederlassung in Kraak zu einem landesherrlichen Jagdhaus. 1612 entwarf der aus Emden nach Schwerin berufene Baumeister Ghert Evert Piloot für Herzog Adolf Friedrich ein Lusthaus, das durch den Umbau des alten Komtureigebäudes geschaffen werden sollte; durch den Ausbruch des Dreißigjährigen Krieges wurde dieser Plan wie mancher andere nicht verwirklicht. 1710/13 ließ Herzog Friedrich Wilhelm dann zwar ein solches Gebäude errichten, es verfiel aber wenige Jahrzehnte später in den Auseinandersetzungen zwischen Herzog Carl Leopold und den nach Mecklenburg entsandten Reichsexekutionstruppen, die auch hier operierten.

Angesichts der geschichtlichen Bedeutung des Ortes überrascht die Schlichtheit des Backsteinbaues, der vier Joche lang ist und im Osten in einem verschliffenen polygonalen Abschluß endet. Die turmlose Westwand ist ähnlich wie bei der Klosterkirche in Tempzin mit einem aus dem Mauerwerk vorspringenden Unterbau für einen über dem Westgiebel geplanten Turm versehen, der aber nicht zur Ausführung kam. Dafür steht heute ein Glockenstuhl nahe bei der Kirche. Das Innere überspannt eine Bretterdecke.

Von Bedeutung ist die reiche Ausstattung des Gotteshauses. Hauptstück ist ein prachtvoller mittelalterlicher Schnitzaltar aus der Zeit um 1500; im Mittelschrein stehen die beiden Johannes', zwischen ihnen die Madonna. Die Kastenflügel nehmen die zwölf Apostel auf, während in der Predella sechs Halbfigurenbüsten von weiblichen Heiligen ihren Platz gefunden haben. Der 1911 umfassend restaurierte Aufsatz gehört zu den schönsten Schreinen im westmecklenburgischen Raum. Die Malereien auf den Rückseiten stellen die Heimsuchung der Maria und die Anbetung der Könige dar.

Von ausgezeichneter künstlerischer Qualität ist auch die große Triumphkreuzgruppe, die jetzt an der Südwand der Kirche steht. Sie ist ein Werk aus dem zweiten oder dritten Jahrzehnt des 16. Jahrhunderts. Darüber hinaus besitzt die Kirche noch mehrere spätgotische Schnitzfiguren, darunter eine Gruppe mit Figuren der Heiligen Sippe, ebenfalls vom Anfang des 16. Jahrhunderts.

Die Barockzeit hat der Kirche die Kanzel hinzugefügt. Sie entstand 1697 und ist am Korb mit gewundenen Säulen und gemalten Evangelistendarstellungen sowie mit zahlreichen Zitaten geschmückt. An der Rückwand erscheint Christus als der Salvator.

Im Glockenstuhl befindet sich eine Glocke von 1949.

Farbtafel S. 39, Abb. S. 125

LANGEN BRÜTZ
(Kr. Schwerin)

Langen Brütz wurde 1985 650 Jahre alt, denn 1335 ist das Dorf im Zusammenhang mit der Regelung von Besitzrechten des Schweriner Domkapitels erstmals genannt worden. Die Besitzverhältnisse in diesem Dorf östlich des Schweriner Sees änderten sich in den folgenden Jahrhunderten noch häufig, unter den adligen Familien, die als Eigentümer auftraten, sind u. a. auch die von Halberstadts und von Schacks, Familien, die über reichen Landbesitz im Schweriner Umland verfügten.

Die Kirche, ein schlichter Backsteinbau aus der Mitte des 19. Jahrhunderts, liegt östlich der Dorfstraße inmitten des kleinen Friedhofs. 1859 ist als Jahr der Vollendung des Baues überliefert. Das im Osten gerade geschlossene Gebäude ist innen flach gedeckt und besitzt im Westen einen quadratischen Turm mit achtseitigem niedrigem Helm. Die schlichte zeitgenössische Ausstattung des neugotischen Kirchleins ist eine Stiftung des Gutsbesitzers Johann Peter Heinrich Diestel. Vor dem Altar liegt eine aus dem Vorgängerbau übernommene Grabplatte von 1661 mit einer für die damaligen Zeiten typischen langen Inschrift. Das mit Abstand älteste Ausstattungsstück der Kirche ist die 1462 gegossene Glocke mit den Bildern der Madonna und eines heiligen Bischofs sowie einer Minuskelinschrift, die einen Bittruf an Gott und Maria enthält.

MIROW
(Kr. Schwerin)

Das bereits im 13. Jahrhundert mit einer eigenen Kirche genannte Dorf am Rand der Lewitz besitzt seit langem keine eigene Pfarre mehr, sondern wird von Uelitz aus betreut.

Der baufällig gewordene Vorgängerbau der heutigen Kirche war Veranlassung, von 1842 bis 1845 einen Neubau nach Entwürfen des Schweriner Landbaumeisters Bartning zu errichten. Dieser neugotische Backsteinbau ist außen nur sparsam gegliedert, seine Detailformen aber sind sorgfältig ausgearbeitet, so z. B. die kleinen Dreipaßblenden auf den Strebepfeilern. Im Osten endet das Schiff in einem Polygon, das nicht als eigenständiger Bauteil abgesetzt ist. Der über quadratischem Grundriß errichtete Turm, dessen Spitzhelm bei der letzten umfassenden Reparatur durch ein flaches Zeltdach ersetzt wurde, ist in den dem übrigen Bau angepaßten Formen erst nachträglich angefügt worden, ebenso wie die Sakristei an der Nordseite, die stilistisch die Neugotik des ausgehenden 19. Jahrhunderts verkörpert.

Das Innere überspannt eine hölzerne Deckenkonstruktion. Der Kanzelaltar gehört zu den zeitlich spätesten Vertretern seiner Art in Mecklenburg. 1857 schuf der Hagenower Orgelbauer Johann Heinrich Runge die Orgel. Im Turm hängt als letztes Zeugnis der in Mirow bereits im Mittelalter vorhandenen Kirche eine kleine Glocke aus dem 15. Jahrhundert.

MÜHLEN EICHSEN
(Kr. Gadebusch)

Das Dorf, heute im Straßenkreuz Schwerin-Grevesmühlen und Wismar-Gadebusch gelegen, geht wahrscheinlich in seinem Ursprung auf eine hier am Stau der Stepenitz schon früh angelegte Wassermühle zurück.

1283 wird der Name des Dorfes urkundlich zum ersten Mal genannt, als sich der zuständige Diözesanbischof in Ratzeburg und die im benachbarten Groß Eichsen ansässigen Johanniter über das Kirchenpatronat einigen, das damals der Orden übernommen hat.

Die Kirche aus dem frühen 14. Jahrhundert ist ein großer rechteckiger Backsteinbau, der ursprünglich in drei Jochen eingewölbt werden sollte, wie die Aussparungen für die Gewölbeansätze im Mauerwerk erkennen lassen; warum dieser Plan nicht verwirklicht wurde, ist unbekannt. Die Gestaltung des Äußeren ist schlicht, lediglich der Ostgiebel weist einfache gestaffelte Blenden auf, die seitlich von Rautenfeldern flankiert werden. An der Südseite erhielt sich ein Portal mit abgefasten Kanten und eingestellten Rundstäben. Der südöstliche, ebenfalls einfach gegliederte Anbau ist auch mittelalterlich, ebenso wie der mächtige, wohl erst im 15. Jahrhundert vorgesetzte Westturm, der von einem abgewalmten Satteldach bekrönt wird.

Von der mittelalterlichen Ausstattung ist außer der Glocke »Osanna« von 1442 nichts erhalten geblieben.

1711 erhielt die Kirche einen damals modernen Kanzelaltar, der zu den schönsten Beispielen dieses Typs in Mecklenburg zählt. Der Aufsatz ist ein architektonischer Aufbau, der in der Sockelzone ein kleines Abendmahlsgemälde enthält, im Hauptfeld darüber sitzt in der Mitte der polygonale Kanzelkorb, der von Engeln gehalten wird und mit Figuren des Salvators sowie von Petrus und Paulus geschmückt ist. Die den Korb flankierenden Säulen tragen ein kräftiges, verkröpftes Gesims, zu ihren Seiten stehen die vollplastischen Figuren von Mose und Aaron, den seitlichen Abschluß bilden reich ornamentierte und mit Engelputten verzierte Wangen. Im oberen Geschoß dominiert ein Gemälde der Kreuzigung Christi zwischen rahmenden Pilastern, auf dem Gesims stehen Figuren der Evangelisten. Ganz oben thront in einer Strahlengloriole und, begleitet von Engeln, der Auferstandene. Leider ist die originale Farbigkeit des Aufbaues spätestens bei den Renovierungen um die Mitte des 19. Jahrhunderts durch heute langweilig empfundene Ölfarbenanstriche ersetzt worden. Eine notwendig gewordene Restaurierung muß neben der Substanzsicherung auch der Rückgewinnung dieses für die Wirkung wichtigen Aspektes dienen. Die mit durchbrochenem Schnitzwerk versehene Altarschranke ist zusammen mit dem Kanzelaltar entstanden.

Vor dem großen Bogen zum oberen Turmraum befindet sich die aus Hauptwerk und Rückpositiv bestehende Orgel, ihr barocker Prospekt entstand am Ende des 17. Jahrhunderts.

Im Mittelgang der Kirche liegt eine große Grabplatte aus Kalkstein mit seitlichen Wappenreihen und einem Auferstehungsrelief in der Mitte. Sie gehört zu einer größeren Anzahl von Arbeiten, die im frühen 17. Jahrhundert in einer der Werkstätten geschaffen wurden, die ihre künstlerische Produktion an den am Ende des vorangegangenen Jahrhunderts in Güstrow tätigen Philipp Brandin und seinen unmittelbaren Werkstattmitarbeitern orientierten.

1985 sind an verschiedenen Stellen der Langhauswände Reste einer vermutlich barocken Wandmalerei freigelegt worden, darunter Figuren und ornamentale Partien. Stilistische Merkmale lassen auf eine Entstehung im späten 17. Jahrhundert schließen.

Abb. S. 126, 127

PAMPOW
(Kr. Schwerin)

1336 wird der südwestlich von Schwerin gelegene, durch den Bau des Industriekomplexes Schwerin-Süd nahe an die Stadtgrenze herangerückte Ort erstmals genannt. Inmitten des noch zahlreiche ältere Bauernhäuser aufweisenden Dorfes steht der neugotische Kirchenbau mit seinem erst vor wenigen Jahren neu mit Kupferblech belegten spitzen Turmhelm.

Der Backsteinbau mit dem abgesetzten, leicht eingerückten polygonalen Chorschluß, einem kleinen Sakristeianbau auf der Südseite und dem vorgesetzten quadratischen Westturm ist 1896/98 als Nachfolgebau einer älteren Kirche nach den Entwürfen des damals in Bad Doberan lebenden Architekten und Kirchenbaurestaurators Gotthilf Ludwig Möckel errichtet worden. Im Äußeren erfuhr die Kirche eine relativ reiche Durchbildung, vor allem durch die obere Fensterreihe in den Längswänden, die zur Belichtung der Emporen eingefügt wurde. Im Inneren wurde nur das Polygon eingewölbt, das Schiff überspannt eine hölzerne Deckenkonstruktion. Möckels Handschrift tragen auch die Ausstattungsstücke wie Altar und Kanzel, deren Formen er aus Elementen so bedeutender Sakralbauten wie der Klosterkirche in Bad Doberan ableitete, deren Restaurierung er über Jahrzehnte leitete.

Von der alten Ausstattung ist nur eine Glocke des Rostocker Gießers Johann Valentin Schultz aus dem Jahre 1781 erhalten geblieben, weitere vernichtete der zweite Weltkrieg.

Im alten, nicht erhaltenen Pampower Pfarrhaus hat Ende 1712 und im Januar 1713 Zar Peter I. von Rußland einige Tage gewohnt. Er zog die Unterbringung im Hause des Pastors P. Simonis allem Anschein der Einquartierung im damals bereits stark verfallenen Schweriner Schloß vor.

Abb. S. 128, 129

PARUM
(Kr. Hagenow)

Parum liegt etwa 20 km westlich von Schwerin. 1194 wurde das Dorf erstmals genannt, es war damals Mittelpunkt eines großen Kirchspiels und gehörte zur Diözese Ratzeburg. Oberster Patron war der Pfarrherr von Wittenburg, später der Landesherr.

Die heutige Kirche ist 1869/70 als Ersatz für einen älteren, den Ansprüchen der damaligen Zeit nicht mehr genügenden Bau errichtet worden. Im Langhaus sind aber beträchtliche Teile des gotischen Vorgängerbaues enthalten, lediglich Querschiff und Chor sind vollständig neu angelegt. Die Giebel des Querarmes sind mit Blenden geschmückt, vor dem südlichen erhebt sich zusätzlich eine kleine übergiebelte Vorhalle, und seitlich steht ein oktogonaler Treppenturm mit Spitzhelm. Unter der Blendenreihe im Oberteil wurde ein vom Vorgängerbau übernommenes steinernes Allianzwappen der Familien Balck/Slüter aus dem Jahre 1756 eingefügt, eine Erinnerung an die damaligen Besitzer des nach Parum eingepfarrten Gutes Schossin. Auch der schöne Westturm ist vom alten Bau übernommen, es ist ein hölzerner gebößchter und verbretterter Turm mit hohem achtseitigem Helm, der die für einen Holzturm seltene Ausbildung von vier Schildgiebeln aufweist.

Im Inneren ist nur der Chor gewölbt, das Schiff ist flach gedeckt, dazu kommt eine einheitliche neugotische Ausstattung; lediglich zwei Grabsteine der Familie Kauffeldt entstammen dem späten 17. Jahrhundert.

Weil 1806 beim Einzug der Franzosen in den Ort das vorhandene Kirchengerät entwendet wurde, stiftete die Gemeinde nach Kriegsende 1814 einen neuen silbervergoldeten Kelch.

Abb. S. 130

PECKATEL
(Kr. Schwerin)

Das in den letzten Jahren fast mit dem Nachbarort Plate zusammengewachsene Dorf Peckatel im Tal der Stör wird um die Mitte des 14. Jahrhunderts als Besitz der Schweriner Grafen erwähnt, kam später unter die Botmäßigkeit adliger Familien und Ende des 16. Jahrhunderts zum herzoglichen Amt Schwerin.

Heute bestimmen neben den historischen Höfen am Dorfplatz vor allem die Büdnerzeilen des 19. und frühen 20. Jahrhunderts sowie Eigenheime aus den Jahren nach dem zweiten Weltkrieg das Bild des Dorfes. Die kleine Fachwerkkirche liegt am Dorfplatz, dem von schattigen Kastanien umgebenen ehemaligen Friedhof. Leider sind die meisten Hallenhäuser der Umgebung in den zurückliegenden Jahren unter Aufgabe ihrer historischen Gestalt modernisiert worden, so daß die Kirche am nachhaltigsten die historische Kontinuität im Dorfbild verkörpert. Der Kapellenbau, erstmals 1596 erwähnt, ist nach seiner Konstruktion kein Fachwerkgebäude des späten 16. Jahrhunderts, sondern weist eher auf eine Entstehung im 18. Jahrhundert hin. Vermutlich ist er 1721 erbaut worden, nachdem sich die Gemeinde von den wirtschaftlichen Nöten des Dreißigjährigen Krieges erholt hatte und an einen Kirchenneubau denken konnte. Das Gebäude ist im Osten dreiseitig geschlossen und besitzt im Westen einen niedrigen verbretterten Holzturm mit Satteldach. In den siebziger Jahren wurde das Bauwerk konstruktiv und baulich saniert, die barocke Ausstattung blieb dabei erhalten. Der architektonisch aufgebaute Altaraufsatz enthält im Mittelstück ein Abendmahlsgemälde und darüber im niedrigen Aufsatz eine Auferstehungsdarstellung, beide Bilder soll der im Ort ansässige Zimmermann Stahl gemalt haben. Die Altarschranke ist mit Sprüchen verziert, die auf das Abendmahl bezogen sind. Die vor der Nordwand stehende Kanzel ist am Korb mit Bildern der Evangelisten, an der Rückwand mit einer Darstellung des Salvators geschmückt, die Brüstung des Aufgangs füllen längere Bibelzitate. Der mit der Kanzel verbundene Beichtstuhl, der wohl auch die Aufgaben eines Sakristeiverschlages erfüllen mußte, ist mit Bildern von Mose und Johannes dem Täufer bemalt. Zur einheitlichen Ausstattung des Raumes gehört auch das Bankgestühl mit den geschnitzten Wangen. Die einzige Glocke hat um die Mitte des 19. Jahrhunderts Eduard Albrecht in Wismar gegossen.

Farbtafel S. 40, Abb. S. 131

PERLIN
(Kr. Gadebusch)

Das Dorf westlich des Dümmersees erscheint im Jahre 1222 erstmals in den Urkunden und gehörte damals kirchlich zum Bistum Schwerin. Das kleine Dorf wurde im späten 19. Jahrhundert einem relativ weiten Kreis dadurch bekannt, daß sich der hier ansässige Pastor Seidel literarisch betätigte und sein 1842 im hiesigen Pfarrhaus geborener Sohn Heinrich erfolgreich im gleichen Metier versuchte. Der Schriftsteller und Ingenieur

gab einen Band mit Erinnerungen an seine Kindheits- und Jugendjahre unter dem beziehungsreichen Titel »Von Perlin nach Berlin« heraus. Mit seinem Vater zog der Knabe nach Schwerin, wo Pastor Seidel an der Schelfkirche eine Anstellung erhielt. Das im Jahre 1841, ein Jahr vor Seidels Geburt, errichtete Pfarrhaus ist heute ein staatliches Ferienheim, zieht aber als Geschichtsdenkmal immer wieder Besucher an, die das wenige Schritte von der Kirche und dem Friedhof entfernt stehende Haus mit der Gedenktafel besichtigen wollen. Das ehemalige Pfarrgrundstück und der Friedhof grenzen an den im 18. Jahrhundert angelegten Gutspark mit seinem wertvollen dendrologischen Bestand.

Die Kirche ist ein in zwei Etappen entstandener mittelalterlicher Feldsteinbau. Der ältere Teil ist der quadratische Chor aus lagenhaft versetzten Feldsteinen. Wahrscheinlich wurde er bereits gegen Ende des 13. Jahrhunderts errichtet, das dreiteilige Ostfenster und die leicht zugespitzte Priesterpforte in der Südwand sprechen dafür. Eine nachmittelalterliche Ergänzung ist der mit dekorativen Ziegelmustern geschmückte Fachwerkgiebel über der Ostwand, er wurde wohl nach einem Brandschaden in der ersten Hälfte des 18. Jahrhunderts errichtet. Das Schiff, im 14. oder 15. Jahrhundert ebenfalls in Feldstein erbaut, erfuhr in seinem Mauerwerk in der Barockzeit erhebliche Veränderungen, wie die Fenster und der ebenfalls in Fachwerk ausgeführte Ostgiebel erkennen lassen. Dagegen ist der Backstein-Westgiebel mit seinen schlichten gestaffelten Spitzbogenblenden eindeutig mittelalterlichen Ursprungs.

Im Inneren ist nur der Chor mit einem kuppeligen Kreuzgewölbe mit Bandrippen massiv abgedeckt, im Schiff findet sich eine hölzerne Flachdecke. Der Chor und Schiff trennende Triumphbogen ist leicht zugespitzt.

Von der Ausstattung sind nur das 1893 als Kopie des Hoffmannschen Gethsemanebildes in der Ansgar-Kapelle in Hamburg dienende Altargemälde und ein silbervergoldeter Kelch von 1472 mit einer plattdeutschen Inschrift, zwei bronzene Altarleuchter und drei Kabinettscheiben aus dem 18. Jahrhundert zu erwähnen.

Vor der Westwand der Kirche steht der hausartig umbaute zweijochige Glockenstuhl, eine Zimmermannsarbeit aus dem 18. oder 19. Jahrhundert. Von den beiden 1735 in Lübeck gegossenen Glocken blieb nur die kleinere erhalten, sie trägt die Inschrift: »Ich leute zu der Kirch und kom selbst nicht hinein ach mögten alle die mich hören sehlig sein«, dazu den lateinischen Text: »Sancta sit trinitas benedicta semper«.

PINNOW
(Kr. Schwerin)

Etwa 10 km östlich von Schwerin liegt in landschaftlich reizvoller Umgebung das Dorf Pinnow, durch seinen See heute ein bevorzugter Erholungsort für die Bewohner der nahen Großstadt.

1265 erfolgte im Zusammenhang mit einem Grundstückstausch die erste Erwähnung des Ortes, dessen Feldmark teilweise zum Besitz des holsteinischen Klosters Reinfeld gehörte; auch das Kloster Rehna hatte hier Rechte. Nach mehrfachem Besitzerwechsel kam das Dorf um die Mitte des 17. Jahrhunderts in landesherrlichen Besitz.

Der mittelalterliche Kirchenbau ist äußerlich schlicht und besteht aus dem vorgesetzten Westturm aus Feldsteinmauerwerk und dem saalartigen langgestreckten Schiff, an das sich ohne deutliche Zäsur der polygonal endende Chor anschließt. Der älteste Teil ist der Turm, dessen frühgotisches Portal auf eine Entstehungszeit im frühen 14. Jahrhundert hindeutet. Um die Mitte des 19. Jahrhunderts wurde die Kirche eingreifend restauriert, damals wurden u. a. die Fenster verändert und im Inneren die Flachdecke durch eine neue, das Dachtragewerk einbeziehende Konstruktion ersetzt. Von der Ausstattung erwähnenswert sind der neugotisch gerahmte spätgotische Schnitzaltar mit einer zentralen Kreuzigungsgruppe im Schrein und weiteren Schnitzfiguren, mehrere Wappenreliefs von der alten, im Jahre 1592 geschaffenen Kanzel und ein großer schöner getriebener Messingleuchter aus dem Jahre 1688, den der damalige Besitzer der Steinfelder Glashütte, ein Baltzer Kaufeldt, der Pinnower Kirche stiftete. Fast 500 Jahre alt ist die älteste Glocke der Kirche, ihr Ruf schallt schon seit 1494 über die Häuser des Dorfes und den See.

Nördlich von Kirche und Friedhof liegt das Pfarrhaus, Hauptgebäude eines ausgedehnten, aus Fachwerkbauten bestehenden Gehöftes. Von hier aus werden zahlreiche Kirchgemeinden der Umgebung betreut.

Abb. S. 132, 133

PLATE
(Kr. Schwerin)

Etwa fünf Kilometer südöstlich vom Schweriner Neubaugebiet Großer Dreesch liegt an der Stör das 1191 erstmals genannte Dorf Plate; im genannten Jahr bestimmte eine Urkunde des Papstes Cölestin III. die Einkünfte aus dem bei Plate zu entrichtenden Schiffahrtszoll zur Beschaffung von Kerzen für den Dom in Schwerin.

Am westlichen Rand des großen Lewitzdorfes ist 1848/49 nach Entwürfen des Schweriner Architekten Theodor Krüger eine neue Kirche erbaut worden. Der rechteckige Backsteinbau ist fünfjochig und besitzt an der östlichen Schmalseite ein abgesetztes Chorpolygon. Der Bau mit seinem hohen Sockel verkörpert die neugotischen Kirchen der nachschinkelschen Ära, wie sie nicht nur im Brandenburgischen, sondern auch in Mecklenburg vor der Mitte des 19. Jahrhunderts entstanden. Ihr baulicher Dekor ist meist bescheiden, in Plate beschränkt er sich auf steigende Friese an den beiden Giebeln. Der Westgiebel war ursprünglich durch den Westturm verdeckt, der jedoch 1874 einem Brand zum Opfer fiel und nicht wieder aufgebaut wurde. Im Inneren ist nur das Polygon gewölbt, im Schiff wurde die Dachstuhlkonstruktion in die Deckengestaltung einbezogen.

1965 ist im Rahmen einer Renovierung die reiche neugotische Ausmalung entfernt worden, ebenso wurden beträchtliche Teile der neugotischen Ausstattung beseitigt. Der lange Zeit beiseite gestellte spätmittelalterliche Schnitzaltar aber kehrte in den Hauptraum zurück; der zweigeteilte Schrein enthält die Figuren von Maria und Johannes, in den Seitenflügeln je vier Heilige. Vor der Westseite der Kirche steht der Glockenstuhl, in dem 1879 zwei in der Wismarer Gießerei von Eduard Albrecht gegossene Glocken ihren Platz fanden. Sie wurden aus dem geschmolzenen Metall ihrer Vorgängerinnen und französischem Geschützmetall gefertigt; leider wurde die größere ein Opfer des letzten Krieges.

Abb. S. 134, 135

POKRENT
(Kr. Gadebusch)

Das nordwestlich von Schwerin gelegene Dorf, erstmals 1230 genannt, gehörte im Mittelalter zur Diözese Ratzeburg, heute zur Propstei Gadebusch.

Die schlichte Kirche entstand als Backsteinbau im 14. Jahrhundert. Während der eingezogene polygonal geschlossene Chor eine Wölbung besitzt, ist das Schiff mit einer angehobenen Holzdecke ausgestattet. Der Westturm besteht im oberen Teil aus Fachwerk und ist nur wenig höher als das Schiffdach. Das Innere wird nachhaltig durch eine Restaurierung vom Ende des 19. Jahrhunderts bestimmt, vor allem durch die neugotischen Ausstattungsstücke und die Glasmalereien.

Der neugotische Altaraufsatz enthält vier kleine Apostelfiguren, die aus einem mittelalterlichen Schnitzaltar stammen, sein Mittelteil enthält seit 1954 ein Auferstehungsbild des Schweriner Malers Rudolf Gahlbeck. Das älteste Stück der Kirche ist die im 13. Jahrhundert entstandene Granitfünte mit vier Maskenköpfen am Fuß; sie ähnelt damit vergleichbaren Stücken wie der Taufe in Hohen Viecheln oder dem aus der Döpe stammenden, jetzt im Schloßpark Wiligrad stehenden Taufstein. Ebenfalls mittelalterlichen Ursprungs ist das ehemalige Triumphkreuz mit den Evangelistensymbolen an den Kreuzenden. Ein wertvolles Kunstwerk ist ein Kelch von 1495 mit dem Relief des Kruzifixes am Fuß, Wappendarstellungen und der Minuskelinschrift mit den Namen der mittelalterlichen Stifter; das Beschauzeichen weist den Kelch als lübische Arbeit aus. Die Pokrenter Kirche erhielt ihn 1793 als Geschenk von dem Lüneburger Bürgermeister F. G. Schütz, der Besitzer des nach Pokrent eingepfarrten Gutes im Nachbarort Groß Renzow war.

Abb. S. 136–138

PRESTIN
(Kr. Schwerin)

Etwa 25 km südöstlich von Schwerin liegt Prestin, ein 1331 erstmals erwähnter Ort, lange Zeit mit einer eigenen Pfarre, heute versorgt von Demen.

Der turmlose, rechteckige Feldsteinbau mit einigen aus Backstein gebildeten Details entstand vermutlich erst im 15. Jahrhundert und ist der Nachfolger einer älteren Kirche von unbekannter Gestalt. Der Ostgiebel ist durch gestaffelte Blenden belebt, wahrscheinlich ist ein ähnlicher Giebel an der Westseite in nachmittelalterlicher Zeit aus konstruktiven Gründen abgebrochen und durch den heutigen Fachwerkgiebel ersetzt worden.

Das Innere der Kirche überspannt eine flache Bretterdecke.

Ein besonders schönes und auch kunstgeschichtlich interessantes Ausstattungsstück ist der Altaraufsatz. Der bäuerlich derbe, die zeitgenössische Ornamentik aufgreifende Aufbau entstand um 1600. Über der predellenartigen Sockelzone mit einer mittleren Segmentbogen- und seitlichen Ädikulanische erhebt sich das Hauptgeschoß mit einem hohen Mittelfeld, seitlich eingefaßt von zwei zwischen Säulenstellungen übereinandergestellten Ädikulanischen, in denen Apostelfigürchen stehen. Im Mittelfeld haben drei gotische Figuren unterschiedlichen Alters ihren Platz gefunden: in der Mitte ein auferstandener Christus aus der zweiten Hälfte des 15. Jahrhunderts, seitlich zwei Apostel aus dem späten 14. Jahrhundert. Über dem Hauptgesims wird das Schema der Predella wiederaufgenommen, in den Arkaden stehen hier ebenfalls Apostelfiguren. 1962 konnte der Aufsatz von einem entstellenden Farbanstrich des 19. Jahrhunderts befreit und in seiner originalen Vielfarbigkeit wiederhergestellt werden. Dabei vereinigt sich die Farbigkeit der mittelalterlichen Zeit mit der Farbgebung des 17. Jahrhunderts zu einem harmonischen Ganzen.

Leider blieb der am Ende des 16. Jahrhunderts entstandene Taufbehälter, den das Kunstdenkmälerinventar von 1899 noch abbildet, nicht erhalten. Statt dessen besitzt die Kirche jetzt einen Taufständer aus dem späten 19. Jahrhundert mit gemalten Maßwerkblenden und Aposteldarstellungen.

Nördlich der Kirche steht eine barock anmutende, aber erst 1808 erbaute Gruftkapelle der Herren von Pressentin, westlich der Kirche der wahrscheinlich im 18. Jahrhundert errichtete Glockenstuhl, die vorhandene Glocke stammt aus dem Jahre 1478, ihre Inschrift ruft in niederdeutscher Mundart Gott und Maria um Hilfe an und preist Christus als den König der Herrlichkeit.

Abb. S. 139, 140

RETGENDORF
(Kr. Schwerin)

Das jetzt durch seinen Campingplatz besonders im Sommer sehr zahlreich bevölkerte Dorf am Ostufer des Schweriner Außensees wurde 1241 erstmals urkundlich erwähnt. Es gehörte damals zur Grafschaft Schwerin und besaß bereits eine Kirche, die der Bischof Dietrich von Schwerin vor der Mitte des 13. Jahrhunderts geweiht hatte.

Der jetzige Backsteinbau ist allerdings kaum vor der Mitte des 14. Jahrhunderts entstanden. Die Kirche besteht aus einem zweijochigen Schiff mit Kreuzrippengewölben und dem nicht besonders abgesetzten einjochigen Chor mit polygonalem Schluß. An der Südseite erhebt sich die gleichzeitig entstandene, ebenfalls gewölbte Sakristei. Das nördliche Schiffsportal besitzt profilierte Gewände, vom Turm führt ein weiteres mit einfachen Rücksprüngen ebenfalls in den Gemeinderaum. Vom vorgesetzten Westturm ist nur das Untergeschoß mittelalterlich, der Fachwerkaufsatz entstammt vermutlich dem 17. oder 18. Jahrhundert, als Abschluß erhielt er ein nach vorn abgewalmtes Satteldach.

Das Innere prägt die letzte Restaurierung aus der Mitte der fünfziger Jahre, ihr vorausgegangen war eine Wiederherstellung in der Mitte des 19. Jahrhunderts. Daran erinnern heute noch das Gestühl, die von Hoforgelbauer Friedrich Friese mit einem neugotischen Prospekt ausgestattete Orgel, die Westempore und die neugotischen Ergänzungen des Altaraufsatzes. Der zu Beginn des 16. Jahrhunderts entstandene Schnitzaltar enthält im Mittelteil eine figurenreiche Kreuzigungsdarstellung, in den Flügeln je ein Schnitzrelief, links die Verkündigung an Maria, rechts die Anbetung des Kindes durch die drei Könige; leider hat man im 19. Jahrhundert die mittelalterliche Fassung der Figuren erneuert.

Aus dem 15. Jahrhundert besitzt die Kirche zwei weitere Schnitzarbeiten; der lange Zeit an der Wand befestigte Triumphkruzifix steht heute wieder auf seinem angestammten Platz auf einem erneuerten Balken im Chor; die Enden des Auflagekreuzes sind hier wie bei zahlreichen anderen mittelalterlichen Kreuzen mit den Symbolen der Evangelisten verziert. In der Sakristei steht ein in der ersten Hälfte des 15. Jahrhunderts entstandener kreuztragender Christus, wahrscheinlich Teil einer umfangreicheren Kreuztragungsgruppe. Vielleicht besaß die Kirche im Mittelalter noch weitere Schnitzwerke, in der Westkappe des östlichen Schiffgewölbes befindet sich eine Öffnung mit einem Durchmesser von etwa 50 cm, die unter Umständen wie in anderen Kirchen bei Osterspielen und der Illustration der Himmelfahrt Verwendung gefunden haben könnte.

Das älteste Stück der Ausstattung ist die Granitfünte im Chor, sie wurde aus Kirch Grambow im Kreis Gadebusch übernommen. Das zehneckige Becken wird von einem Schaft auf leicht abgeschrägtem Fuß getragen.

In der Sakristei sind wahrscheinlich im 19. Jahrhundert zwei ältere Grabsteine vor der Wand aufgestellt worden, der an der Ostseite stammt aus dem Jahre 1578 und enthält das Plessensche Wappen, der an der Gegenwand ist stärker abgetreten und entstand am Anfang des 17. Jahrhunderts für ein Mitglied der Familie von Sperling. Den Typ der jüngeren Grabplatten vertreten zwei Sandsteinplatten hinter dem Altaraufsatz im Chor aus dem Jahre 1826 für B. J. v. Bülow und für C. L. C. v. Bülow, geb. Oertzen von 1833, beide mit Antiqua-Inschriften und Wappenreliefs. Am Turmeingang liegen zwei Platten aus den Jahren 1850 und 1878 für Mitglieder der Familie von Schack.

Bedauerlich bleibt die Tatsache, daß die Kirche die noch bei Schlie 1897 erwähnten beiden Glocken aus den Jahren 1455 und 1482 nicht mehr besitzt, auch nicht die 1848 bei Hausbrandt in Wismar gegossene dritte Glocke; die einzige heute vorhandene wurde 1939 bei Schilling in Apolda gegossen.

Farbtafel S. 41, Abb. S. 141

RUTHENBECK
(Kr. Schwerin)

Das Dorf Ruthenbeck, heute ein kleiner, nach Zapel eingepfarrter Ort, besitzt eine mittelalterliche Feldsteinkirche aus dem 14. Jahrhundert mit polygonalem Ostschluß. Der kleine, nur zwei Joche lange Bau, ist an der Westseite mit schlichten, im oberen Teil in Backstein ausgebildeten Blenden verziert; auch die übrigen architektonischen Details wie Fenster und Portale sind aus dem leichter zu verarbeitenden Backstein gebildet. Einen massiven mittelalterlichen Turm besitzt die Kirche nicht, an der Westseite erhebt sich ein niedriger hölzerner Turm mit Verbretterung, der die Höhe des Kirchendaches nicht erreicht. Das Innere ist flach gedeckt, sein Gepräge erhält der Raum von einer Restaurierung im späten 19. Jahrhundert, bei der auch alle wichtigen Ausstattungsstücke erneuert wurden. In die neugotische Altarwand fügte man dabei einen ausdrucksstarken Kruzifix des 14. Jahrhunderts ein, der leider keine mittelalterliche Fassung mehr besitzt. Unter der Kanzel steht eine rustikal wirkende Geldtruhe, bestehend aus einem viereckigen Unterteil und aus einem Deckel, den man aus einem halbierten und ausgehöhlten Baumstamm schuf.

Abb. S. 142, 143

STRALENDORF
(Kr. Schwerin)

Reichlich 10 km südwestlich von Schwerin liegt Stralendorf, heute ein großer Ort mit Zentraldorfcharakter. Seine erste Erwähnung liegt länger als 650 Jahre zurück, denn 1334 wurde dem Dom in Schwerin eine Landschenkung beurkundet, die die Feldmark von Stralendorf betraf. 1345 wird auch das Kirchspiel erstmals genannt.

Die turmlose Kirche liegt inmitten des Friedhofs etwa in der Ortsmitte. Sie ist in der heutigen Gestalt ein Bau des 15. Jahrhunderts, über Größe und Gestalt des Vorgängerbaues sind keine Angaben überliefert. Das spätgotische Gotteshaus ist ein rechteckiger, im Osten polygonal endender Bau aus Feldstein, lediglich für die Ausbildung der architektonischen Details und für die Westwand kam Backstein zur Anwendung. Aus der nachmittelalterlichen Zeit stammen die kleine Vorhalle mit ihrem Fachwerkgiebel an der Südseite und die ehemaligen Gruftkapellen an der Nord- und Westseite, letztere sind in das Jahr 1770 datiert.

Das Innere besitzt eine Flachdecke. Der ehemalige Kanzelaltar aus dem 18. Jahrhundert ist bei der letzten Restaurierung abgebaut worden, in dem architektonisch aufgebauten Altar mit seiner Säulenrahmung und den flankierenden allegorischen Freifiguren hat ein barockes Abendmahlsrelief seinen Platz gefunden. Aus der Barockzeit erhalten hat sich auch die Brüstung einer ehemaligen Patronatsloge. Mehrere kleine Kabinettscheiben in den Fenstern sind Werke des 17. und 18. Jahrhunderts, meist sind es Wappendarstellungen. Bei der jüngsten Instandsetzung sind im Westteil der Kirche ein heizbarer Gemeinderaum und einige Nebenräume geschaffen worden, die eine verbesserte Arbeit in der Gemeinde ermöglichen.

Westlich der Kirche steht ein zweijochiger hölzerner Glockenstuhl mit Glocken von 1925 und 1956.

In dem nahen großen neugotischen Mausoleum ruht u.a. Adolf Friedrich Graf von Schack, dem das Gut im Nachbarort Zülow gehörte und der als Literaturhistoriker, Übersetzer und Kunstmäzen Weltgeltung erlangte. Er starb 1894 in Rom.
Farbtafel S. 42, Abb. S. 144

SÜLSTORF
(Kr. Schwerin)

Der etwa 15 km südwestlich von Schwerin gelegene Ort Sülstorf am Rand der Griesen Gegend ist ein Dorf mit reicher Geschichte. Im Jahre 1217 erhielten hier die Johanniter durch eine Schenkung der Grafen von Schwerin den Platz für eine Niederlassung; diese fromme Stiftung hatte wohl auch den Sinn, mit Hilfe der Ordensbrüder die Christianisierung des zur damaligen Zeit noch stark von slawischen Einwohnern besiedelten Gebietes zu beschleunigen. Die geistlichen Brüder kamen aus Werben in der Altmark und begannen bald mit der Errichtung einer dem Märtyrer Laurentius geweihten Kirche. Noch im 13. Jahrhundert wurde hier der Sitz des Komturs eingerichtet, er wurde allerdings bereits im frühen 14. Jahrhundert in das benachbarte Kraak verlegt. Sülstorf bleibt aber die Mutterkirche, zu der auch das eingepfarrte Dorf Hoort gehört. In der zweiten Hälfte des 16. Jahrhunderts wurden neben den Klöstern auch die Besitzungen der geistlichen Orden vom Landesherrn eingezogen, seitdem war Sülstorf Teil des Domaniums und der Herzog Patron der Kirche.

Der mittelalterliche Backsteinbau mit dem im Osten polygonalen, aber stark abgerundeten Schluß ist im 14./15. Jahrhundert entstanden, später aber mehrfach verändert worden, wie die vielfach gestörten Mauerverbände erkennen lassen. Zum mittelalterlichen Bau gehörte auch die Vorhalle auf der Südseite, während der nördliche Fachwerkanbau aus dem 17. Jahrhundert stammt.

Im November 1979 wurde die Kirche durch einen Brand bis auf die Umfassungsmauern zerstört, gleichzeitig gingen der geböschte hölzerne Westturm und die Ausstattung verloren. Die Gemeinde hat in den folgenden Jahren mit großem Elan und unter beträchtlichen finanziellen Opfern, zu denen auch Spenden aus der ganzen Landeskirche kamen, ihr Gotteshaus wiederaufgebaut und hat sich auch die Rekonstruktion des Turmes vorgenommen.

Durch den Brand kamen an der Nordwand des Schiffes bislang unbekannte Fresken aus dem 15. Jahrhundert zum Vorschein, die inzwischen restauriert werden konnten. Gut erkennbar sind eine Weltgerichtsdarstellung, eine Kreuztragung und eine nicht vollständig erhaltene Figur des heiligen Antonius, kenntlich an der Glocke; er war einer der Patrone des Ordens.

Als Ersatz für die verlorengegangene Ausstattung übernahm die Sülstorfer Kirche die Inventarstücke der aufgegebenen Kapelle von Zweedorf im Kreis Hagenow. Darunter ist als besonders wertvolles Stück ein spätgotischer Schnitzaltar. Er enthält im Schrein große Figuren der Mondsichelmadonna, Johannes des Evangelisten und des heiligen Georg, in den Flügeln insgesamt acht weitere Heilige. Die Predella ist mit Halbfiguren von Christus und den vier lateinischen Kirchenvätern bemalt.
Abb. S. 146

SÜLTE
(Kr. Schwerin)

Der auf ein Salzvorkommen hindeutende Name des Dorfes südwestlich von Schwerin erscheint bereits nach der Mitte des 13. Jahrhunderts in den Urkunden; die Besitzrechte an dem Ort wechseln in den folgenden Jahrhunderten häufig, kommen aber in nachmittelalterlicher Zeit endgültig an den Landesherrn.

Die Kirche ist ein neugotischer Backsteinbau aus den Jahren 1870/71 nach dem Entwurf des Schweriner Architekten Theodor Krüger. Dem vierjochigen Schiff ist ein eingerücktes Chorpolygon angefügt, die Westseite ist durch einen vorgesetzten schmalen quadratischen Turm mit Spitzhelm architektonisch bereichert. Im Inneren wurde nur das Polygon eingewölbt, über dem Schiff erhebt sich eine in der Mitte tonnenartig angehobene Holzdecke. Aus der Erbauungszeit stammt auch die einheitliche neugotische Ausstattung, den gemalten Kruzifix im Altaraufbau schuf der Schweriner Maler Theodor Fischer-Poisson. Die kleine Glocke im Turm soll aus dem Jahre 1792 stammen, bereits im späten 17. Jahrhundert sind einige Zinnleuchter entstanden.

SUKOW
(Kr. Schwerin)

Der Name des etwa 15 km südöstlich von Schwerin gelegenen Dorfes taucht in den geschichtlichen Quellen erstmals 1348 auf. Die alte Kirche von Sukow, ein Fachwerkbau aus der Zeit um 1700, wurde um 1880 abgebrochen und durch einen neugotischen Backsteinbau nach Entwürfen von Theodor Krüger in Schwerin ersetzt. Der Bau besitzt einen polygonalen Chorschluß und im Westen einen dreigeschossigen Turm mit einem weithin sichtbaren achtseitigen Spitzhelm. Die einheitliche Ausstattung der Kirche stammt aus der Zeit des Neubaues. Aus dem Vorgängerbau wurde eine Glocke aus dem Jahre 1614 übernommen, die den Namen des Pinnower Pastors Johann Rönkendorf, zweier Kirchenältester und das bisher nicht gedeutete Meisterkürzel H.W. trägt. Die Überlieferung weiß zu berichten, daß die Glocke während des Dreißigjährigen Krieges vergraben wurde, um sie zu erhalten.

Abb. S. 145

TEMPZIN
(Kr. Sternberg)

Der idyllisch am Tempziner See gelegene Ort ist untrennbar mit dem hier vom 13. bis 16. Jahrhundert ansässigen Antoniterkloster und -hospital verbunden. Im Jahre 1222 war vom Landesherrn Heinrich Burwy I., einem Enkel des letzten Obotritenfürsten Niklot, im benachbarten Kloster Sonnenkamp (Neukloster) in Anwesenheit des Schweriner Bischofs Brunward, weiterer Geistlicher und zahlreicher Adliger die Stiftung des Klosters zu Händen von zwei wohl aus Roßdorf bei Hanau stammenden Mönchen erfolgt; wenig später übernahm Grünberg in Hessen die Funktion des aussendenden Mutterklosters. Aufgabe der Mitglieder der nach den Regeln des heiligen Augustinus lebenden Brüderschaft war vor allem die Pflege der am »höllischen Feuer« erkrankten Personen; die später auch als »Antoniusfeuer« bezeichnete Krankheit entstand nach dem Genuß von Brot oder Backwaren, die aus mit Mutterkorn verseuchtem Getreide bzw. Mehl hergestellt wurden. Erst Jahrhunderte später erkannte man die Ursache der Erkrankungen. Im Mittelalter gab es für die vom Antoniusfeuer befallenen Opfer praktisch keine Hilfe, so daß sie bis zum Tode auf die Pflege barmherziger Mitmenschen angewiesen waren.

Die Geschichte der Niederlassung in Tempzin ist von Höhen und Tiefen gekennzeichnet. Die andauernde Abhängigkeit vom Mutterkloster in Grünberg und die damit verbundenen Verpflichtungen personeller und finanzieller Art belasteten die gegenseitigen Beziehungen häufig erheblich, zum anderen konnte Tempzin sich ökonomisch und geistig so stärken, daß es sogar Tochtergründungen ermöglichte, so 1391 in Mohrkirchen bei Flensburg und zu Beginn des 16. Jahrhunderts im Ermland (Frauenburg) und in Livland (Lennewarden). Das Recht, die alljährlich stattfindenden Sammlungen durchzuführen, erwarb Tempzin für die Bistümer Schwerin, Ratzeburg, Havelberg und Kammin und konnte es später sogar bis auf die skandinavischen Länder ausdehnen. Zahlreiche Stützpunkte halfen die Organisation dieser Sammelaktionen zu verbessern. »Terminieren« hieß diese Sammeltätigkeit wegen ihrer regelmäßigen Abläufe. Neben Geld erhielten die Antoniter auch Naturalien, u.a. häufig auch ein speziell für sie aufgezogenes Schwein, das mitunter als Symbol in bildlichen Darstellungen auftaucht. Nach wechselhafter Ge-

schichte und segensreicher Tätigkeit wurde das Tempziner Kloster 1552 auf Betreiben des Herzogs Johann Albrecht aufgehoben und der klösterliche Landbesitz dem Amt Tempzin einverleibt, das fortan zum Besitztum der mecklenburgischen Herzöge gehörte und lange als Abfindung für die Herzogin-Witwen verwendet wurde. 1589 entstand eine evangelische Pfarrstelle in Tempzin, zu der auch einzelne Dörfer aus dem Kirchspiel Bibow abgezweigt wurden.

Von den zahlreichen Klosterbauten sind nach der Reformation die meisten abgebrochen worden. Ein 1496 entstandener Backsteinbau südwestlich der Kirche ist neben dem Gotteshaus selbst der bedeutendste Baurest, aber auch er ist nur in stark veränderter Gestalt erhalten.

Die Kirche aber ist das schönste Zeugnis einstigen klösterlichen Lebens. Der Bau ist wahrscheinlich vom Anfang des 15. Jahrhunderts an über einen längeren Zeitraum hinweg errichtet worden, möglicherweise ist die am westlichen Ende der Südwand angebrachte Bauinschrift mit dem Datum 1500 das Zeichen, welches die Vollendung des Kirchenbaues signalisiert. Die Stiftung des Hochaltars im Jahre 1411 läßt vermuten, daß der Chor zu diesem Zeitpunkt bereits benutzbar war. 1909/11 ist der Bau durchgreifend restauriert worden.

Die Klosterkirche ist ein Backsteinbau von dreieinhalb Joch Länge mit einem eingerückten zweijochigen, polygonal geschlossenen Chor. Den Chor erhellen große fünfteilige Spitzbogenfenster mit einfachen Leibungen, unterhalb der Fenster verläuft ein Kaffgesims. Das ebenfalls schlichte Äußere des Langhauses prägen an der Südseite vierteilige, an der Nordseite überwiegend dreiteilige Fenster. An der Südseite befindet sich auch das unter Verwendung von glasierten Steinen aufgemauerte Portal und darüber die schon erwähnte Bauinschrift aus der Zeit des Präzeptors Johann Kran. Besonders interessant ist die Gestaltung der Westfront, deren beherrschendes Element eine hohe viergeschossige Spitzbogennische in der Fassadenmitte ist, über der das Türmchen ansetzt, das den Bau bekrönt. Nördlich davon tritt aus der Wand ein Treppenturm leicht hervor.

Im Inneren sind die beiden Chorjoche von Kreuzrippengewölben überdeckt, im Chorpolygon und in den Langhausseitenschiffen wurden Netzgewölbe, im Mittelschiff kleinteilige Sterngewölbe eingezogen; die Wölbung des Nordschiffes ist erst 1911 erfolgt. Im Langhaus ruhen die Gewölbe auf gestreckten Achteckpfeilern, zwischen den Stützen spannen sich in Längsrichtung die ungegliederten Scheidbogenarkaden. In die Kanten der Achteckpfeiler sind Stäbe eingelegt. In den Seitenschiffen und im Chor setzen die Gewölberippen auf Konsolen auf, die im Chor aus figürlichem Stuck bestehen; es sind hier Büsten bzw. hockende menschliche Gestalten, die wahrscheinlich frei angetragen wurden. Unter den Fenstern finden sich zahlreiche, zumeist segmentbogig abgeschlossene Wandnischen. Bei der Restaurierung 1909/11 fand man an den Wänden unter den späten Anstrichen Reste ornamentaler und figürlicher mittelalterlicher Wandmalerei, die aber mit Ausnahme der Weihekreuze mit dem Antoniuskreuz nicht freigelegt wurden.

Vom einstigen Kunstbesitz ist wahrscheinlich nur ein bescheidener Teil auf uns gekommen. In der Kirche verblieben ist die große geschnitzte Sitzfigur des Antonius aus der zweiten Hälfte des 15. Jahrhunderts, die wahrscheinlich in einer Rostocker Werkstatt entstand. Antonius hält in der Linken als typisches Attribut der Antoniter die Glocke, mit der sie sich bei ihren Sammlungen bemerkbar machten. Schon um 1300 entstand das jetzt gegenüber der Kanzel an einem Schiffpfeiler hängende Kreuz, dessen Enden mit den gemalten Symbolen der Evangelisten geschmückt sind, während sich an den Kreuzbalken stilisierte, dicht gereihte Blätter befinden. Eine Kostbarkeit ist auch die Kanzel, die bei der letzten Restaurierung zu Beginn unseres Jahrhunderts stark ergänzt wurde; sie ist aber heute wohl die älteste erhaltene Kanzel einer mecklenburgischen Kirche, sieht man von Reststücken in den Museumssammlungen ab. Auf einem kelchförmigen Fuß ruht der polygonale, in den Oberteilen der Felder mit spätgotischem Faltwerk gefüllte Korb, so daß an eine Entstehung zu Beginn des 16. Jahrhunderts gedacht werden kann. Mitte des 19. Jahrhunderts wurde im Chor ein neugotisches Gehäuse aufgestellt, das die Sakristei enthält, an der Schiffseite aber als Altaraufsatz ausgestaltet ist und hier ein Bild der Kreuzabnahme Christi im nazarenischen Stil aufgenommen hat.

Vorgänger dieses Altars ist der berühmte Tempziner Altar, den die Gemeinde 1905 an das damalige Großherzogliche Museum in Schwerin verkaufte, weil sie Kosten für die erforderliche Wiederherstellung des Retabels nicht aufbringen konnte. Heute ist der 1411 für den Hochaltar der Klosterkirche von dem Wismarer Bürger Johann Schelp gestiftete Aufsatz das Prunkstück der Abteilung mittelalterliche mecklenburgische Sakralkunst des Staatlichen Museums.

Der Aufsatz ist der Passion Christi gewidmet und von der Gestalt her ein gemaltes Triptychon mit einer Predella, die ebenfalls durch Flügel verschlossen werden kann; als Bekrönung des Schreins dient ein geschnitzter Aufsatz. In geöffnetem Zustand zeigt der Altar in zwei übereinander angeordneten Bildreihen die Geschehnisse der Passion Christi vom Gebet am Ölberg bis zur Grablegung; die Kreuzigung als die zentrale Szene ist in die Mitte gesetzt und reicht über beide Reihen hinweg. Die rahmenden Leisten und die ornamentalen Streifen zwischen den Bildreihen enthalten Medaillons mit Darstellungen der Propheten und lateinischer Kirchenväter. Die Malereien auf den Flügelaußenseiten – Begebenheiten aus den Lebensgeschichten der Maria und der heiligen Anna – sind nur fragmentarisch erhalten. Die Predella enthält fünf rundbogig geschlossene Nischen, in denen sich einst Reliquiare befunden haben, sie sind jetzt leer, auf den Seitenflächen sind Engel mit Weihrauchfässern dargestellt. Von den Predellaflügeln ist der linke mit den Darstellungen vom Raub des Kreuzes Christi und seiner Wiederauffindung nicht erhalten, auf dem rechten ist die Rückkehr des Kreuzes unter Kaiser Heraklius nach Jerusalem wiedergegeben.

Kunstwissenschaftliche Untersuchungen haben ergeben, daß an diesem Aufsatz insgesamt drei Maler gearbeitet haben, wahrscheinlich Mitglieder einer Wismarer Werkstatt, in der das Gedankengut solcher niederdeutschen Meister wie Bertrams von Minden und Franckes aus Hamburg lebendig geblieben ist. Auch der durch andere Arbeiten bekannte Henning Leptzow käme als einer der Maler in Frage. Die vorherrschenden Lokalfarben Rot und Blau sind eines der Kennzeichen des Tempziner Altars, der auch durch die Expressivität seiner Darstellungen besticht und zu den bedeutendsten Schöpfungen des frühen 15. Jahrhunderts in Norddeutschland zählt.

Von den vasa sacra verdienen zwei mittelalterliche Kelche Beachtung, zu einem gehört eine Patene mit der ungewöhlichen Darstellung des segnenden Christus in der Mandorla. Wahrscheinlich schon aus dem späteren 16. Jahrhundert stammen die beiden gegossenen Messingleuchter, deren Füße in Löwenplastiken enden. Eine silberne Oblatenschachtel stifteten 1670 die Mitglieder des Hofstaates des Herzogs Gustav Rudolph.
Abb. S. 147–149

TRAMM
(Kr. Schwerin)

Der 7 km südlich von Crivitz gelegene Ort wird in mittelalterlichen Schriftstücken nicht genannt, ist aber wahrscheinlich dennoch im 13. oder 14. Jahrhundert gegründet worden.

Der kleine Kirchenbau scheint eine Schöpfung des 15. Jahrhunderts zu sein. Er ist im Gegensatz zu den meisten Kirchen dieses Landstrichs an der Ostseite gerade geschlossen, ein Giebel ist aber nur an der Westseite des Rechteckbaues vorhanden, allerdings ohne schmückende Gliederungen. Der Bau besteht aus Feld- und Backsteinmauerwerk und weist lediglich über dem Südportal und neben dem erneuerten Ostfenster als Fassadenschmuck kleine Kreisblenden auf. An der Westwand erhebt sich ein turmartiger verbretterter Glockenstuhl mit einer 1853 von Hausbrandt in Wismar gegossenen Glocke.

Im Inneren interessieren weniger der schlichte Kanzelaltar als die aus einem mittelalterlichen Schnitzaltar stammenden Figuren von weiblichen Heiligen und Aposteln. Sie sind um 1500 entstanden und haben keine originale Fassung mehr, so wird ihre nur durchschnittliche Qualität besonders auffällig. Besonders hervorstechend sind die Haar- und Barttrachten, manche Figuren haben sogenannte Korkenzieherlocken.

Aus nachreformatorischer Zeit stammen die Gestühle, schöne bäuerliche Schnitzarbeiten und einst auch nach Geschlechtern in Frauen- und Männergestühl unterschieden. Die Wangen der Frauenstühle enden in zwei hörnerartigen Fortsätzen, die Männerstühle haben runde Kopfstücke. An den Außenseiten sind die Wangen mit einfachen figürlichen und ornamentalen Flachschnitzereien verziert, einige weisen auch Hausmarken auf. Eine Wange von 1584 ist mit einem Bild des heiligen Laurentius verziert, auf einer anderen findet sich eine Darstellung von Adam und Eva.
Abb. S. 150, 151

UELITZ
(Kr. Schwerin)

Dort, wo sich Lewitz und Griese Gegend berühren, liegt das Dorf Uelitz. 1218 wird der Ort erstmals genannt, als die Grafen von Schwerin das Dorf an das holsteinische Kloster Reinfeld verkaufen, das damit seine umfangreichen Besitzungen in Mecklenburg erweiterte. Das Kloster behielt Uelitz bis in die Reformationszeit, dann kamen seine Besitzungen zunächst unter dänischen Einfluß und schließlich 1605 an das herzogliche Haus in Mecklenburg.

Der mittelalterliche Kirchenbau war wohl ein einschiffiger Saal mit polygonalem Schluß, der trotz mehrfacher späterer Umbauten immer noch als Grundsubstanz im heutigen Gebäude enthalten ist. Eine besondere Lösung ist der stark verschliffene Ostschluß, der eher eine Rundung als einem Polygon ähnelt. 1747 wurden umfangreiche bauliche Veränderungen vorgenommen, die der Kirche barocke Züge verliehen, schließlich kam 1893/94 als jüngster Bauteil der neugotische Westturm hinzu.

Das Innere mit der Flachdecke ist ebenfalls vom Umbau im ausgehenden 19. Jahrhundert geprägt, denn Altaraufbau und Orgelprospekt sind damals neu geschaffen worden. Der Altaraufsatz entstand 1874. Die aus dem Jahre 1747 stammende Kanzel enthält in den Füllungen des Korbes Bilder der vier Evangelisten, an der Rückwand und am Aufgang Bibelzitate. Etwa zur gleichen Zeit ist auch die Bemalung der Bretterdecke entstanden, laut Inschrift wurde sie 1754 abgeschlossen. Eingerahmt von in Grisaillemanier gehaltenen vegetabilischen und ornamentalen Bordüren mit Engelputten und Girlanden enthält die Decke drei große Medaillons mit Darstellungen der Taufe Christi im Jordan, der Anbetung der Hirten und der Verherrlichung Gottvaters durch einen Engelchor. Die hohe künstlerische Qualität dieser Malerei läßt vermuten, daß der oder die ausführenden Künstler im Kreis der damaligen Hofmaler zu suchen sind.

Etwa zeitgleich ist die Bemalung der Westempore mit Bildern von Christus und den zwölf Aposteln, ihr Schöpfer hat allerdings das künstlerische Niveau der Deckenmalerei nicht erreicht. Auch ein barocker Kruzifix, möglicherweise aus einem Altaraufsatz aus der Mitte des 18. Jahrhunderts, besitzt nur durchschnittliche Qualität. Dagegen ist die große Glocke im Turm ein Kunstwerk von Bedeutung. Nach ihren Majuskeln zu urteilen, ist sie im frühen 14. Jahrhundert entstanden. Die teilweise seitenverkehrt aufgebrachten Buchstaben ergeben den Anfangstext des Ave Maria, wobei die Worte durch kleine Heiligenbildchen unterbrochen sind. Eine zweite Glocke stammt aus dem Jahre 1934.

Abb. S. 152, 153

VIETLÜBBE
(Kr. Gadebusch)

Das Dorf Vietlübbe liegt etwa 15 km nordwestlich von Schwerin und sechs Kilometer östlich von Gadebusch. Es war Teil des Bistums Ratzeburg und wird 1230 erstmals genannt, 1237 wird zum ersten Mal ein Geistlicher, der Pfarrer Jonathan, erwähnt.

Die Dorfkirche gilt als der älteste ländliche Sakralbau Mecklenburgs. Sie wurde um 1220/30 begonnen und über dem Grundriß des griechischen Kreuzes errichtet, der östliche Arm ist durch eine halbrunde apsidiale Endigung besonders hervorgehoben. Das besonders sorgfältig ausgeführte Mauerwerk und stilistische Übereinstimmungen mit dem Dom in Ratzeburg haben zu der Vermutung Anlaß gegeben, daß die Bauleute vielleicht von dort kamen oder zumindest am dortigen Bau geschult wurden. Der Bau ist noch spätromanisch geprägt, denn die Gebäudekanten sind durch Ecklisenen verstärkt, die Traufen mit sich durchkreuzenden Rundbogenfriesen betont, und an den Giebelschrägen sitzen charakteristische Zahnschnittfriese auf Konsolen. Die rundbogig geschlossenen Rücksprungportale sind in flache Mauervorlagen gestellt, und ihre Gewände hat man durch eingestellte Rundstäbe bereichert. Typisch sind auch die kleinen Rundbogenfenster mit den abgeschrägten, ungegliederten Leibungen. Im Inneren prägen kuppelige Kreuzgratgewölbe das Raumbild, das durch seine jochweise Raumunterteilung, die durch Gurt- und Scheidbögen erfolgt, noch ganz und gar das additive Prinzip romanischer Architektur verkörpert. Im Chor stehen wie Wächter stämmige Halbsäulen mit Würfelkapitellen, wie der gesamte übrige Bau aus Backstein geformt.

Die Kirche blieb über die Jahrhunderte hinweg weitgehend unverändert. Wann der hölzerne Turm über dem westlichen Kreuzarm errichtet wurde, ist unsicher, wahrscheinlich ist er nachmittelalterlich. Bedauerlich aus heutiger Sicht ist die im 19. Jahrhundert relativ umfassende Restaurierung des Inneren, vor allem wegen der die Architektur beeinträchtigenden Ausmalung von 1865. Bei einer noch ausstehenden Wiederherstellung des Inneren, die nach dem Abschluß der Außenrestaurierung

dringend erforderlich ist, müßte auf eine Rückgewinnung des ursprünglichen Raumeindruckes hingearbeitet werden.

Von den Ausstattungsstücken reicht nur die spätromanische Kalksteintaufe bis in die Bauzeit der Kirche zurück. Das in der Fünte befindliche getriebene Becken mit dem Wappen der Stifterfamilie stammt aus dem Jahre 1697. Die kleine Triumphkreuzgruppe aus dem 15. Jahrhundert, ehemals unter dem östlichen Scheidbogen, hat jetzt ihren Platz im südlichen Kreuzarm.

Farbtafel S. 43, Abb. S. 154

VORBECK
(Kr. Schwerin)

In der eindrucksvollen Landschaft des oberen Warnowtales liegt an einem alten Flußübergang das Dorf Vorbeck. Im 14. Jahrhundert erstmals genannt, ist der Ort auch heute noch eine kleine Ansiedlung, in die lediglich im Sommer durch den nahen See zahlreiche Badegäste strömen.

Im nördlichen Teil des Dorfes liegt auf einem kleinen Sporn inmitten des Friedhofs die Dorfkirche. Sie ist ein schlichter, rechteckiger Backsteinbau mit einem im Osten gerade geschlossenen Chor, dessen hochmittelalterliche Bausubstanz durch die im 18./19. Jahrhundert errichteten Gruftanbauten fast verdeckt wird. Das Schiff ist in barocker Zeit stark verändert worden. Reizvoll ist der kleine gedrungene hölzerne Turm vor der Westseite. Das flachgedeckte Innere ist einfach, an der Decke des Schiffes finden sich bäuerliche Rankenmalereien aus der Barockzeit.

Ältester Teil der Ausstattung ist ein spätgotischer Schnitzaltar, die Marienkrönung im Schrein wird von vier weiblichen Heiligen flankiert, in den Kastenflügeln stehen die Figuren der zwölf Apostel. Barocken Ursprungs sind die zinnernen Altarleuchter mit kräftigem Balusterschaft und der auf Kugelfüßen ruhenden gedrückten Fußplatte.

Zur Kirche und zum Friedhof führt von der Landstraße eine schattige, stimmungsvolle Lindenallee.

WARSOW
(Kr. Schwerin)

Unmittelbar an der Straße von Schwerin nach Hagenow steht in der Dorfmitte die mittelalterliche Kirche, die als polygonal geschlossener Feldsteinbau im 14. Jahrhundert errichtet und 1863 einer umfassenden, ihr Aussehen bis heute prägenden Restaurierung unterzogen wurde. Strebepfeiler an den Jochgrenzen lassen auf eine geplante Einwölbung schließen, da sie unterblieb, ist der Innenraum mit einer Holzdecke ausgestattet. Das westliche Joch war ursprünglich dazu bestimmt, als Turmunterbau zu dienen, doch kam auch dieser nicht zur Ausführung, sondern erst in nachmittelalterlicher Zeit wurde ein Fachwerkdachturm mit Spitzhelm aufgesetzt. Von der Ausstattung verdient allein der beiseite gestellte, stark beschädigte Taufengel Beachtung, ein Werk des 18. Jahrhunderts. Es gibt im Umkreis von Schwerin kein weiteres Beispiel dieser ansonsten gar nicht so seltenen Taufen. Eine noch am Ende des 19. Jahrhunderts vorhandene Granitfünte ist leider verschollen. Die einzige Glocke der Kirche stammt aus dem Jahre 1409. Unter den Abendmahlsgeräten befindet sich ein schöner Kelch aus dem 15. Jahrhundert mit sechs gravierten Christusköpfen zwischen den Rotuli des Knaufes.

Abb. S. 155

WESSIN
(Kr. Schwerin)

Das Dorf einige Kilometer östlich von Crivitz taucht aus dem Dunkel der Geschichte im Jahre 1391 auf, als der mecklenburgische Herzog mit dem zuständigen Grundherrn Rechtsgeschäfte abwickelt und dabei die Orte Wessin und das Nachbardorf Radepohl Erwähnung finden.

Die Kirche ist ein kleiner, im Osten polygonal geschlossener Feldsteinbau mit später veränderten Fenstern. Fast die Hälfte des Gebäudes nimmt der vorgesetzte Westturm ein, ein wohl unvollendet gebliebener Bauteil mit hohem Feldsteinuntergeschoß, in Backstein abgeglichenen Kanten und einem längsgerichteten Satteldach mit Fachwerkgiebeln als Abschluß.

Die Datierung des Baues bereitet Schwierigkeiten, denn Anhaltspunkte für eine eindeutige stilistische Zuordnung sind nicht vorhanden. So muß vorläufig offen bleiben, ob der bestehende Bau im späten 13. oder erst im 15. Jahrhundert errichtet wurde. Sehr originell wirkt die breiter ausgeführte Ostseite des Chorpolygons, wodurch in der Stirnseite zwei Fenster nebeneinander gestellt werden konnten. Altertümlich dagegen erscheinen die schlitzartigen Turmfenster, eindeutig jüngeren Ursprungs ist dagegen das Westportal.

Das flach gedeckte Innere ist in der zweiten Hälfte des 19. Jahrhunderts neu ausgestattet worden; den Altar schmückt ein zeitgenössisches Emmausbild.

Abb. S. 156

WITTENFÖRDEN

Das Dorf Wittenförden westlich des Neumühler Sees liegt heute bereits im Weichbild Schwerins und wirkt fast wie ein Vorort der Stadt. Seine Gründung geht auf das Jahr 1217 zurück, als das Domkapitel die Anlage von Kirche und Friedhof beschloß. Im Jahre 1332 verkaufte Graf Heinrich von Schwerin den Ort an das holsteinische Kloster Reinfeld bei Lübeck, das damit seine Besitzungen im Umland von Schwerin erheblich vergrößerte. Als das Kloster 1583 säkularisiert und seine Gebäude um 1600 abgebrochen wurden, kam der Landbesitz zunächst an die dänische Krone. 1605 kaufte der mecklenburgische Herzog die in seinem Territorium gelegenen Gebiete und gliederte sie dem Domanium ein.

Die alte Dorfkirche, ein Backsteinbau des Mittelalters, wurde 1853/55 durch einen Neubau nach Entwürfen des Schweriner Baurates Theodor Krüger ersetzt. Er ließ einen neugotischen Ziegelbau errichten, der aus einem rechteckigen Schiff mit eingezogenem polygonalem Chorschluß besteht. Den schlanken Turm bekrönte er mit einer achtseitigen Spitze, die leider inzwischen abgenommen und durch ein flaches Zeltdach ersetzt wurde. Auch das in aufwendigen neugotischen Formen gestaltete Innere hat sich verändert. Vom Raum mit der freitragenden, geschnitzten Holzdecke wurde der westliche Teil abgetrennt und zweigeschossig zur Gewinnung von Wohn- und Gemeinderäumen ausgebaut. Zum Besitz der Kirche gehört schlichtes Gerät aus dem 18. Jahrhundert.

ZAPEL
(Kr. Schwerin)

Nur 3 km südlich von Crivitz liegt Zapel, ein zum ersten Mal im 15. Jahrhundert genanntes Dorf.

Der kleine einschiffige Bau der Kirche besteht aus Feldstein und ist wahrscheinlich ebenfalls erst im 15. Jahrhundert entstanden; im Osten ist er dreiseitig geschlossen. Der mit Strebepfeilern bewehrte Bau ist innen flach gedeckt. Vor der Westwand steht ein zweigeschossiger schöner Fachwerkturm, angeblich ist er 1749 erbaut worden; seine Streben sind dekorativ angeordnet und verleihen ihm so besonderes Gewicht.

1850 hatte man die Kirche im Inneren neugotisch ausgestaltet, diese Restaurierung wurde um 1965 weitgehend durch eine abermalige Wiederherstellung abgelöst, bei der die damaligen Veränderungen beseitigt wurden. So verschwand die Altarwand, ihren Platz füllt seitdem wieder der rekonstruierte Schnitzaltar, in den die erhaltenen Teile eines mittelalterlichen Aufsatzes eingearbeitet wurden. Der Schrein enthält eine Kreuzigungsgruppe, die Flügel Figuren der Anna Selbdritt und des heiligen Martin. Alle Plastiken stehen unter spätgotischen Maßwerkbaldachinen aus der Entstehungszeit der Figuren um 1520. Bei der Umgestaltung wurde auch der Altarblock neu aufgemauert und der neugotische Kanzelkorb zu ebener Erde aufgestellt.

Abb. S. 157

ZASCHENDORF
(Kr. Sternberg)

Der zu Beginn des 14. Jahrhunderts erstmals erwähnte Ort liegt in landschaftlich reizvoller Umgebung im oberen Warnowtal, etwa 20 km nordöstlich von Schwerin. Das heute nur wenige Häuser zählende Dorf war über Jahrhunderte hinweg in Abhängigkeit von wechselnden Gutsherrschaften, an deren Zeit heute noch das ehemalige Gutshaus und ein barockes, westlich der Kirche stehendes großes Torhaus aus Fachwerk erinnern.

Die kleine Fachwerkkirche, ein im Osten dreiseitig geschlossener Bau, ist wohl um die Mitte des 17. Jahrhunderts entstanden, vielleicht nach dem Ende des Dreißigjährigen Krieges. Über ihrem Westteil erhebt sich ein vierseitiger Dachturm mit einem niedrigen Helm.

Von besonderer Wirkung ist das Innere, das maßgeblich von der Ausgestaltung mit Inventarstücken der Erbauungszeit geprägt wird; ein kleiner spätgotischer Schnitzaltar ist eine spätere, aber geschichtlich interessante Ergänzung. Gedeckt wird der Innenraum von einer Balkendecke, deren Hölzer und Füllbretter und Kopfbalken mit Ranken und Blumen bemalt sind, in die Medaillons mit Darstellungen von Christus und den Aposteln eingefügt sind. Ähnlich ist die Thematik in den Füllungen der Emporenbrüstung über dem westlichen Eingang. Die Kanzel, ein schlichter polygonaler Korb mit zwei Reihen übereinander angeordneter Felder, weist in den unteren, von Pilastern gerahmten Rundbogenfeldern Bilder der Evangelisten auf. Zur gleichen Zeit ist auch die Altarumgrenzung mit der gitterförmig durchbrochenen Brüstung entstanden. Handwerklich solides Bankgestühl, dessen Wangen in ausgesägten runden Kopfstücken enden, vervollständigen die Ausstattung des 17. Jahrhunderts. Zum beweglichen Kunstgut aus dieser Zeit gehören die von einem dörflichen

Schmied gefertigten Altarleuchter, deren Mittelstück in Gestalt des doppelköpfigen Reichsadlers angelegt wurde.

Ein besonderes Schmuckstück der Kirche ist der kleine spätgotische Flügelaltar aus der Zeit um 1500. Das künstlerisch wertvolle Beispiel mecklenburgischer Kunst des ausgehenden Mittelalters stammt wahrscheinlich aus der Kapelle der Wollweberzunft der Wismarer Georgenkirche. Warum und zu welcher Zeit das Werk nach Zaschendorf gelangte, ließ sich bislang noch nicht aufklären, wahrscheinlich jedoch wurde der Aufsatz nach der Reformation zunächst beiseite gestellt und später in die Dorfkirche abgegeben, vielleicht als Spende für den Neuanfang nach dem Dreißigjährigen Krieg. Zentrales Thema des Aufsatzes ist die Verkündigung an Maria; die Szene ist auf das unbedingt Notwendige beschränkt, nur die beiden Personen und das Betpult sowie eine Vase und ein angedeutetes Fliesenmuster kennzeichnen die räumliche Situation. In den Kastenflügeln sind jeweils vier Heiligenfiguren in zwei Reihen übereinander plaziert (im linken Flügel ging eine Plastik verloren). Die Predella weist als Bemalung die Bilder der vier Kirchenväter und an zentraler Stelle das des Schmerzensmannes auf, die Rückseiten der Kastenflügel und die Standflügel schmückten einst die jetzt nur noch fragmentarisch erhaltenen Darstellungen der Severus-Legende. Der ravennatische Bischof, von Beruf Wollweber und in der neben dem Dom stehenden Severikirche zu Erfurt bestattet, war der Schutzpatron der textilverarbeitenden Handwerker. So lag es nahe, den ursprünglichen Aufstellungsort des Altars in der südlichen Turmnebenkapelle der Wismarer Georgenkirche zu vermuten, die 1448 vom Wismarer Wollweberamt erworben und anschließend ausgestattet wurde. Eine mecklenburgische, von Lübeck beeinflußte Schnitzwerkstatt hat gegen Ende des 15. Jahrhunderts den Auftrag zur Anfertigung dieses Aufsatzes erhalten und realisiert.
Abb. S. 158, 159

ZICKHUSEN
(Kr. Schwerin)

Zickhusen liegt etwa 15 km nördlich von Schwerin an der Landstraße nach Wismar. Bereits 1284 als Dorf erwähnt, kam es nach langer Zugehörigkeit zum Besitz der Familie von Zickhusen zu Beginn des Dreißigjährigen Krieges in die Hand des Herzogs, so daß der Landesherr fortan auch als Patron der Kirche fungierte.

Die Gemeinde von Zickhusen gehörte kirchenrechtlich bereits seit dem Mittelalter zur Pfarre von Alt Meteln und wird von dort aus auch heute noch geistlich versorgt. Nach den Befreiungskriegen sah sich der Großherzog veranlaßt, der Gemeinde eine neue Kirche zu finanzieren. Die Entwürfe für den Bau lieferte der großherzogliche Landbaumeister August Bartning in Schwerin, von 1824 bis 1827 wurde das Gotteshaus errichtet. Es ist ein rechteckiger, im Osten abgerundeter Putzbau mit einem vorgesetzten quadratischen Turm von drei Geschossen mit abschließendem Zeltdach. Das untere Turmgeschoß ist rustiziert, das mittlere enthielt früher die Uhr, und zuoberst öffnet sich das Glockengeschoß nach allen Seiten mit drei rundbogigen Schalluken.

Das Innere überdeckt eine geputzte und gemalte Kassettendecke. Im Altarraum befindet sich eine Rückwand mit einer über dem Altartisch angeordneten Kanzel; sie wird seitlich von dorischen Pilastern eingefaßt und über dem Gesims von einer Strahlengloriole mit dem Auge Gottes bekrönt. Auf dem Altartisch steht als »Altargemälde« ein querformatiges

Bild des Ludwigsluster Hofmalers Rudolph Suhrlandt mit der Gebetsszene am Ölberg. Beiderseits des Kanzelaltars stehen die Patronats- bzw. Sakristeiloge. 1980 wurde die Ausmalung der Kirche nach der Originalfassung erneuert.

Altarkruzifix, Leuchter und Abendmahlsgerät sind zusammen mit dem Neubau entstanden.

Das vor der Kirche stehende Denkmal von 1830 enthält auf einer gußeisernen Platte den Dank der Gemeinde an den Großherzog Friedrich Franz I. für den Bau der Kirche.
Abb. S. 160

ZITTOW
(Kr. Schwerin)

Als im frühen 13. Jahrhundert das »Land Selesen« östlich des Schweriner Sees besiedelt wurde, entstand am Westufer des Cambser Sees der Ort Zittow. Im Zusammenhang mit der Fixierung von Besitzrechten wird er 1251 erstmals in einer Urkunde des Schweriner Domkapitels genannt; ein Mitglied dieses Gremiums ist damals Pleban in Zittow, während das Patronat seit der Mitte des 13. Jahrhunderts das Domkapitel im fernen Riga besitzt, das es bis 1520 wahrnimmt, dann aber an die Antoniterpräzeptorei Tempzin abtritt. Später sind die jeweiligen Gutsherren im Nachbarort Cambs die Patronatsherren. Cambs, Rampe, Brahlstorf, Leezen und Langen Brütz gehörten im Mittelalter sämtlich zum Kirchspiel Zittow.

Der Bau der Kirche wurde um die Mitte des 13. Jahrhunderts begonnen. Ältester Teil ist der aus lagenhaft versetzten Feldsteinen errichtete Rechteckchor mit einer gestaffelten Dreifenstergruppe in der Ostwand und Zwillingsfenstern in den Seitenwänden. Sie bestehen ebenso wie der Giebel mit der schlichten Doppelblende aus Backstein. An der Nordseite entstand, ebenfalls in Feldstein, die Sakristei; die südliche Vorhalle, die heute die schöne Priesterpforte mit dem für ihre Entstehungszeit typischen Kämpferband verdeckt, ist sicher spätgotischen Ursprungs, ihr Giebel ist über einem Stromfries mit einfachen Blenden gefüllt.

Beim Bau des Schiffes gab es wahrscheinlich eine Planänderung, denn sichtbar gebliebene Mauerverzahnungen lassen vermuten, daß ein breiter ausgelegtes Schiff geplant war. Tatsächlich ausgeführt wurde aber nur ein zweijochiger Bau in der Breite des Chores, allerdings in wesentlich schlichterem Feldsteinmauerwerk, aber sicher auch noch vor Ablauf des 13. Jahrhunderts. Die archivalischen Nachrichten aus späterer Zeit machen es wahrscheinlich, daß in mittelalterlicher Zeit ein Turmbau nicht mehr zustande kam. Der bestehende quadratische Westturm wurde nach dem Verlust eines hölzernen Vorgängers erst im 17. Jahrhundert errichtet, das Portal mit der Rustikarahmung und die später zugesetzten Ochsenaugen sind frühbarockes Formengut. 1810 fiel der Turmaufbau, wahrscheinlich eine doppelte Laterne, einem Brand zum Opfer, als Ersatz wurde 1819 ein Pyramidendach aufgebracht.

Im Inneren sind sowohl der Chor als auch das Schiff gewölbt, der Chor mit einem hoch ansteigenden Kreuzrippengewölbe aus der Bauzeit der Kirche, das Schiff mit zwei Kreuzgratgewölben vom Ende des 17. Jahrhunderts. Zuvor war das Schiff wahrscheinlich seit seiner Errichtung flach gedeckt, wie die Reste einer mittelalterlichen Quaderbemalung an den jetzt über den Gewölben im Dachraum sichtbaren Partien der Seitenwände erkennen lassen.

Von den Pinzipalstücken der Ausstattung stammt die Kanzel aus dem Jahre 1669. Der Korb ist mit den gemalten Wappen der adligen Patronatsfamilien und Bibelzitaten geschmückt, an seinem Gesims finden sich daneben kleine geschnitzte Maskenköpfe, die in der gleichen Art an dem an der Chornordseite stehenden zweigeschossigen Patronatsgestühl vorkommen, das im gleichen Jahr entstand und dessen Brüstung ebenfalls Wappenmalereien bedecken. Ein weiterer Patronatsstuhl steht jetzt an der gegenüberliegenden Wand des Chores. Wahrscheinlich ist gleichzeitig auch ein Altaraufsatz entstanden, von dem sich aber nur das an der nördlichen Längswand befestigte Kruzifix erhielt.

Nach dem Brand von 1810 sind wesentliche Teile der Ausstattung erneuert worden. Der damals neu errichtete Altaraufsatz wurde 1901 wieder beseitigt, erhalten blieb dagegen die Orgel von 1829 mit ihrem schönen Empireprospekt. Sie ist eine Arbeit des damals noch in Parchim ansässigen Orgelbauers Friedrich Friese (I); in seinen Neubau übernahm er einige Register aus dem Vorgängerinstrument. 1982 wurde das wertvolle Instrument durch die Firma Voigt aus Liebenwerda sachgerecht restauriert und erklingt jetzt nicht nur bei den Gottesdiensten, sondern auch im Rahmen von Kirchenkonzerten. Auch das Gemeindegestühl mit seinen in einer stark stilisierten Urne endenden Wangen ist nach 1810 in den damals modernen Empireformen neu geschaffen worden.

Das 1901 von Maria Bloch aus Berlin gemalte Altarbild mit einer Kreuzigungsszene, das 1930 bei der Neugestaltung des Altars entfernt wurde, hängt jetzt im Turmraum.

Von der übrigen Ausstattung der Kirche verdienen auch ein ursprünglich als Epitaph benutzter architektonischer Aufbau mit Schnitzereien Erwähnung, der 1711 von Oelgard von Plessen gestiftet wurde und 1939 zur Gedenktafel für die Gefallenen des ersten Weltkrieges umgestaltet wurde, sowie mehrere Grabsteine, darunter der 1930 in die Ostwand hinter dem Altar eingefügte Renaissancestein für Johann von Barner aus dem Jahre 1606 mit seitlichen Wappenreihen und einem mittleren Auferstehungsrelief. Um 1700 sind die Altarleuchter entstanden, ihr Balusterschaft ruht auf einem runden Fuß, der von drei Löwentatzen gestützt wird. An verschiedenen Stellen im Kirchenraum hängen Sargschilder aus dem 17. und 18. Jahrhundert, darunter ist ein sehr großes für den 1694 verstorbenen Helmuth von Plessen aus getriebenem Kupferblech. Im Schiff hat ein im frühen 19. Jahrhundert gestifteter Kronleuchter seinen Platz, der aber das Aussehen eines älteren Stückes besitzt. Im Turm erhielt sich eine der 1819 neu gegossenen Glocken, die anderen sind den Kriegen zum Opfer gefallen.

Mehrere silbervergoldete Kelche mit den zugehörigen Patenen entstammen dem 15. bis 19. Jahrhundert, zum Teil gehören sie den von Zittow aus betreuten Nachbarkirchgemeinden. Noch in Gebrauch ist auch die 1659 der Kirche geschenkte Messing-Taufschale.

Auf dem stimmungsvollen Friedhof um die Kirche sind nur wenige Grabmäler aus älterer Zeit zu finden. Nördlich der Kirche steht ein Obelisk aus Sandstein, der in der ersten Hälfte des 19. Jahrhunderts errichtet wurde, wie die z. T. noch lesbare Inschrift im Stil des vorangegangenen Zeitalters der Empfindsamkeit erkennen läßt.

Farbtafel S. 44, Abb. S. 161–164

Literaturhinweise

SCHMALTZ, Karl: Kirchengeschichte Mecklenburgs, 1. bis 3. Bd., Schwerin/Berlin 1935–1952

TRAEGER, Josef: Die Bischöfe des mittelalterlichen Bistums Schwerin, Leipzig 1984

KRÜGER, Renate/Heinrich BENGSCH/Herbert GROSS: Kirche zwischen Seen und Wäldern. Aus dem Leben der katholischen Kirche in Mecklenburg, Leipzig o. J. (1973)

SCHMALTZ, Karl: Die Kirchenbauten Mecklenburgs, Schwerin 1927

ZASKE, Nikolaus: Gotische Backsteinkirchen Norddeutschlands zwischen Elbe und Oder, Leipzig 1968

OHLE, Walter: Die protestantischen Schloßkapellen der Renaissance in Deutschland, Stettin 1936 (Phil. Diss. Leipzig 1936)

OHLE, Walter/Horst ENDE, Schwerin, Leipzig ²1988

FRÜNDT, Edith: Spätgotische Plastik in Mecklenburg, Dresden 1963

BAIER, Gerd: Die mittelalterliche Wand- und Gewölbemalerei in Mecklenburg, Phil. Diss. Leipzig 1959 (Masch.-Schr.)

BAIER, Gerd: Mittelalterliche Wandmalerei in der DDR – Die Ostseeküste und ihr Hinterland. In: Mittelalterliche Wandmalerei in der DDR, hg. von Heinrich L. Nickel, Leipzig 1979

KRÜGER, Renate: Die nordostdeutsche Tafelmalerei des späten Mittelalters, Phil. Diss. Greifswald 1966 (Masch.-Schr.)

MAERCKER, Karl-Joachim: Mittelalterliche Goldschmiedearbeiten in Mecklenburg, Phil. Diss. Rostock 1951

Denkmale in Mecklenburg. Ihre Erhaltung und Pflege in den Bezirken Rostock, Schwerin und Neubrandenburg, Weimar ³1978

SCHLIE, Friedrich: Die Kunst- und Geschichts-Denkmäler des Großherzogthums Mecklenburg-Schwerin, Bd. 2, Schwerin ²1899, Bd. 3, Schwerin ²1900

DEHIO, Georg: Handbuch der deutschen Kunstdenkmäler. Die Bezirke Neubrandenburg, Rostock, Schwerin, Berlin ²1978

ENDE, Horst: Die Dorfkirchen in Mecklenburg, Berlin ⁴1985

ENDE, Horst: Die Stadtkirchen in Mecklenburg, Berlin ²1986

HEGNER, Kristina: Mittelalterliche Kunst (im Staatlichen Museum Schwerin), Band I: Architekturfragmente, Skulpturen und Tafelbilder, Schwerin 1979. Band II: Kleinkunst, Kunsthandwerk, Schwerin 1983

JESSE, Wilhelm: Geschichte der Stadt Schwerin, 1. und 2. Bd., Schwerin 1913/1920

LORENZ, Adolf Friedrich und Gerd BAIER: Der Dom zu Schwerin, Berlin ⁵1981 (Das christliche Denkmal, Heft 9)

BAIER, Gerd: Die Ausmalung der Mariae-Himmelfahrts-Kapelle im Dom zu Schwerin. In: Mitteilungen des Institutes für Denkmalpflege – Arbeitsstelle Schwerin – an die ehrenamtlichen Vertrauensleute der Bezirke Rostock, Schwerin, Neubrandenburg, Nr. 14/1962, S. 17 ff.

BAIER, Gerd: Anmerkungen und Mitteilungen zur Vorgeschichte des neuen Schweriner Domturmes in der ersten Hälfte des 19. Jahrhunderts. In: Mitteilungen des Institutes für Denkmalpflege … Nr. 30/1985, S. 642 ff.

STÜLER, August/Ernst PROSCH/Hermann WILLEBRAND: Das Schloß zu Schwerin, Berlin 1866/69

Die Schloßkirche zu Schwerin und ihre Einweihung am 14ten October 1855, Schwerin o. J. (1855)

FRANCK, Bernd: Die Baugeschichte der Schelfkirche zu Schwerin und die Tätigkeit ihres Erbauers Jacob Reutz von 1700 bis 1710 in Mecklenburg, Diss. TU Berlin (West) 1951 (Masch.-Schr.)

Einzeldarstellungen zur Geschichte und Kunstgeschichte sind folgenden Bibliographien zu entnehmen:

HEESS, Wilhelm: Geschichtliche Bibliographie von Mecklenburg, 1.–3. Teil, Rostock 1944

FRÜNDT, Edith: Bibliographie zur Kunstgeschichte von Mecklenburg und Vorpommern, Berlin 1962

Mecklenburgische Bibliographie, Berichtsjahre 1945–1964, 1965 ff., hg. von der Mecklenburgischen Landesbibliothek Schwerin bzw. der Wissenschaftlichen Allgemeinbibliothek des Bezirkes Schwerin, Schwerin 1965 ff.

Inhaltsverzeichnis

Abbildungsnachweis

Die Schwarzweiß- und Farbaufnahmen wurden überwiegend von Thomas
Helms angefertigt.
Weitere Bildvorlagen stellten zur Verfügung:
Peter Garbe, Berlin (Farbtafeln S. 35, 36 und 39, Abb. S. 64,)
Horst Ende, Schwerin (Abb. S. 152)
Institut für Denkmalpflege Berlin, Abt. Meßbildarchiv (Abb. S. 52 und 71)
Institut für Denkmalpflege, Arbeitsstelle Schwerin (Abb. S. 46, 76 und
128)
Schutzumschlagvorderseite: Thomas Helms
Schutzumschlagrückseite: Klaus König, Berlin
Grundrisse und Übersichtskarten: Sigrid Groß-Kaiser, Berlin

Gesamtgestaltung: Horst Albrecht, Berlin

Das vordere Vorsatzblatt gibt den Schweriner Dom von Süden, das hin-
tere die Schelfstraße nach Süden mit der Schelfkirche wieder (nach
G. C. Fr. Lisch, Mecklenburg in Bildern, Rostock 1842/45).

ISBN 3-374-00840-2

1. Auflage
© Evangelische Verlagsanstalt GmbH Berlin 1989
Lizenz 420.205-127-89. LSV 6610. H 5940
Printed in the German Democratic Republic
Lichtsatz: INTERDRUCK Graphischer Großbetrieb, Leipzig – III/18/97
Reproduktion u. Druck: Graphischer Betrieb Jütte, Leipzig
04300